普通高等教育汽车类专业精品系列教材

汽车电气设备

主　编　曹凤萍

副主编　吴芷红　李　晨

参　编　白秀秀　施玉民　颜　宇

主　审　周立平　庄欠栋

北京理工大学出版社

BEIJING INSTITUTE OF TECHNOLOGY PRESS

内容简介

本书以汽车典型电气设备系统为主要对象，系统地讲述了汽车电源系统、起动系统、点火系统、照明及信号系统、舒适与安全系统的作用、基本结构、工作原理、使用特性，以及常见故障诊断与排除方法。

本书图文并茂，通俗易懂，重点突出，不仅可作为高等院校汽车及相近专业的教材，也可作为从事汽车行业的工程技术人员、使用与维修人员的参考书。

图书在版编目(CIP)数据

汽车电气设备 / 曹凤萍主编. --北京：北京理工
大学出版社，2021.10
　　ISBN 978-7-5763-0492-3

　　Ⅰ. ①汽… 　Ⅱ. ①曹… 　Ⅲ. ①汽车-电气设备-高等
学校-教材　Ⅳ. ①U463.6

　　中国版本图书馆 CIP 数据核字(2021)第 204879 号

出版发行 / 北京理工大学出版社有限责任公司
社　　　址 / 北京市海淀区中关村南大街 5 号
邮　　　编 / 100081
电　　　话 / (010)68914775(总编室)
　　　　　　(010)82562903(教材售后服务热线)
　　　　　　(010)68944723(其他图书服务热线)
网　　　址 / http://www.bitpress.com.cn
经　　　销 / 全国各地新华书店
印　　　刷 / 河北盛世彩捷印刷有限公司
开　　　本 / 787 毫米×1092 毫米　1/16
印　　　张 / 19.25
字　　　数 / 452 千字
版　　　次 / 2021 年 10 月第 1 版　2021 年 10 月第 1 次印刷
定　　　价 / 52.00 元

责任编辑 / 孟祥雪
文案编辑 / 孟祥雪
责任校对 / 周瑞红
责任印制 / 李志强

电气设备作为汽车的重要组成部分之一，其性能的好坏直接影响着汽车的各项性能。随着汽车工业和电子技术的迅速发展，汽车上所装用的电子设备也在不断改进、发展。汽车工业的竞争，在很大程度上，表现为汽车电子技术的竞争。电器与电子控制系统在汽车上的应用日益广泛，使得汽车的科技含量越来越高，同时，汽车电气设备的结构也更加复杂，因此，熟知和掌握有关汽车电气设备系统的结构、原理和使用维修等方面的知识，对从事汽车运输、运用及管理的技术人员来说越来越重要。

"汽车电气设备"是汽车类专业的必修课。本书通过广泛社会调研，结合企业对汽车类技术人才在知识、技能、素养等方面的需求，以及编写组成员近年来从事汽车电气设备教学工作的成果和经验精心编写，反映了人才培养和服务社会的双重需求。本书在内容上注意突出应用型特色，并兼顾汽车新技术的发展趋势，同时提供了丰富的数字化教学资源，既能满足应用型教育的需要，又能满足当前信息化教学的需要。

本书以车辆典型汽车电气设备系统为主要研究对象，设置了蓄电池、充电系统、起动系统、点火系统、照明与信号系统、舒适与安全系统、汽车总电路共七个集知识、实践技能为一体的任务模块（章），形成了从岗位需求出发，理论联系实际，以能力培养为主线的教材结构体系。全书重点突出，图文并茂，语言浅显易懂，结合教学和生产实际的需要，突出实践能力的培养，具有较强的针对性和实用性，可作为高等院校汽车及相关专业的教材，也可供广大汽车工程技术人员和汽车维修人员等参考。

本教材具有以下特色：

（1）针对应用型高校本科生的特点进行编写。本书按照"系统作用和要求—系统构造—系统电路、工作原理和工作特性—系统使用与检测"的思路整合、模块化教材内容，提高了教材内容的高阶性、创新性。同时，紧跟新能源汽车及智能网联汽车等方面汽车电气的最新发展，兼顾了理论知识的基础性和前沿性，激发了学生的创新思维。

（2）充分考虑学生的认知特点，"以学生发展为中心"，自建内容丰富、科学合理、特色鲜明的线上学习资源，包括教学视频、自学 PPT、试题库等，读者可访问 https://coursehome.zhihuishu.com/courseHome/1000007919/56183/15？f=a3ed727894013ed62d553deb3c6bf144 观看。立体化的教辅资源，一方面便于教师充分利用多媒体、互联网等信息化教学手段，以学生为主体，教师为主导，采用翻转课堂、小组讨论等多样化的教学方法，有效开展混合式教学，从而增强课堂的互动性和趣味性，激发学生学习的积极性和创造性。另一方面，使得读者能够灵活利用碎片化时间，通过电脑、手机 APP 等随时随地学习。

（3）每章附有思维导图，可引导学生利用思维导图进行知识整合和总结，强化章节知识点的内在联系，调动学生对知识逻辑的整体性思考和探索。

（4）有机融入创新思维培养、思政教育元素等。在配套资源教案中，提供了创新教育案例和思政教育案例。对于每个系统，通过国内外汽车电器发展的对比、最新技术介绍等方式，培养学生的创新思维，增强其专业使命感和社会责任感等。同时，挖掘、梳理与课程有关的思政要素，将科技发展对汽车电器的推动等融入课程教学，通过专业知识教育和思想政治教育的紧密融合，将知识传授、能力培养和价值塑造三者融为一体。

本书由山东交通学院曹凤萍担任主编，吴芷红、李晨担任副主编，烟台汽车工程职业学院白秀秀、山东交院机动车鉴定评估有限公司施玉民、山东技师学院颜宇参与编写。其中，绪论和第 4、6 章主要由曹凤萍编写，第 2、3 章主要由吴芷红编写，第 5 章由李晨编写，第 1 章由白秀秀编写，第 7 章由施玉民编写，颜宇参与第 2、3、4 章部分内容的编写，每章的思维导图由李晨绘制。本书由周立平、庄欠栋主审。

本书在编写过程中，得到了许多相关企业单位、专家和工程技术人员的大力支持和帮助，援引了有关技术资料，在此一并表示衷心的感谢。

由于编者水平有限，书中的疏漏和不妥之处，恳请专家和读者批评指正。

编　者

2021 年 5 月

目 录

绪　论

汽车由发动机、底盘、车身和电气设备四大部分组成。电气设备作为汽车的重要组成部分，其性能的好坏直接影响汽车的动力性、燃油经济性、安全性、可靠性、舒适性和排放性。例如：为使发动机可靠起动，需采用电动起动机；为使汽车发动机获得最高的经济性，需靠点火系统在最适当的时间点火；为保证汽车工作可靠、行驶安全，需各种指示仪表、信号装置和照明系统正常工作。

汽车电气设备主要包括汽车电器与电子控制系统，是在汽车的电能和信号的产生、传输和使用过程中，完成通断、控制、保护、检测、变换、调节的电气元件和装置的总称；而汽车电控技术是专门研究汽车电器，并实现有效控制的方法。近几十年来，随着电子技术的迅猛发展和对汽车性能要求的不断提高，电子技术在汽车上的应用越来越广泛，汽车电子设备和电子控制系统不断更新，特别是大规模集成电路和微处理器的应用，更是促进了汽车的电子化，汽车电子控制系统在汽车中的作用也越来越重要。正因为如此，电子产品在汽车上的应用程度已成为评价汽车质量、性能指标的重要依据。在很大程度上，汽车工业的竞争表现为汽车电子技术的竞争。

汽车电气设备性能的不断完善和提高，使现代汽车具有操作灵活、运行可靠、安全省油、减少污染等特点。同时，电子技术的迅猛发展使各种车用电子控制装置、驾驶辅助装置、警报安全装置、提高舒适性装置、通信娱乐装置不断增加，极大地满足了汽车用户对汽车高品质、多功能的需求。随着汽车工业和电子工业的高速发展，汽车上所装用的电子设备的数量与日俱增，所起的作用也越来越重要。

世界汽车电子技术的发展大致可分为三个阶段：

1965—1975 年，汽车电子产品是由分立元件和集成电路 IC 组成的。

1975—1985 年，主要发展专用的独立系统，如电子控制汽油喷射、防抱死制动装置等。

1985—2000 年，主要开发可完成各种功能的综合系统及各种车辆整体系统的微机控制。这个阶段称为汽车的电子时代。

在现代汽车上，微机控制系统可以实现对发动机的点火时刻、空燃比、怠速转速、废气再循环、自动变速器、制动防抱死、仪表、信号等的控制，为了提高工作的可靠性，微机控制系统还具有故障自诊断和保护功能。

目前，汽车电子化程度的高低已成为国际上衡量汽车先进水平的重要标志。

1. 汽车电气设备的组成

现代汽车上所装用的电器与电子设备的数量很多，但按其用途可大致归纳并划分为五部分。

1) 电源系统

电源系统包括蓄电池、发电机以及调节器。两者并联工作，发电机是主电源，蓄电池是辅助电源。蓄电池的主要功用是在发动机不运转和发电机电压较低时向起动机和其他用电设备提供低压直流电；发电机的主要功用是在发动机正常运转时向汽车用电设备提供低压直流电，并给蓄电池充电。发电机配有调节器，其主要作用是在发电机转速增高时，自动调节发电机的电压使之保持稳定。

2) 用电设备

汽车上的用电设备数量很多，大致可以分为以下几种。

起动系统：包括直流电动机、传动机构、控制装置，用来起动发动机。

点火系统：用来产生高压电火花，点燃汽油发动机气缸内的可燃混合气。

照明设备：包括车内外各种照明灯，用以提供夜间安全行车所必需的灯光，其中以前照灯最为重要。

信号系统：包括电喇叭、闪光器、蜂鸣器及各种行车信号标识灯，主要用来提供安全行车所必需的信号。

仪表及显示系统：包括各种电器仪表（机油压力表、温度表、燃油表、车速里程表、发动机转速表等），用来监控车辆的一些基本信息。

辅助电气：包括电动刮水器、风窗洗涤器、空调器、低温起动预热装置、电动车窗、电动座椅、中控门锁与防盗系统、音响系统等，用来为驾乘人员提供良好的驾乘环境，保证车辆安全。辅助电气有日益增多的趋势，主要向舒适性、娱乐、保障安全方面发展。

3) 电子控制装置

电子控制装置主要指由微机控制的装置，如电子点火控制装置、电子控制油门喷射装置、电子控制防抱死制动装置、电子控制自动变速器、智能前照灯系统、自动悬架系统等，用来提高汽车的动力性、经济性、安全性，实现排气净化和操纵自动化。

4) 检测装置

检测装置包括各种监测仪表，如电流表、电压表、机油压力表、温度表、燃油表、车速里程表、发动机转速表和各种报警灯，用来监视发动机和其他装置的工作情况。

5) 配电装置

配电装置包括中央接线盒、电路开关、保险装置、插接件和导线。

2. 汽车电气设备的特点

1) 低压直流

汽车电器与电控装置均采用低压直流电。汽车电气系统的标称电压有 12 V、24 V 两种，汽油发动机汽车普遍采用 12 V 电气系统，柴油发动机汽车大多数采用 24 V 电气系统。12 V 电气系统、24 V 电气系统的额定电压分别为 14 V 和 28 V。

在以节能、环保和安全为中心的现代汽车中，电子设备越来越多，电气负荷越来越大，这就要求汽车电源系统提供更多的电能，传统的 14 V 电压供电系统已经捉襟见肘。为了满足汽车电器装置日益增多、用电量越来越大以至于对电源系统供电功率增大的要求，世界各国都在研究开发 48 V 电源，欧盟国家已从 2008 年开始采用 48 V 电源。无论电压等级是 12 V、24 V，还是 48 V，都是直流电的安全电压（安全电压是指直流电不超过 60 V、交流电不超过 36 V），它们的主要优点是用电安全，不会导致人体触电。

汽车采用直流系统的原因是发动机要靠电力起动，起动机采用直流电动机且由蓄电池供电，而蓄电池必须使用直流电充电，所以汽车电系为直流电系统。

2）并联单线

汽车上的各种用电设备都采用并联方式与电源连接，每个用电设备都由各自串联在其支路中的专用开关控制，互不干扰。

单线制是指从电源到用电设备只用一根导线连接，并用汽车发动机、底盘或车身等金属机体作为另一根共用导线。由于单线制节省导线、线路清晰、安装和检修方便，且电器总成部件不需要与车体绝缘，因此当今汽车普遍采用单线制。但是，在特殊情况下，为了保证电气系统，特别是电子控制系统的工作可靠性，也需采用双线制。例如，安装在挂车、非金属件或钣金件上的电气设备一般采用双线制。

3）局域网络

随着汽车电器与电控技术的发展，控制单元所涉及的内容、处理的信息越来越多，传统的线束和连接难以满足要求，而采用可进行多路信息传输的汽车局域网络系统（又称 CAN 总线）可使信息传输更多、更快、更可靠，线束和连接更少。

4）负极搭铁

采用单线制时，将蓄电池的一个电极用导线连接到发动机或底盘等金属车体上，若蓄电池的负极连接到金属车体上，就称为负极搭铁；反之，若蓄电池的正极连接到金属机体上，就称为正极搭铁。汽车电气设备一般采用负极搭铁，以减轻蓄电池电缆铜端子在车体连接处的化学腐蚀，提高搭铁的可靠性，并减轻对无线电的干扰；另外，统一标准，便于汽车电气设备的生产、使用和维修。

汽车领域的竞争是汽车电子技术的竞争，随着汽车电器与电子控制系统在汽车上的应用日益广泛，熟知和掌握有关汽车电器与电子控制系统的结构、原理和使用维修等方面的知识，对从事汽车运输、运用及管理的技术人员来说越来越重要。

第1章
蓄电池

蓄电池是汽车上的两个电源之一，在汽车上与发电机并联，共同向用电设备供电。蓄电池是辅助电源，主要作用是起动发动机时向起动机供电，当发电机不工作时向用电设备供电。交流发电机是主要电源，当交流发电机工作时，由交流发电机向全车用电设备供电，同时给蓄电池充电。

蓄电池是一种化学电源，它既可以将电能转变为化学能储存起来，也可以将化学能转变为电能供给用电设备。汽车用蓄电池是一种可逆的直流电源，即蓄电池放电后可以通过充电来补充电能，并能反复使用的二次蓄电池。

1.1 蓄电池的分类与功用

1.1.1 蓄电池的分类

蓄电池按照电极所用材料和电解液性质的不同可分为铅酸蓄电池、碱性蓄电池和新型电源。

铅酸蓄电池用途非常广泛，根据不同的用途和容量可分为起动用蓄电池、固定用蓄电池、铁路客车用蓄电池、摩托车用蓄电池等。

碱性蓄电池根据电极材料不同可分为镉镍蓄电池、铁镍蓄电池、锌银蓄电池等。

新型电源分为燃料电池、锌—空气电池、钠—硫电池等。

起动发动机时，蓄电池必须能在短时间（5~10 s）内向起动机连续提供强大的起动电流：汽油发动机一般需要 200~600 A；柴油发动机一般需要 500~1 000 A，甚至更大。所以，对汽车用蓄电池的基本要求是容量大、内阻小，以保证蓄电池具有足够的起动能力。

由于起动用铅酸蓄电池具有结构简单、内阻小、短时间内可迅速提供较大的电流、电压稳定等优点，符合汽车用蓄电池的要求，且原材料丰富、技术成熟、成本低廉，因此在汽车上得到了广泛应用。本章介绍的蓄电池即为起动用铅酸蓄电池。

目前应用较为普遍的起动用铅酸蓄电池有干荷电蓄电池和免维护蓄电池。

1.1.2　蓄电池的功用

汽车用电设备所需的电能由发电机和蓄电池提供，二者并联连接（图1.1），协同工作，共同为汽车电气设备供电。

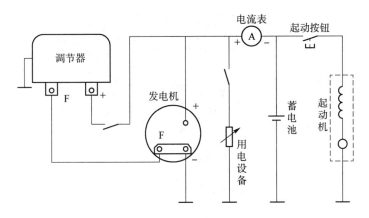

图 1.1　蓄电池与汽车电气设备并联电路

在发动机正常工作时，用电设备所需电能主要由发电机供给，而蓄电池的功用主要有：

（1）起动供电。发动机起动时，给起动系统、点火系统和燃油喷射等系统供电。要求在5~10 s内供给起动机200~600 A（有些柴油机的起动可达1 000 A）的强大电流。

（2）备用供电。当发动机低速运转，发电机不发电或输出电压较低时，向交流发电机、磁场绕组、点火系统以及其他用电设备供电。

（3）存储电能。当发动机中高速运转、发电机正常供电时，将发电机的剩余电能转变为化学能储存起来。

（4）协同供电。发电机超载时，协助发电机向用电设备供电。

（5）稳定电源电压，保护电子设备。蓄电池相当于一只大容量的电容器，不仅能保持汽车电气系统的电压稳定，而且能吸收电路中出现的瞬时过电压，保护电子元件不被损坏。

1.2　蓄电池的构造与型号

1.2.1　蓄电池的构造

蓄电池是在盛有稀硫酸的容器中插入两组极板而构成的电能储存器，它由极板、隔板、电解液和盛放极板、隔板、电解液的壳体等组成，蓄电池的构造如图1.2所示。蓄电池一般分为3格或6格，每格里装有电解液，正、负极板组浸入电解液中成为单格电池。每个单格电池的标称电压为2 V，3格串联起来成为6 V蓄电池，6格串联起来成为12 V蓄电池。

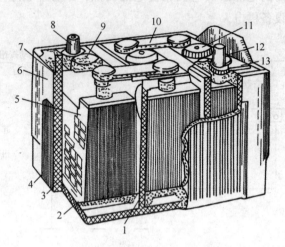

图1.2 铅酸蓄电池的构造

1—隔壁；2—凸筋；3—负极板；4—隔板；5—正极板；6—电池壳；7—防护板；8—负接线柱；
9—通气孔；10—联条；11—加液螺塞；12—正接线柱；13—单格电池盖

1. 极板

极板是蓄电池的核心构件，由栅架和活性物质组成，其形状参见图1.3。蓄电池充放电过程中电能和化学能的相互转换，就是依靠极板上的活性物质和电解液起化学反应来实现的。

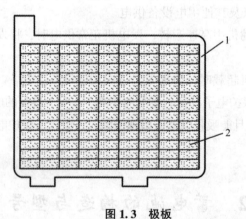

图1.3 极板

1—栅架；2—活性物质

极板分为正极板和负极板两种，将涂上铅膏后的生极板先经热风干燥，再放入稀硫酸中进行充电，便得正、负极板。正极板上的活性物质是呈深棕色的二氧化铅（PbO_2），负极板上的活性物质是呈青灰色海绵状的纯铅（Pb）。

极板栅架的作用是容纳活性物质并使极板成型，并具有导电作用。正、负极板的栅架结构相同，一般由铅锑合金浇铸而成。加入锑的目的是提高栅架的机械强度和栅架浇铸时的流动性能。但铅锑合金耐化学腐蚀性比纯铅差，锑易从正极板栅架中解析出来，引起自行放电和栅架的膨胀、溃烂，进而导致蓄电池的使用寿命降低。因此，采用低锑合金就十分重要，目前采用的板栅含锑量为 2%~3%。在板栅合金中加入 0.1%~0.2% 的砷，可以减缓腐蚀速度，提高硬度与机械强度，增强其抗变形能力，延长蓄电池的使用寿命。

图 1.4 所示为网格式栅架，结构简单，制作方便；图 1.5 所示为放射式栅架，栅架各点至电极的距离较短，电池内阻较小。为降低蓄电池的内阻，改善蓄电池的起动性能，现代汽车蓄电池多采用放射形栅架。

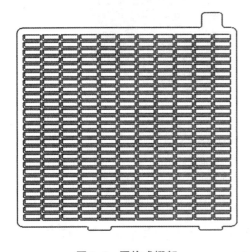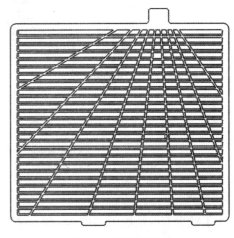

图 1.4　网格式栅架　　　　　　　　　图 1.5　放射式栅架

极板的活性物质是由铅块在球磨机中研磨，与空气接触，形成氧化铅粉，然后加入一定量的添加剂和硫酸溶液调成膏状，填充在栅架网格内的，干燥后，放入硫酸溶液中，经过规定时间的充电（蓄电池生产过程中称为"化成"，一般为 18~20 h），使正极板的活性物质绝大部分变成深棕色的二氧化铅，负极板的活性物质绝大部分变成青灰色的海绵状纯铅。为了防止负极板上活性物质的收缩，保证其多孔性，铅膏里常加入添加剂，如腐殖酸、硫酸钡、木素磺酸钠、炭黑等，同时在活性物质中加入天然纤维或合成纤维，以防活性物质的脱落和裂纹。

正极活性物质脱落和板栅腐蚀是决定蓄电池使用寿命的主要原因，因此正极板栅要厚一些，负极板栅厚度一般为正极板栅厚度的 70%~80%。国产蓄电池负极板栅厚度为 1.6~1.8 mm，也有薄至 1.2~1.4 mm 的；正极板厚度为 2.2~2.4 mm，也有薄至 1.6~1.8 mm 的。采用薄型极板能改善汽车的起动性能，提高蓄电池的比容量。

化成后的正、负极板各一片浸入电解液中，就可获得约 2 V 的电动势。极板上活性物质的有效数量越多，在一定放电电流的情况下，放电时间就越长，即容量就越大。为了提高蓄电池的容量，而又不致使体积过大，一般都采取小面积的多片正、负极板分别用极板连接条焊接在一起，组成正、负极板组。极板连接条上有单格电池极桩，用于单格电池之间的串联。各片极板间留有间隙，安装时正、负极板相互嵌合，之间用绝缘隔板隔开，便形成单格电池，如图 1.6 所示。在单格电池中，负极板的片数比正极板多一片，正极板都处于负极板之间，使两侧放电均匀，否则由于正极板的机械强度差，单面工作会使两侧活性物质体积变化不一致而造成极板拱曲，进而导致活性物质早期脱落，影响蓄电池的正常供电。

蓄电池的所有单格内正、负极板组结构完全一样。

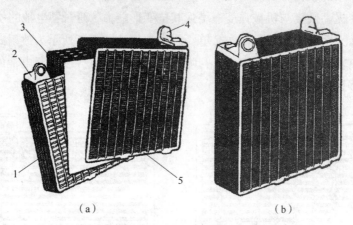

（a）   （b）

图 1.6　单格电池的构造

（a）单格电池分解图；（b）单格电池组装图

1—正极板组；2—正极板连接条；3—隔板；4—负极板连接条；5—负极板组

2. 隔板

为了减少蓄电池的内部尺寸，减低蓄电池的内阻，蓄电池内部正、负极板应尽可能靠近。但为了避免相互接触而短路，正、负极板之间要用绝缘的隔板隔开。隔板采用多孔性绝缘材料制成，应耐酸、不含有对极板有害的物质，具有一定的机械强度。

隔板材料的种类很多，目前应用较多的有微孔橡胶隔板、微孔塑料隔板和玻璃纤维组合隔板等。微孔塑料隔板由于性能好且价廉、原材料丰富，将会被大量使用。

隔板的结构形状有槽沟状、平板状、袋状、瓦楞状等。槽沟状隔板安装时应将带槽沟的一面对着正极板，且槽沟竖向安装，这是因为正极板在充、放电过程中反应激烈，槽沟能使电解液顺利地上下流通，保证极板的硫酸供应量，同时，使正极板上脱落的活性物质顺利地掉入壳底空腔中。

在现代新型蓄电池中，还将微孔塑料隔板制成袋式隔板（因其形似信封，故也称信封式隔板，图 1.7），套在正极板上，以进一步防止活性物质脱落，避免极板内部短路并使组装工艺简化。

3. 电解液

电解液又称电解质、电解水，它的作用是形成电离，促使极板活性物质溶离产生电化学反应。在蓄电池充放电过程中，电解液不但起导电作用，而且参与化学反应。

电解液是由相对密度为 1.84 g/cm^3 的纯硫酸和蒸馏水按一定比例配制而成的，密度随地区和气候条件适当调节，一般在 1.24~1.31 g/cm^3（25 ℃时）范围内。

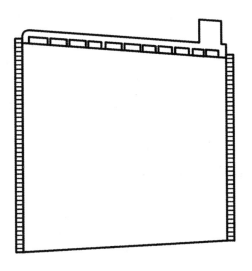

图 1.7　袋式（信封式）隔板

电解液的纯度是影响蓄电池性能和使用寿命的重要因素，一般工业用硫酸和普通水中，因含有铁、钢等有害杂质，绝对不能加入蓄电池中去，否则容易自行放电，并且容易损坏极板。因此，蓄电池电解液要用规定的蓄电池专用硫酸和蒸馏水配制，蓄电池用电解液必须符合工业和信息化部发布的机械行业标准《铅蓄电池用电解液》（JB/T 10052—2010）规定，见表 1.1。所用硫酸必须符合国家发展和改革委员会发布的化工行业标准（GB 534—2014）规定，见表 1.2。所用蒸馏水必须符合机械行业标准《铅蓄电池用水》（JB/T 10053—2010）规定，见表 1.3。

表 1.1　不同气温下电解液密度的选择

使用地区最低温度/℃	冬季/（g·cm⁻³）	夏季/（g·cm⁻³）
<-40	1.30	1.26
-30~-40	1.28	1.25
-20~-30	1.27	1.24
0~-20	1.26	1.23
>0	1.23	1.23

表 1.2　工业硫酸国家标准

项目		浓硫酸指标		
		优等品	一等品	合格品
硫酸（H₂SO₄）的质量分数/ %	≥	92.5 或 98.0	92.5 或 98.0	92.5 或 98.0
灰分的质量分数/%	≤	0.02	0.03	0.10
铁（Fe）的质量分数/ %	≤	0.005	0.010	—
砷（As）的质量分数/ %	≤	0.000 1	0.005	—

续表

项目		浓硫酸指标		
		优等品	一等品	合格品
汞（Hg）的质量分数/%	≤	0.001	0.010	—
铅（Pb）的质量分数/%	≤	0.005	0.020	—
透明度/mm	≥	80	50	
色度/mL	≤	2.0	2.0	

表1.3　蓄电池用蒸馏水的标准

杂质名称	最大允许量/%	杂质名称	最大允许量/%
有机物	0.003	硝酸盐（NO_3）及亚硝酸盐（NO_2）	0.004 0
残渣	0.005	铁（Fe）	0.004 0
氯（Cl）	0.004	氨（NH_4）	0.000 8

含杂质较多的非标准硫酸和水不得用于蓄电池，否则会在蓄电池内部形成"局部电位差"，增加蓄电池的自放电和损坏极板。

4. 壳体

蓄电池壳体由电池槽和电池盖两部分组成，用来盛放单格电池和电解液，外形为长立方体，其材料应耐热、耐酸、耐振，并具有足够的机械强度。一般由硬橡胶或聚丙烯塑料制成。聚丙烯塑料外壳壁薄、重量轻、外形美观、透明，原材料来源广，近年来发展很快，得到广泛使用。

电池槽内有隔壁，将其分成6个相同大小的单格，并且相互之间不沟通，各单格底部有凸肋，以支撑单格电池。凸肋间形成的空腔可沉积极板脱落的活性物质，以免正、负极板造成短路。对于采用袋式隔板的免维护蓄电池，因为脱落的活性物质存积在袋内，所以没有设置肋条。

电池盖分为单格盖和整体盖两种形式。聚丙烯塑料壳体的蓄电池大多采用整体盖，盖上有相应单格数目的加液孔和两个蓄电池正、负极桩孔，加液孔对应蓄电池的每一个单格，内有螺纹，用以安装加液孔螺塞；蓄电池正、负极桩孔引出正、负极桩，盖与壳体的密封采用加热熔合或黏结剂黏合。

加液孔螺塞平时旋紧在加液孔上，在加注电解液或蒸馏水和检查蓄电池的技术状况时旋下。螺塞上设有通气孔，并采取防溅结构，既能保证蓄电池化学反应中放出的气体随时逸出，又能防止汽车行驶颠簸使电解液溅出。

5. 连接条和极桩

连接条和极桩均采用铅锑合金铸成。连接条有极板连接条和单格电池连接条，极板连接条是将多片正、负极板分别并联，组成正、负极板组。而单格电池连接条的作用是将单格电池串联起来，提高蓄电池的总电压。

目前常用的单格电池的连接方式的有跨越式（图1.8（a））和穿壁式（图1.8（b））两种。跨越式即在相邻单格电池之间的隔壁上端留有豁口，连接条通过豁口跨越隔壁，将相邻的两单格电池串联连接；穿壁式即在相邻单格电池之间的隔壁上打孔，供连接条穿过，把单格电池串联连接。

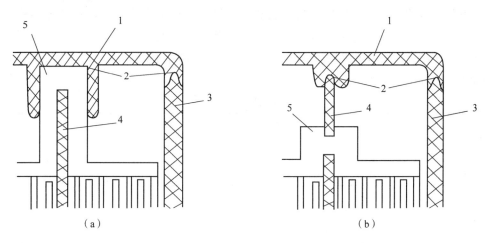

图1.8 单格电池的连接方式

（a）跨越式；（b）穿壁式

1—电池盖；2—黏结剂；3—电池壳体；4—隔壁；5—连接条

各单格电池串联后，两端的正负极桩穿出电池盖，分别形成蓄电池的正负极桩，蓄电池的正负极桩上平面一般都铸有"+""﹣"标记，且正极桩较负极桩略粗。使用过的蓄电池标记不清时，也可通过观察极桩的颜色（正极桩呈深棕色、负极桩呈深灰色）来区分或用直流电压表测定。

另外，在蓄电池每个单格电池组的顶部，都置有护板，其作用是避免对蓄电池进行技术状况检查时损坏极板上部。

1.2.2 蓄电池的型号

按照我国机械行业标准《铅酸蓄电池名称、型号编制与命名办法》（JB/T 2599—2012）规定，铅蓄电池的型号由3部分组成，各部分之间用短线分开，型号排列及含义如图1.9所示。

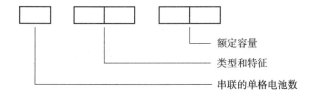

额定容量

类型和特征

串联的单格电池数

图1.9 蓄电池的型号

（1）串联的单格电池数。串联的单格电池数指一个壳体内所包含的单格电池数目，用阿拉伯数字表示，其额定电压为这个数字的 2 倍。例如，3 表示 3 个单格，额定电压为 6 V；6 表示 6 个单格，额定电压为 12 V。

（2）类型和特征。由两个汉语拼音字母组成，其中第一个字母表示蓄电池的用途类型代号，如"Q"表示起动用铅蓄电池，代号"Q"是汉字"起"拼音的第一个字母；第二个字母为蓄电池的结构特征代号，为附加部分，仅在同类用途的产品具有某种结构特征，而在型号中又必须加以区别时采用。例如，为干荷电蓄电池，则用汉字"干"拼音的第二个字母"A"表示；如为免维护蓄电池，则用"无"字拼音的第一个字母"W"表示。具体产品特征代号见表1.4。

表 1.4 产品特征代号

序号	产品特征	代号	序号	产品特征	代号
1	干荷电	A	7	半封闭式	B
2	湿荷电	H	8	液密式	Y
3	免维护	W	9	气密式	Q
4	少维护	S	10	激活式	I
5	防酸式	F	11	带液式	D
6	密闭式	M	12	胶质电解液	J

（3）额定容量。额定容量是指 20 h 放电率时的容量，单位为 A·h，用阿拉伯数字表示。20 h 放电率一片正极板的设计容量约为 15 A·h。有时在额定容量后面用一个字母来表示特殊性能，如"G"表示薄型极板的高起动率电池，"S"表示采用工程塑料外壳与热封合工艺的蓄电池。

[例1] 大众车系用 6-QA-60 型蓄电池表示由 6 个单格电池组成、额定电压为 12 V、额定容量为 60 A·h 的起动用干荷电蓄电池。

[例2] 斯太尔车系用 6-QW-180 型蓄电池表示由 6 个单格电池组成、额定电压为 12 V、额定容量为 180 A·h 的起动型免维护蓄电池。

蓄电池的选用必须符合汽车电气系统的标称电压，并能提供起动所必须的电流和容量。目前，汽油机汽车标称电压多选用 12 V，柴油机汽车标称电压多选用 24 V。随着汽车用电设备的增加，汽车电源标称电压有采用 36 V 或 48 V 的趋势。

1.3 蓄电池的工作原理与特性

1.3.1 蓄电池的工作原理

蓄电池的工作原理包括蓄电池电动势的建立、充电过程和放电过程。蓄电池由正极板

（二氧化铅（PbO_2））和负极板（海绵状纯铅（Pb））浸入电解液（硫酸 H_2SO_4 的水溶液）中而形成，在充、放电过程中，其内部的化学反应是可逆的。根据双极硫酸盐化理论，蓄电池放电时，两极板上的活性物质与电解液发生作用都转变成了硫酸铅（$PbSO_4$），电解液密度下降；而充电时，两极板上的 $PbSO_4$ 又分别恢复为原来的 PbO_2 和 Pb，电解液密度回升，略去中间化学反应过程，可用式（1-1）表示。

（正极板）（电解液）（负极板）　　（正极板）（电解液）（负极板）

$$PbO_2+2H_2SO_4+Pb \underset{充电}{\overset{放电}{\rightleftharpoons}} PbSO_4+2H_2O+PbSO_4 \qquad (1.1)$$

1. 电动势的建立

在极板浸入电解液后，由于少量的活性物质溶解于电解液，产生了电极电位，并且由于正、负极板的电极电位不同而形成了蓄电池的电动势，如图 1.10 所示。

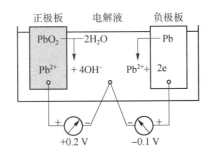

图 1.10　蓄电池电动势的建立过程

正极板处，少量 PbO_2 溶入电解液，与电解液中的 H_2O 生成 $Pb(OH)_4$，$Pb(OH)_4$ 再分离成 Pb^{4+} 和 OH^-，即

$$PbO_2+2H_2O \rightleftharpoons Pb(OH)_4$$

$$Pb(OH)_4 \rightleftharpoons Pb^{4+}+4OH^-$$

其中，溶液中的 Pb^{4+} 有沉附于正极板的倾向，使正极板呈正电位，同时由于正、负电荷的吸引，极板上 Pb^{4+} 又与溶液中的 OH^- 结合，有生成 $Pb(OH)_4$ 的倾向，当两者达到动态平衡时，正极板的电极电位约为 $+2.0$ V。

负极板处，有少量 Pb 溶入电解液，生成 Pb^{2+}，而在极板上留下两个电子（2e），使极板带负电。由于正、负电荷的相互吸引，Pb^{2+} 沉附于极板的表面。当溶解平衡时，极板具有负电位，约为 -0.1 V。因此，在外电路未接通、反应达到相对平衡状态时，蓄电池的静止电动势 E_0 约为 2.1 V。

2. 放电过程

蓄电池的放电过程是将化学能转换成电能的过程。当蓄电池接上负载时，在蓄电池电动势的作用下，电流 I_f 便从正极经过负载流向负极（即电子从负极移向正极），使正极电位降低，负极电位升高，破坏了原来的平衡。蓄电池放电时的化学反应过程如图 1.11 所示。

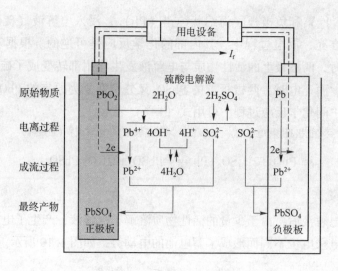

图 1.11 蓄电池放电时的化学反应过程

正极板处，Pb^{4+} 得到 $2e$，变成二价离子 Pb^{2+}，Pb^{2+} 与电解液中的 SO_4^{2-} 结合生成 $PbSO_4$，沉附于正极板上，即

$$Pb^{4+} + 2e \rightarrow Pb^{2+}$$

$$Pb^{2+} + SO_4^{2-} \rightleftharpoons PbSO_4$$

负极板处，Pb^{2+} 与电解液中的 SO_4^{2-} 结合生成的 $PbSO_4$ 沉附在负极板上。

极板上的活性物质继续溶解，如果电路不切断，上述化学反应将继续进行，生成的 $2e$ 不断转移，使正极板的 PbO_2 和负极板的 Pb 逐渐转变成 $PbSO_4$；而在电解液中，H_2SO_4 逐渐消耗转变成 H_2O，电解液密度下降。

理论上，只有当正、负极板上的活性物质全部转变成 $PbSO_4$ 时，蓄电池才会由于正、负极板的电位差等于零而失去供电能力，进而使放电过程彻底停止。但实际上电解液不可能渗透到极板活性物质的最内层进行反应。所以，使用中所谓完全放完电的蓄电池，事实上，其极板上的活性物质只有 20%～30% 发生了化学反应而转变成了 $PbSO_4$。因此，采用薄型极板，增加多孔性，可提高极板活性物质的利用率。

3. 充电过程

蓄电池的充电过程是将外电源的电能转换成化学能储存起来的过程。将放电状态下的蓄电池接以直流电源，电源与蓄电池并联连接。电源电压应高于蓄电池的电动势，这样，在电源电压的作用下，电流 I_C 从蓄电池的正极流入，从蓄电池的负极流出（即驱使电子 $2e$ 从正极经外电路移向负极），其化学反应过程如图 1.12 所示。可见，蓄电池内部发生的化学反应与放电过程正好是相反的。

负极板处有少量的 $PbSO_4$ 溶入电解液中，离解为 Pb^{2+} 和 SO_4^{2-}，即

$$PbSO_4 \rightleftharpoons Pb^{2+} + SO_4^{2-}$$

Pb^{2+} 在电源的作用下获得 $2e$ 变为 Pb，Pb 沉附在负极板上，SO_4^{2-} 则与电解液中的 H^+

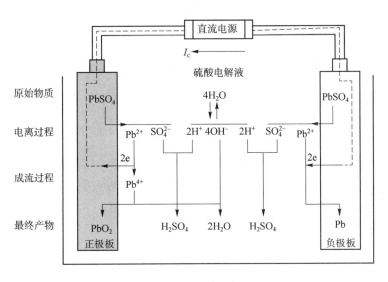

图 1.12 蓄电池的充电过程

结合，生成 H_2SO_4，即

$$Pb^{2+}+2e\rightarrow Pb$$

$$SO_4^{2-}+2H^+\Longleftarrow H_2SO_4$$

负极板上的总反应为

$$PbSO_4+2e+2H^+\rightarrow Pb + H_2SO_4$$

正极板处，也有少量 $PbSO_4$ 溶入电解液中，离解为 Pb^{2+} 和 SO_4^{2-}，Pb^{2+} 在电源的作用下失去两个电子 2e 变为 Pb^{4+}，Pb^{4+} 又和电解液中的 H_2O 离解出来的 OH^- 结合，生成 $Pb(OH)_4$，$Pb(OH)_4$ 又分解为 PbO_2 和 H_2O，而 SO_4^{2-} 与电解液中的 H^+ 结合生成 H_2SO_4。

其反应如下：

$$PbSO_4\Longleftarrow Pb^{2+}+ SO_4^{2-}$$

$$Pb^{2+}-2e\rightarrow Pb^{4+}$$

$$4H_2O\Longleftarrow 4H^++4OH^-$$

$$Pb^{4+}+4OH\Longleftarrow Pb(OH)_4\Longleftarrow PbO_2+2H_2O$$

$$SO_4^{2-}+2H^+\Longleftarrow H_2SO_4$$

正极板上的总反应为

$$PbSO_4-2e+4H_2O\rightarrow H_2SO_4+ PbO_2+2H_2O +2H^+$$

可见，在充电过程中，正、负极板上的 $PbSO_4$，将逐渐恢复为 PbO_2 和 Pb，电解液中的 H_2SO_4 成分逐渐增多、H_2O 逐渐减少，电解液密度上升。当正、负极板上的 $PbSO_4$ 全部转变为 PbO_2 和 Pb 时，充电过程结束。

充电终期，电解液密度将升到最大值，且会引起水的电解。蓄电池充电时要保证通气畅通和充电室通风。

1.3.2 蓄电池的工作特性

蓄电池的工作特性是指其电动势、电压、电流和电解液密度随充、放电时间而变化的规律。

1. 蓄电池的基本电特性

1) 静止电动势

蓄电池的静止电动势是指无负荷的情况下测得的端电压（即开路电压），用 E_0 表示。E_0 的大小与电解液的密度和温度有关，在实际应用中，电解液密度在 $1.05\sim1.30$ g/cm³ 范围内，单格电池静止电动势可由下述经验公式计算其近似值：

$$E_0 = 0.85 + \rho_{25\,℃} \tag{1.2}$$

式中，$\rho_{25\,℃}$——电解液 25 ℃时的密度，单位为 g/cm³。

$\rho_{25\,℃}$ 与实测电解液密度 ρ_t（需在蓄电池静止状态时测试）的关系为

$$\rho_{25\,℃} = \rho_t + \beta\,(t-25) \tag{1.3}$$

式中，t——实测电解液温度，单位为℃；

β——电解液密度温度系数，$\beta=0.000\,75$，即每温升 1 ℃，密度将下降 $0.000\,75$ g/cm³。

蓄电池的电解液密度在充电时增大，放电时减小，一般在 $1.12\sim1.30$ g/cm³ 之间波动，故静止电动势在 $1.97\sim2.15$ V 之间变化。

2) 内阻

蓄电池内阻的大小反映了蓄电池带负载的能力。在相同条件下，蓄电池内阻越小，输出电流越大，带负载能力越强。蓄电池的内阻包括极板、隔板、电解液、单格电池连接条等的电阻。

极板电阻一般很小，并且随极板上活性物质的变化而变化。充电后电阻变小，放电后电阻变大。特别是在放电终了时，由于活性物质转变为导电性能极差的 $PbSO_4$，因此电阻大大增加。

隔板电阻因所用的材料和厚度不同而异，橡胶隔板和塑料隔板电阻较小。隔板越薄，电阻越小。

电解液的电阻随密度和温度不同而变化。温度降低，电阻越大。25 ℃时、电解液密度在 1.23 g/cm³ 左右时，电阻较小。密度过高或过低都会减少 H_2SO_4 的离解数量，密度过大还会增加电解液的黏度，所以内阻都比较大。

总的来说，蓄电池内阻较小，可输出较大的电流，能适应起动需要。

3) 蓄电池的容量

(1) 蓄电池容量的含义。

蓄电池的容量是指在规定的放电条件（放电温度、放电电流和终止电压）下，蓄电池能够输出的电量。容量用 C 来表示，单位为安培·小时（A·h），即

$$C = I_f t_f \tag{1.4}$$

式中，I_f——放电电流，单位为 A；

t_f——放电持续时间，单位为 h。

容量是反映蓄电池对外供电能力、衡量蓄电池质量优劣以及选用蓄电池的重要指标。容量越大，可提供的电能越多，供电能力也就越大；反之，容量越小，供电能力越小。

蓄电池的容量不是常数，它与放电电流、放电持续时间、电解液温度等因素有关，因此，蓄电池的标称容量是在一定条件下确定的。

国家标准《起动用铅酸蓄电池第 1 部分技术条件和试验方法》（GB 5008.1—2013）规定了蓄电池额定容量和储备容量的定义和试验方法。

①额定容量。蓄电池的额定容量用 20 h 率容量 C_{20}（A·h）表示。它是指充足电的新蓄电池在电解液平均温度为 25 ℃条件下，以 20 h 率放电电流（即 0.05 C_{20} 安培）连续放电至各单格电池的平均电压为 1.75 V 时，输出电量的最小允许值。额定容量是检验新蓄电池是否合格的重要指标。

②储备容量。储备容量用 $C_r \cdot n$（min）表示。它是指充足电的新蓄电池在电解液平均温度为（25±2）℃条件下，以 25 A 电流连续放电至各单格电池的平均电压为 1.75 V 时，放电所持续的时间。它表征当汽车充电系失效时，蓄电池尚能持续提供 25 A 电流的能力。一般蓄电池都能达到 120 min 左右。

（2）影响容量的因素。

影响蓄电池容量的主要因素是结构、使用条件等。

蓄电池极板的结构设计及生产工艺应尽量提高活性物质的利用率、减小电池内阻等，以提高蓄电池的容量。

使用条件对蓄电池容量的影响主要有以下几点：

①放电电流的影响。在不同放电电流情况下，蓄电池的容量是不同的。实践证明，放电电流越大，电压下降得越快，终止电压越低，至终止电压的时间越短，容量越小。这是因为蓄电池在大电流放电时，其内部的化学反应较快，极板表面活性物质的孔隙很快就被放电生成物硫酸铅所堵塞，电解液难以渗入，使极板内层的活性物质不能参加反应，因而活性物质利用率大大降低，容量减小，见图 1.13。

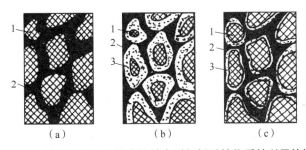

（a）　　　　　　（b）　　　　　　（c）

图 1.13　正常放电电流和强电流放电时极板活性物质被利用的情况

（a）放电前；（b）正常电流放电；（c）强电流放电

1—活性物质；2—孔隙；3—硫酸铅

因此，在使用起动机时，由于蓄电池提供的电流较大，故应严格控制起动时间。每次起动时间不应超过 5 s，相临两次起动之间应有 15 s 以上的间隔。

②电解液温度的影响。在一定的放电率和一定的终止电压下，温度越高，放电容量越大；温度越低，放电容量越小。这是因为温度降低，电解液黏度增大，离子运动速度减慢，同时极板、隔板收缩，微孔缩小，使蓄电池内阻增大，电解液渗入困难，极板孔隙内的活性物质得不到充分利用，容量减小。

根据国家标准（GB 5008.1—2013），蓄电池的额定容量是指电解液温度为 25 ℃时 20 h 率放电的容量。温度每下降 1 ℃，缓慢放电时的容量约减小 1%，迅速放电时约减小 2%。

由此可见，电解液温度的高低对放电容量有很大影响。当冷起动时，放电电流大使蓄电池容量大大下降，从而使起动性能变差。所以，北方冬季要注意蓄电池保温。

③电解液密度的影响。电解液密度的变化直接影响蓄电池的放电容量，因为电解液密度决定着极板电位、电解液的电阻以及电解液的扩散速度。适当增大电解液的密度，可增大极板孔隙内的硫酸浓度，提高蓄电池的放电容量。但密度过高，反而会增大电解液的黏度和电阻，也会增加板栅的腐蚀，使蓄电池放电容量下降，使用寿命降低。密度过低，电解液中能参加反应的硫酸成分减少，容量也会下降。因此，电解液密度应在一定范围内根据不同的使用条件合理选择。根据经验，一般情况下，采用密度偏低的电解液有利于提高放电电流和容量，有利于延长蓄电池的使用寿命。冬季使用的电解液可高于夏季，以降低冰点，但在保证不结冰的前提条件下，也应尽量低一些。表 1.5 列出的是不同地区和气温条件下，电解液密度选择的参考值。

表 1.5　电解液密度 $\rho_{25℃}$（g/cm³）与放电率和气温的关系参考值

电解液密度 / 气温 / 放电率	冬季气温低于 -40 ℃的地区		冬季气温在-40 ℃ 以上的地区		冬季气温在-30 ℃ 以上的地区		冬季气温在-20 ℃ 以上的地区		冬季气温在 0 ℃ 以上的地区	
	冬季	夏季	冬季	夏季	冬季	夏季	冬季	夏季	冬季	夏季
全充电	1.30	1.26	1.28	1.25	1.27	1.24	1.26	1.24	1.24	1.23
放电 25%	1.26	1.22	1.24	1.21	1.23	1.20	1.22	1.20	1.20	1.19
放电 50%	1.22	1.18	1.20	1.17	1.19	1.17	1.18	1.16	1.16	1.16
放电 75%	1.19	1.15	1.17	1.14	1.15	1.13	1.14	1.12	1.12	1.12
全放电	1.16	1.11	1.14	1.10	1.12	1.10	1.11	1.09	1.09	1.09

新蓄电池一般应按制造厂规定，加注密度为 1.25~1.285 g/cm³ 的电解液。

2. 蓄电池的放电特性

蓄电池的放电特性是指完全充电的蓄电池以 20 h 率的电流连续恒流放电，其端电压 U_f 和 25 ℃时的电解液密度 $\rho_{25℃}$ 随放电时间 t_f 变化的特性。以 6-QA-105 型蓄电池为例，放电电路如图 1.14 所示，在以 20 h 率的电流连续放电过程中，每隔一定时间测量蓄电池的端电压和电解液密度 ρ_t，并换算成单格电压和 $\rho_{25℃}$，便得到图 1.15 所示的 6-QA-105 型蓄电池的放电特性曲线。

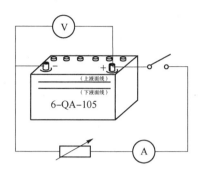

图 1.14 蓄电池放电电路

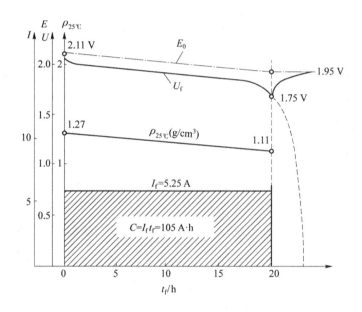

图 1.15 蓄电池放电特性曲线

由于放电过程中电流是恒定的,单位时间内所消耗的硫酸量是相同的,因此 $\rho_{25℃}$ 沿直线下降,且每下降 0.04 g/cm³,蓄电池放电约为额定容量的 25%。

在放电过程中,由于蓄电池存在内阻压降,因此实测蓄电池的端电压 U_f 总小于蓄电池的电动势 E_0,即

$$U_f = E_0 - I_f R_n \tag{1.5}$$

式中,I_f——放电电流,单位为 A;

$\quad R_n$——蓄电池内阻,单位为 Ω。

在放电过程中,蓄电池的端电压是变化的,它随放电过程中电动势的减小而降低。

由图 1.15 可知,放电初期,蓄电池的端电压下降很快,是放电时极板的活性物质与硫酸的化学反应首先在极板的孔隙内进行,使极板孔隙内的硫酸量迅速消耗,电解液密度迅速下降的原因。这时,壳体内电解液密度相对较高,便向极板孔隙内渗入,当极板孔隙内消耗的硫酸量与渗入的硫酸量达到平衡时,端电压将随壳体内电解液密度的降低而缓慢

下降。放电到了末期，极板上的活性物质大部分已转变成硫酸铅。由于硫酸铅较原来活性物质的体积大（是海绵状铅的 2.68 倍，是二氧化铅的 1.86 倍），硫酸铅的生成使极板孔隙的截面积减小，阻碍了电解液的渗入，内阻增大，极板孔隙内消耗掉的硫酸难以得到补充，电解液密度迅速下降。因此，端电压迅速下降至单格电池电压为 1.75 V，放电便告终了，整个放电历时 20 h。此时应立即停止放电，否则电压将急剧下降，使蓄电池过放电。过放电对蓄电池是有害的，因为孔隙中生成的粗晶粒硫酸铅，充电时不易被还原，而使极板损坏，容量下降。

放电停止后，极板孔隙中的电解液和壳体内的电解液相互渗透，蓄电池的端电压将回升。当渗透达到平衡时，端电压与静止电动势相等。

蓄电池放电终了的特征：

（1）电解液密度降低到最小许可值。

（2）单格电池的端电压降至放电终止电压（以 20 h 放电率放电，单格终止电压为 1.75 V）。

蓄电池允许放电终止电压与放电电流强度有关。放电电流越大，放电时间越短，允许的放电终止电压越低，见表 1.6。

表 1.6　蓄电池的放电率与终止电压的关系

放电情况	放电率	20 h	10 h	3 h	30	5 min
	放电电流/A	$0.05C_{20}$	$0.1C_{20}$	$0.25C_{20}$	C_{20}	$3C_{20}$
单格电池终止电压/V		1.75	1.70	1.65	1.55	1.50

放电状态下的蓄电池电解液密度较低，极板上的生成物硫酸铅不但体积大，导电性也差，因此，使蓄电池内阻增大，供电能力下降。

3. 蓄电池的充电特性

蓄电池的充电特性是指放电状态的蓄电池在恒流连续充电过程中，蓄电池的端电压 U_c 和 25 ℃时的电解液密度 $\rho_{25℃}$ 随充电时间 t_c 而变化的特性。一般初充电电流为额定容量的 1/15，平常充电电流为额定容量的 1/10。以 6-QA-105 型蓄电池为例，采用 1/10 额定容量的充电电流进行充电，充电电路如图 1.16 所示，在充电过程中，每隔一定时间，测量蓄电池的端电压和电解液密度 ρ_t 并换算成蓄电池单格电压和 $\rho_{25℃}$，便可得到图 1.17 所示的 6-QA-105 型蓄电池的充电特性曲线。

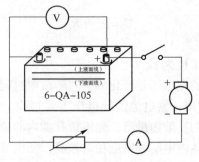

图 1.16　蓄电池充电电路

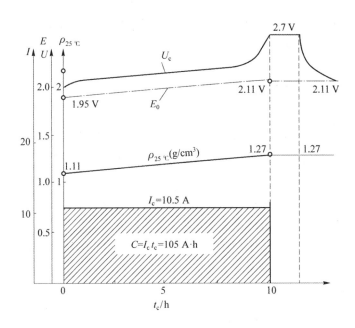

图 1.17　蓄电池充电特性曲线

充电时，电源电压必须克服蓄电池的电动势 E_0 和电池内阻压降 $I_c R_n$。因此充电过程中，蓄电池的端电压 U_c 总大于电动势 E_0，即

$$U_c = E_0 + I_c R_n \tag{1.6}$$

式中，I_c——充电电流，单位为 A。

由于恒流充电时，单位时间内生成的硫酸量相等，因此电解液密度随充电时间沿直线上升。

蓄电池的端电压在充电开始后便迅速上升，这是因为充电时活性物质与电解液的反应同样也是在极板孔隙内首先进行的，充电使活性物质转变成铅和二氧化铅，极板孔隙内硫酸骤增，来不及向极板外扩散，因此端电压升高很快，随后由于孔隙内电解液密度较高，便向壳体内扩散，当继续充电至极板孔隙内析出的硫酸量与扩散的硫酸量达到平衡时，端电压则随壳体内电解液密度的上升而缓慢升高。充电接近终了时，极板表面的硫酸铅大部分已恢复为铅和二氧化铅，蓄电池的端电压此时约为 2.3 V。继续充电，电解液中的水开始分解，两极释放出很多气泡，氢气包围负极板，氧气包围正极板，由于氢离子在极板上与电子的结合是缓慢的，因此靠近负极板处会积存有较多的 H^+，使电解液与极板之间产生附加电位差（约 0.33 V），因此，端电压又急剧上升至 2.5~2.6 V。继续充电，极板上的活性物质已全部转变为充电时的状态，这时电解液沸腾，端电压稳定在 2.7 V 左右。此后充电时间即使再延长，端电压也不再上升，只是无谓的消耗电能进行水的分解。实际上，为了保证蓄电池充足电，一般可继续充电 2~3 h（称为"过充电"），但不可长时间过充电，否则，剧烈地放出气泡会使极板内部造成压力，加速活性物质的脱落，使极板早期损坏。另外，过多的水的分解会使电池液面降低，电解液密度增大。

停止充电后，I_cR_n为0，端电压立即降至2.3 V，随着极板孔隙中电解液的逐渐扩散，孔隙中电解液密度逐渐下降，端电压慢慢降至2.1 V左右的稳定状态。

蓄电池充电终了的特征：

（1）蓄电池内产生大量气泡，即所谓"沸腾"。

（2）端电压和电解液密度均上升到最大值，且在过充电阶段的2~3 h基本不变。

充电状态下的蓄电池电解液密度大，内阻减小，供电能力恢复。

由蓄电池的充、放电特性可知，实际上蓄电池充、放电过程中电动势与端电压的差值是变化的，它包括蓄电池内阻产生的电压降、由极板孔隙内电解液的密度与壳体内电解液的密度差引起的电极电位的变化以及充电终了电解水所产生的电化学极化。蓄电池内阻压降在外电路切断后即消失；密度差引起的电极电位的变化在外电路切断后随电解液的扩散逐渐消失（蓄电池的端电压与极板孔隙内电解液的密度有关，蓄电池的电动势与壳体内电解液的密度有关）；电化学极化在外电路切断后，电解水停止，随电极积累电荷的消失而消失。

1.4　蓄电池的充电及其设备

为充分转化极板上的活性物质，使蓄电池有足够的容量，延长蓄电池的使用寿命，可根据实际情况对蓄电池进行充电。

1.4.1　充电方法

蓄电池常用的充电方法有定流充电、定压充电和快速脉冲充电3种。

1. 定流充电

定流充电是指蓄电池的充电电流在充电过程中始终保持一定的充电方法。

采用定流充电时，可将电压不同、容量相同的蓄电池串联在一起充电，如图1.18所示。所串联的蓄电池最好剩余容量相近，如果串联充电电池的容量不相等，那么充电电流应按照容量最小的电池来选择，当小容量蓄电池充足电后，应及时摘除，再继续给大容量蓄电池充电。

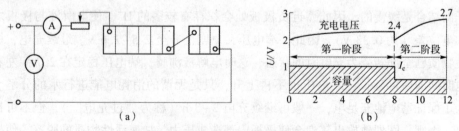

图1.18　定流充电接线图和特性曲线

(a) 接线图；(b) 特性曲线

在充电过程中，蓄电池的电动势 E 是逐渐升高的，因此要保持恒定的充电电流 $I_c = (U-E)/R_n$，就必须不断调节电路中设置的可变电阻值来逐步提高蓄电池的充电电压 U。

定流充电在实际应用中一般分两个阶段，第一阶段充电达每单格电池端电压升高到 2.4 V、气体开始生成时，将 I_c 减半，转入第二阶段的充电，直至蓄电池完全充足电。

定流充电有较大的适应性，可以任意选择和调整充电电流，因此可以对各种不同情况及状态的蓄电池充电，例如新蓄电池的初充电，使用中的蓄电池补充充电、去硫化充电等。定流充电的不足之处在于需要经常调节充电电流，充电时间长。

2. 定压充电

在充电过程中，蓄电池始终保持充电电压不变的充电方法称为定压充电。定压充电可以同时对多个蓄电池充电，但要求每组蓄电池电压相同，各蓄电池组之间采用并联连接，如图 1.19 所示。充电时，每单格电池的充电电压一般不超过 2.4 V。电压过高，易发生过充电现象；电压过低，则会使蓄电池充电不足。

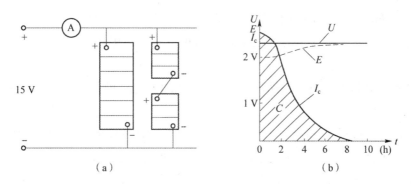

图 1.19　定压充电接线图和特性曲线

（a）接线图；（b）特性曲线

因为 $I_c = (U-E)/R_n$，在定压充电开始时，由于蓄电池的电动势 E 较低而充电电流很大。此后随着 E 的增大，I_c 逐渐减小，至充电终了时 $E=U$，I_c 将自动降低到零（如图 1.19）。定压充电时，充电电流很大，充电开始之后 4~5 h 内蓄电池就可获得额定容量的 90%~95%，因而可以大大缩短充电时间。

定压充电时间短，充电过程中可不用人照管，充电结束时会自动断电，不易造成过充电。但充电电流不能调节，充电开始 I_c 大，温度高，易造成极板弯曲，活性物质脱落；充电末期 I_c 小，极板深处的硫酸铅不易被还原。

3. 快速脉冲充电

采用自动控制电路，对蓄电池进行正反向脉冲充电，称为快速脉冲充电。快速脉冲充电采用自动控制电路对蓄电池进行正反向脉冲充电，可以提高充电效率，使用中的蓄电池补充充电只需 0.5~1.5 h。快速脉冲充电过程如图 1.20 所示。

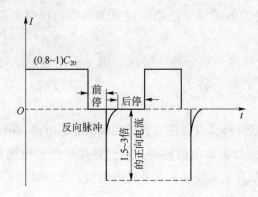

图 1.20　快速脉冲充电过程

（1）充电初期。采用大电流（相当于 $0.8C_{20}$~$1C_{20}$ 的电流）进行定流充电，使蓄电池在短时间内获得额定容量的 50%~60%，当单格电池电压上升到 2.4 V 左右且冒出气泡时，控制电路发生作用，停止大电流充电。

（2）停止充电 24~30 ms（称为"前停充"），接着放电或反充，使蓄电池反向通过一个较大的脉冲电流，以消除极板孔隙中形成的气泡，再停止放电 25 ms（称为"后停充"）。

（3）进行循环脉冲充电。其循环过程是：正脉冲充电→前停充→负脉冲瞬间放电→后停充→正脉冲充电→充足。

在蓄电池充电过程中，两极间的电位差高于两极活性物质的平均电极电位的现象，称为极化，如欧姆极化、浓差极化、电化学极化。脉冲快速充电的方法不仅有效地消除了极化现象、提高了充电接受率，而且充电时间大大缩短、空气污染小、省电节能，但其输出容量较低，能量转换效率也较低。因此，在正常情况下，应按蓄电池生产厂提供的规定电流值进行初充电或补充充电那样的常规充电，在特殊情况下才采用快速充电。

1.4.2　充电种类

蓄电池的充电按其性质不同，分为初充电、补充充电和去硫化充电等。

1. 初充电

新蓄电池或修复后的蓄电池使用前进行的首次充电称为初充电。

初充电的目的是恢复蓄电池在存放期间极板上部分活性物质缓慢硫化和自行放电而失去的电量，使极板的活性物质彻底转化，避免造成永久性充电不足。因此，初充电对蓄电池的使用性能影响很大，若充电不彻底，则会导致蓄电池永久性的充电不足，致使蓄电池容量不足、寿命缩短。初充电一般采用定流充电，充电规范见表 1.7，第一阶段的充电电流约为额定容量的 1/15，全部充电需要 60~70 h。

表1.7 蓄电池的充电规范

蓄电池型号	额定容量/ (A·h)	额定电压/V	初充电				补充充电			
			第一段		第二段		第一段		第二段	
			电流/A	时间/h	电流/A	时间/h	电流/A	时间/h	电流/A	时间/h
3-Q-75	75	6	5	25~35	3	20~30	7.5	10~11	4	3~5
3-Q-90	90		6		3		9.0		5	
3-Q-105	105		7		4		1.05		5	
3-Q-120	120		8		4		1.20		6	
6-Q-60	60	12	4	25~35	2	20~30	6.0	10~11	3	3~5
6-Q-75	75		5		3		7.5		4	
6-Q-90	90		6		3		9.0		4	
6-Q-105	105		7		4		1.05		5	
6-Q-120	120		8		4		1.20		6	

充电时，给蓄电池加注一定密度的电解液（一般新蓄电池规定加注密度为$1.25 \sim 1.285 \, g/cm^3$的电解液）并充分渗透后液面至高出极板上缘15 mm。因为电解液在配制、加注和充电过程中都会生热，因此要不断测量电解液的温度，保证温度低于35 ℃再进行作业。在充电过程中，如温度上升到40 ℃，则应将电流减半；如继续上升到45 ℃，则应立即停止充电，进行人工降温。在充电过程中，如果减小了充电电流，则应适当延长充电时间。充电接近终了时，应测量电解液密度，如不符合规定，则可用蒸馏水或密度为$1.4 \, g/cm^3$的电解液进行调整，调整后必须再充电2 h，如密度仍不符合规定，则应再调整、再充电2 h，直到密度符合规定为止。

对新蓄电池的初充电一般在充电后，要以20 h率连续放电，再充电，循环几次，直至充电后，其容量为额定容量的90%以上，方可使用。

新蓄电池的初充电也可采用脉冲快速充电的方法，充电时间一般不超过5 h。

2. 补充充电

使用后的蓄电池，根据需要进行的充电称为补充充电。

蓄电池在使用过程中常有充电不足的现象，应根据需要进行充电。当发现有下列情况之一时，应随时进行充电：

（1）电解液密度降到$1.150 \, g/cm^3$以下；

（2）冬季放电超过额定容量的25%，夏季超过50%（此数值规定为蓄电池的放电极限）；

（3）灯光比平时暗淡，表示电力不足；

（4）充电后若不用，那么每两个月需进行一次补充充电。

补充充电采用定流充电时，也分两个阶段进行，充电规范见表1.7中的补充充电。第一阶段充电电流值一般为蓄电池额定容量的1/10，充电方法和初充电相同，充到冒气泡，单格电池电压到达2.4 V；第二阶段将电流减半，充到"沸腾"，单格电压到达2.5~2.7 V，电解液密度上升到最高值，且2~3 h保持不变，即充电结束。平时补充充电一般需要13~17 h。

补充充电也可采用定压充电和脉冲快速充电,采用脉冲快速充电只需 0.5~1.5 h。

3. 去硫化充电

极板硫化是蓄电池长期充电不足或放电后长时间未能充电,极板上逐渐生成的一层白色粗晶粒硫酸铅,在正常充电时不能恢复为二氧化铅和海绵状纯铅的一种现象。极板硫化主要发生在负极板。蓄电池产生硫化故障后,其内阻将显著增大,开始充电时充电电压较高(严重硫化者高达 2.8 V 以上),升温亦较快。对严重硫化的蓄电池,只能报废;对硫化程度较轻的蓄电池,可以通过充电予以消除。

这种消除硫化的充电工艺称为去硫充电,去硫充电的步骤如下:

(1)首先倒出蓄电池内的电解液,用蒸馏水反复冲洗数次,然后灌入蒸馏水至高出极板上缘 15 mm;

(2)接通充电电路,将电流调到初充电第二阶段电流值进行充电。当密度升到 1.15 g/cm³ 时,倒出电解液,换加蒸馏水再次充电,直到密度不再增加为止;

(3)以 20 h 放电率放电至单格电池电压降到 1.75 V 时,再进行上述充电,充后又放电,如此充、放电循环,直到输出容量达到额定容量值的 80% 以上后,即可投入使用。

脉冲快速充电对去硫化也有明显效果。

1.4.3 充电设备

对蓄电池充电,必须采用直流电源。电网提供的是交流电,故需将交流电转换为直流电才能作为充电电源,因此充电设备实际上就是一台整流装置。充电时,充电电源的正极接蓄电池的正极,充电电源的负极接蓄电池的负极。

蓄电池充电设备常用的有电动机-发电机组和各种整流电源。电动机-发电机组由三相交流电动机驱动直流发电机给蓄电池充电。这种充电电源适用于拥有大量蓄电池进行成批集中充电的大型充电场所。常用的整流充电设备有硅整流充电机和可控硅充电机等。

1.4.4 充电注意事项

蓄电池在充电时应注意以下几点:

(1)给蓄电池充电应将蓄电池从车上卸下,在充电室内进行。

(2)严格遵守各种充电方法的充电规范。

(3)充电过程中要注意电池电压和密度的测量,及时判断其充电程度和技术状况。

(4)充电过程中要注意测量各个单格电池的温升,以免温度过高影响蓄电池的使用性能,也可用风冷和水冷的方法来降温。

(5)初充电工作应连续进行,不可长时间间断。

(6)配制和灌注电解液时,要严格遵守安全操作规则和器皿的使用规则。

(7)充电时应经常备用冷水和 10% 的苏打水溶液或 10% 的氨水溶液,以清除溅出的电解液。

(8)充电时打开电池的加液孔盖,使氢气、氧气顺利逸出,以免发生事故。

(9)充电室应装有通风设备。

（10）充电室严禁明火。

（11）充电设备最好不和蓄电池放置在同一房间内。充电时应先接牢蓄电池线，检查导线连接可靠无误后再接通充电机开关，停止充电时，应先切断充电机电源。

（12）由于其他原因蓄电池需要在车上进行充电时，一定要将负极电缆脱开，并加强安全管理。

1.5　蓄电池的使用与维护

1.5.1　蓄电池的合理使用与维护

蓄电池的性能与使用寿命，不仅取决于其结构和质量，而且还与使用情况、维护质量密切相关，合理使用蓄电池，加强日常维护，对提高使用性能，延长使用寿命有着重要的意义。

蓄电池在使用过程中，应注意以下几点：

（1）经常检查蓄电池外表面，应保持电池外表面干燥、清洁，无电解液渗漏或溅出，以防电池短路和极桩腐蚀。

（2）保持蓄电池的通气孔畅通，以防蓄电池充电过程中因内部气压升高而损坏蓄电池。

（3）蓄电池在车上的固定要牢固，避免因振动造成活性物质脱落。

（4）经常清除极桩和导线接头上的氧化物，保证极桩与导线连接良好，减小接触电阻。

（5）定期检查蓄电池液面高度，发现不足时应及时补充，以防极板上部产生硫化。

（6）定期检查蓄电池放电程度，应保持蓄电池经常处于充足电状态，蓄电池放电超过极限值，应及时补充充电，否则若蓄电池长期充电不足，会导致极板硫化。

（7）电解液密度要根据不同地区和气候条件合理选择，并保证电解液的纯度。

（8）冬季若需加蒸馏水，则应在发动机运转、发电机向蓄电池充电时进行，这样可使蒸馏水快速与电解液混合，减少电解液结冰的危险。

（9）冬季使用蓄电池，应经常保持在充足电状态，以防电解液密度降低而结冰，致使容器胀裂、极板弯曲和活性物质脱落等。

（10）避免大电流长时间过充电，否则极板会由于过热而拱曲，进而引起活性物质松浮而脱落。

（11）避免大电流长时间过放电，发动机起动时应控制起动时间和两次起动间隔时间，特别是冬季更要严格控制起动时间，否则会导致极板弯曲，活性物质脱落。

（12）严禁金属工具放在蓄电池上，以防短路，导致大电流放电。

1.5.2　蓄电池技术状况的检查

为了及时发现蓄电池在使用中的各种内在故障，可根据需要（一般汽车每行驶

1 000 km或冬季使用10~15天，夏季使用5~6天），对蓄电池定期进行下列检查。

1. 用玻璃管测量电解液液面高度

电解液液面高度规定为高出极板10~15 mm。当液面过低时，由于汽车在行驶过程中的颠簸，极板上部有机会与空气接触而强烈氧化，而后极板的氧化部分又与电解液接触，会造成极板上部硫化。当液面过高时，电解液容易通过通气孔溅出，腐蚀机体。

蓄电池在使用过程中，由于电解液中水的蒸发以及过充电造成的水的分解，液面会有所下降，所以对蓄电池的液面高度应做定期检查。

如图1.21所示，电解液液面高度应高出极板上沿15 mm。检查发现液面过低时，应及时加注蒸馏水。除非确知液面降低是电解液溅出所致，否则一般不允许加注硫酸溶液，因为这样会使电解液密度偏高，缩短蓄电池的使用寿命。

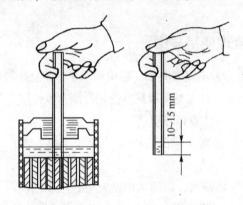

图1.21　用玻璃管测量电解液液面高度

2. 用密度计测量电解液密度

用吸式密度计测量电解液密度，如图1.22所示。液平面所对应密度计上的刻度即为密度值。在测量密度时，因同时测量电解液的温度，并将测得的电解液密度值按表1.8转换到25 ℃进行修正或用式（1.3）换算成25 ℃时的密度$\rho_{25℃}$。

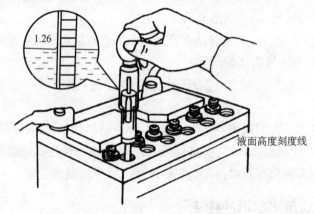

图1.22　测量电解液密度

表 1.8 不同温度下对密度计读数的修正数值

电解液温度/℃	密度修正数值	电解液温度/℃	密度修正数值	电解液温度/℃	密度修正数值
45	0.015 0	10	0.011 2	−20	−0.033 7
40	0.011 2	5	−0.015 0	−25	−0.037 5
35	0.007 5	0	−0.018 7	−30	−0.041 2
30	0.003 7	−5	−0.022 5	−35	−0.045 0
25	0	−10	−0.026 2	−40	−0.048 7
20	−0.003 7	−15	−0.030 0	−45	−0.052 5
15	−0.007 5				

根据实际经验，密度（$\rho_{25℃}$）每下降 0.04 g/cm^3 相当于蓄电池放电 $25\% C_{20}$。所以，从测得的电解液密度就可以粗略估算蓄电池的放电程度。但必须注意，在强电流放电和刚加注蒸馏水后，由于电解液混合不均匀，不应立即测量电解液密度，当检查发现放电超过极限值时，应及时给予充电。

免维护蓄电池由于是全密封的，故自身设有内装式密度计（亦称蓄电池电量指示器，又称电眼或魔眼），内部装有一颗能反光的绿色塑料小球，随其浮升的高度变化，从玻璃观察孔中可以观察到其内部颜色，用以判断蓄电池的放电程度和液面高度，内装密度计的结构如图 1.23 所示。不同放电程度的蓄电池，电解液密度不同，对笼中绿色小球的浮力也不同。如果观察镜观察到绿色圆点明显，则说明蓄电池充电状态良好；若绿色圆点模糊，则说明充电不足；若圆点呈黄色，则给蓄电池再充电也无济于事；若圆点透亮，则说明电解液不足。

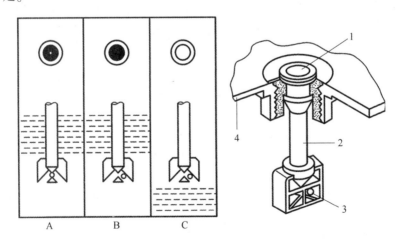

图 1.23 内装密度计的结构

1—观察窗；2—光学充电状态指示器；3—绿色小球；4—蓄电池顶部
A—绿色圆点明显；B—绿色圆点模糊；C—黄色或透亮（需更换蓄电池）

不同的蓄电池内装密度计结构也不完全相同，判断蓄电池技术状况时应参考蓄电池上标出的说明。

3. 用高率放电计测量放电电压的检查方法

高率放电计是模拟接入起动机负荷，测量蓄电池在大电流（接近起动机起动电流）放电时的端电压，用以判断蓄电池的放电程度和起动能力的一种测量工具。它由一个双向直流电压表和一个定值负载电阻组成，如图 1.24 所示。

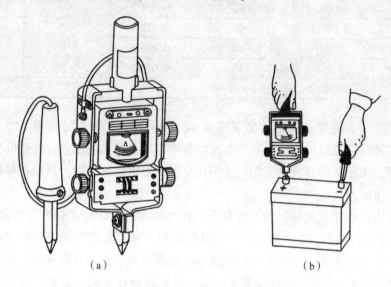

（a）   （b）

图 1.24 高率放电计测量方法

（a）电压表；（b）电阻

测量时应根据电池单格数调节电压表的量程，然后将两叉压紧在电池的正、负极桩上，历时 5 s 左右，观察大电流放电情况下蓄电池所能保持的端电压。不同品牌的放电计，负荷电阻值不同，放电电流和电压表的读数也就不同，应按照说明书的规定使用。表 1.9 所示为放电电流为 100 A 时，换算出的单格电压与放电程度的对照表。

表 1.9 用高率放电计测定放电程度

高率放电计测得单格电池 端电压/V	放电程度/%	高率放电计测得单格电池 端电压/V	放电程度/%
1.7~1.8	0	1.4~1.5	75
1.6~1.7	25	1.2~1.4	100
1.5~1.6	50		

一般技术状况良好的蓄电池，用高率放电计测量时，单格平均电压应在 1.5 V 以上，并在 5 s 内保持稳定；如果 5 s 内电压迅速下降，则表示蓄电池有故障。

高率放电计有不变负荷式和可变负荷式两种，以上介绍的不变负荷式应用居多。

4. 用万用表测量蓄电池的端电压

如果蓄电池刚充过电或车辆刚行驶过，则应接通前照灯远光 30 s，消除"表面充电"

现象。然后熄灭前照灯，切断所有负载。

用数字式万用表测量蓄电池开路电动势，若12 V标称电压的蓄电池电动势少于12 V，则说明蓄电池过量放电；若12 V标称电压的蓄电池电动势为12.2～12.5 V，则说明部分放电；若12 V标称电压的蓄电池电动势高于12.5 V，则说明蓄电池存电足。

1.6 改进型铅酸蓄电池

1.6.1 干荷电式蓄电池

干荷电式蓄电池与普通蓄电池相比，其结构基本相同，不同点主要在于负极板的制造工艺要求较高，具有干荷电的特性。

普通蓄电池正极板的活性物质（PbO_2）化学性能比较稳定，其荷电性能可以长期保持。但其负极板的活性物质微粒表面易被氧化，这样新电池灌入电解液就会损耗一部分能量。为把这部分物质还原，需进行比较烦琐的初充电。为使干荷电蓄电池的负极板在储存时也能较长时间地保持其荷电性能，在负极板的铅膏中加入了松香、油酸、硬脂酸等防氧化剂，并在化成过程中有一次深放电循环或进行反复的充、放电，使活性物质达到深化。化成后的负极板，先用清水冲洗，再放入防氧化剂溶液（硼酸、水杨酸混合液）中进行浸渍，让负极板表面生成一层保护膜，并采用特殊的干燥工艺（干燥罐中充入惰性气体或抽真空）处理，这样即可制成具有干荷电性能的极板。

目前，干荷电式蓄电池均采用穿墙跨接式联条、整体塑料容器结构（图1.25），现已大批量生产，基本上取代了传统的铅酸蓄电池。

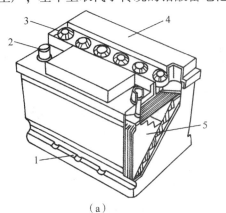

（a） （b）

图 1.25 干荷电式蓄电池

（a）干荷电式蓄电池结构；（b）干荷电式蓄电池实物

1—下固定槽；2—接线柱；3—加液螺塞；4—壳体；5—极板组

初次使用干荷电式蓄电池时，需将蓄电池加液盖旋开，疏通通气孔（有的采用蜡封口，有的采用封条贴封），加入标准的电解液到规定高度，记下密度和温度，将蓄电池静放20 min，再测量电解液温度和密度，当温度上升不到 6 ℃，密度下降不到 0.01 g/cm³时，蓄电池即可使用。

若超过以上规定差值，则应按照正常充电率对蓄电池充电。干荷电式蓄电池除不必长时间初充电外，其使用与维护要求和普通铅酸蓄电池完全一致。

在下列情况下，应对干荷电式蓄电池补充充电，并达到充足电状态。

（1）电解液注入后，超过 48 h 不使用者。

（2）蓄电池干态储存超过一年有效期者。

1.6.2 免维护蓄电池

免维护蓄电池从 20 世纪 70 年代后期进入国际市场以来，已得到迅猛发展，基本取代了传统的蓄电池。

1. 免维护蓄电池的结构特点

免维护蓄电池（Maintenance-Free Battery，MF Battery）在许多方面与普通铅酸蓄电池不同，其最大特点除几个非常小的通气孔外，其余部分全部密封，除需要保持表面清洁外，不需做其他维护工作。免维护蓄电池结构如图 1.26 所示。

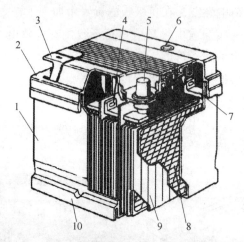

图 1.26　免维护蓄电池结构

1—壳体；2—电池盖；3—极桩盖；4—单格电池连接条；5—极桩；6—观察窗（内装密度计）；7—极板连接条；
8—负极板；9—袋式隔板（包住正极板）；10—安装蓄电池的下滑面

与普通蓄电池相比，免维护蓄电池具有以下特点：

（1）极板栅架中锑的成分，采用钙、镉或锶等代替，从而减少了析气量和耗水量，减少了自放电，耐过充电能力强。若栅架因去除锑后强度降低，则可采用加强筋的方式以提高强度（图 1.27），同时还减小了蓄电池的内阻。

（2）隔板采用袋式微孔塑料隔板，将正极板包住，可保护正极板活性物质不致脱落，

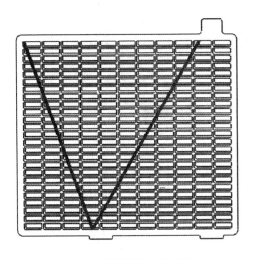

图 1.27 栅架采取加强筋形式

并防止极板短路。

（3）各单格顶端没有加液孔，只是设置了相应的通气孔，通气孔多采用迷宫式排气结构，蓄电池除通气孔外是带液全密封的。通气孔还采用安全通气装置（如采用催化剂钯、设有气体膨胀室等），这样可使排出的氢氧离子结合生成水再回到电池中，从而减少水的消耗。避免电池内的酸气析出与外部火花接触产生爆炸。使电池顶部和接线柱保持清洁，减少表面及接线柱的腐蚀和因表面不清洁造成的自放电。

（4）单格电池间采用穿壁式连接，连接条短，内阻小，起动性能好。

（5）壳体为聚丙烯塑料热压而成，壳底没有凸肋，极板组直接坐落在蓄电池底部，这样可使极板上部的电解液量增加一倍多，且壳体内壁薄，与同容量电池相比，重量轻，体积小。

（6）大多数免维护蓄电池自身装有反映蓄电池技术状况的观察窗（内装密度计）。

2. 免维护蓄电池的使用特点

免维护蓄电池合理使用过程中不需添加蒸馏水；极桩腐蚀轻或没有腐蚀；蓄电池自放电少，寿命长；起动性能好；使用或储存时不需进行补充充电；可及时观察蓄电池的技术状况。

1.6.3 螺旋状极板胶体型免维护蓄电池

螺旋状极板的胶体型免维护蓄电池的结构如图 1.28 所示。

螺旋状极板的胶体型免维护蓄电池具有下列特点：

（1）蓄电池极板及隔板呈螺旋紧密捆绑状，使得同样容积极板反应面积增大（比普通蓄电池几乎大一倍），低温起动电流更高，起动性能更好。

（2）胶体状电解液黏附于极薄的纤维隔板网材料上，-40 ℃ 低温也不会结冰，高温 65 ℃ 时不会漏液、漏气。可以以任何角度固定电池。

（3）自放电极少。它可在不使用状态下至少放置 10 个月以上，放置 250 天后仍能保持 50% 以上的容量。

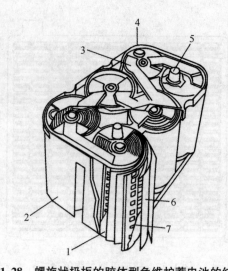

图1.28 螺旋状极板的胶体型免维护蓄电池的结构
1—胶体电解液；2—壳体；3—链条；4—通气塞；5—接线柱；6—极板；7—隔板

（4）过充电性能好。能在1 h内以100 A的大充电电流应急充足。

本章小结

蓄电池是汽车上的两个电源之一，在汽车上与发电机并联，共同向用电设备供电。蓄电池是辅助电源，它的主要作用是起动发动机时向起动机供电，当发电机不工作时向用电设备供电。蓄电池是一种化学能源，它可以将电能转换为化学能进行储存，也可以将化学能转换为电能供给用电设备。本章主要介绍了蓄电池的构造、工作原理和工作特性以及蓄电池技术状况的检测方法等。

习　题

1. 铅酸蓄电池的特点是什么？

2. 蓄电池充电状态下，极板上的活性物质的成分、颜色如何？随着蓄电池的放电将发生如何变化？

3. 蓄电池不同形式的隔板有什么安装要求？为什么？

4. 如何配制电解液？有什么要求和注意事项？

5. 蓄电池电解液成分和密度在充放电过程中有何变化？电解液密度和放电程度有何关系？

6. 两块6-QA-105的蓄电池串联后其总电压和总容量各是多少？组装一块6-QA-105的蓄电池共需要多少片正极板和负极板？

7. 蓄电池冬季、夏季放电极限分别是多少？规定放电极限有什么意义？

8. 如何检查蓄电池的放电程度？

9. 蓄电池液面过低应如何处理？

10. 为什么要控制汽车的起动时间和两次起动的间隔时间？

11. 结合所学知识，分析总结如何正确使用蓄电池。

参考文献

王慧君，于明进，吴芷红. 汽车电气设备 [M]. 北京：人民交通出版社，2014.

吴芷红，胡福祥. 汽车电气设备 [M]. 北京：中国水利水电出版社，2010.

杨亚萍，张永辉. 汽车电器与电控技术 [M]. 北京：清华大学出版社，2019.

舒华，赵劲松. 汽车电器与电控技术 [M]. 北京：机械工业出版社，2019.

章后思维导图

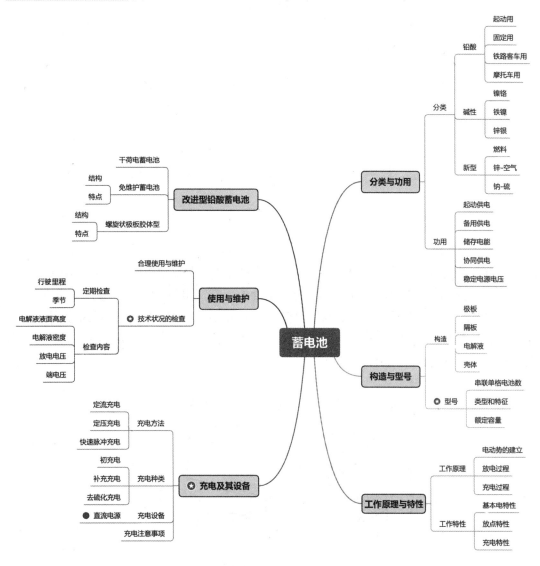

第 2 章
汽车充电系统

2.1 充电系统的组成与功用

汽车充电系统主要由蓄电池、交流发电机及电压调节器、点火开关、充电指示灯（在仪表盘内）及线路等组成，如图 2.1 所示。发电机位于汽车发动机的前端，发动机运转时通过皮带驱动发电机转动。发电机对除起动机外的所有用电设备供电，并向蓄电池充电，以补充蓄电池在使用中所消耗的电能，现代汽车常用充电指示灯来监控充电系统的工作情况，在发电机正常工作时，充电指示灯熄灭；发电机不工作或输出电压过小（低于蓄电池电压）时，充电指示灯点亮。

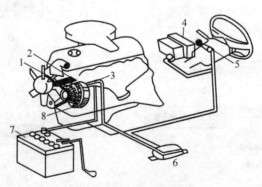

图 2.1 发电机在汽车上的位置

1—V 形带；2—调整臂；3—发电机；4—仪表盘；5—点火开关；6—调节器；7—蓄电池；8—支架总成

目前，国内外汽车交流发动机的种类很多，但其构造基本相同，都由一台三相同步交流发电机和整流器两大部分组成。图 2.2 所示为红旗、奥迪轿车用的整体式交流发电机的结构。

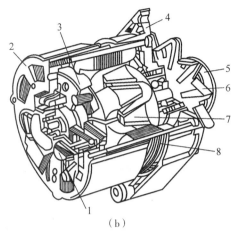

（a）   （b）

图 2.2 整体式交流发电机的结构

（a）实物；（b）结构

1—电刷及电压调节器；2—后端盖；3—元件板；4—前端盖；5—带轮；6—风扇；7—转子；8—定子铁芯

2.2 交流发电机

2.2.1 交流发电机构造及型号

三相同步交流发电机的功用是产生三相交流电。它由转子、定子、端盖、风扇和皮带轮、整流器等组成。

图 2.3 所示为国产 JF132 型交流发电机的结构分解图。

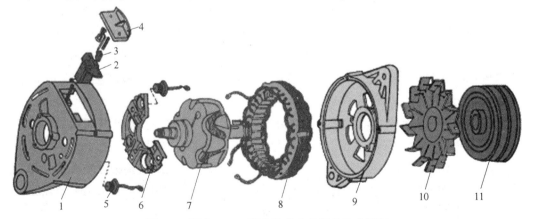

图 2.3 国产 JF132 型交流发电机的结构分解图

1—后端盖；2—电刷架；3—电刷；4—电刷弹簧后盖；5—整流二极管；6—元件板；7—转子；
8—定子；9—前端盖；10—风扇；11—皮带轮

1. 交流发电机构造

1) 转子

转子是三相同步交流发电机的旋转磁场部分，它由转子轴、两块爪形磁极、磁轭、励磁绕组（又称磁场绕组）、滑环等部件组成，交流发电机转子如图2.4所示。

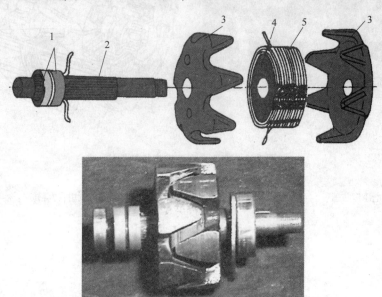

图 2.4　交流发电机转子

1—滑环；2—轴；3—爪极；4—磁轭；5—励磁绕组

转子轴采用优质碳钢车削而成，中部有压花，一端有半圆键槽和米制螺纹。导磁用的磁轭用软磁材料制成（低碳钢），压装在轴的中部。励磁绕组用高强度漆包线绕制一定匝数而成，套装在两个磁轭上，线圈的两头分别穿过一块磁极的小孔与彼此绝缘的两个滑环焊接在一起。两个铜环分别与发电机的两个电刷接触。当两个电刷与直流电源接通时，励磁线圈中便有电流通过，并产生轴向磁通，使一块爪极磁化为 N 极，另一块爪极磁化为 S 极。交流发电机的磁极一般由六对组成，爪极相互交错压装在励磁绕组外面，形成相互交错的磁极。

将转子爪极设计成鸟嘴形的目的是使磁场呈正弦分布，电枢线圈产生的感应电动势近似于正弦波形，转子每转一周，定子的每相电路上就能产生周波个数等于磁极对数的交流电动势。

2) 定子

定子又称电枢，定子的功能是产生交流电。定子由定子铁芯和定子绕组组成。定子铁芯由内圆带槽的环状硅钢片叠成，各硅钢片之间相互绝缘，硅钢片厚度为 0.5~1.0 mm。定子绕组为三相对称绕组，安装在定子铁芯槽内。三相定子绕组的接法分星形接法和三角形接法两种，如图2.5所示。当绕组采用星形接法连接时，三相绕组各引出一个端子，中性点引出一个端子。

为使三相绕组中产生大小相等、相位差120°电角度的对称电动势，在三相绕组的绕法上需要遵循以下原则：

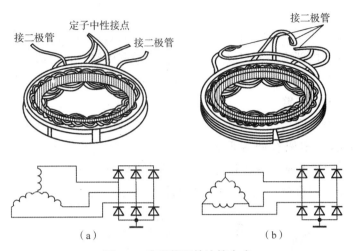

图 2.5 定子绕组的连接方式

（a）星形连接；（b）三角形连接

（1）每相绕组的线圈个数、每个线圈的匝数、每个线圈的大小都必须相等，以保证每相绕组产生的电动势大小相等。

（2）三相绕组的首端 A、B、C 在定子槽内的排列必须间隔 120°（单位 "°" 又称电角度，是相位差的单位，法定计量单位为 rad，$1° = \pi/180$）。

图 2.6 所示为 JF132 型发电机定子绕组的展开图。磁极对数为 6，定子总槽数为 36，即每对磁极对应 6 个槽，每个磁极占 3 个槽的位置（线圈节距、极距 = 3）。转子旋转时，磁极的磁场和定子中的导体做相对运动，在定子绕组中产生感应电动势。每转过一对磁极，定子导体中的感应电动势就变化一个周期，即 360° 电角度。也就是每转过 6 个槽，定子中的感应电动势变化 360°，所以每个槽对应 60°。这样要使三相绕组的首端相隔 120°，每相绕组的首端在定子槽中应相隔两个槽（或 8 个槽）。JF132 型交流发电机定子三相绕组的三相首端 A、B、C 依次放入第 1、9、17 三个槽，而末端 X、Y、Z 则相应地放入 34、6、14 三个槽中。这时，三相绕组之间的相位差为 120°。

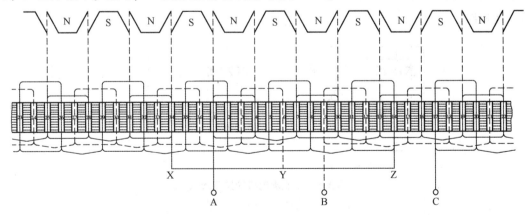

图 2.6 JF132 型发电机定子绕组的展开图

3）端盖

端盖分前端盖（驱动端盖）和后端盖（整流端盖），其作用是安装轴承和其他零部件，支承转轴，封闭内部构件。交流发电机的前后端盖由铝合金铸成，铝合金为非导磁材料，可减少漏磁，并且具有重量轻、散热性好的优点。端盖外围有通风孔和组装螺孔。前端有突出的安装臂和调整臂。

后端盖上安装有电刷组件与调节器总成。电刷组件由电刷、电刷架和电刷弹簧组成。

交流发电机的电刷架有两种形式：外装式电刷架可以从发电机的外面拆装，如图 2.7（a）所示，由于电刷的拆装和更换不需解体发电机，维修方便，因而广泛应用；内装式的电刷架由于电刷检修、更换不便，现已很少采用，如图 2.7（b）所示。

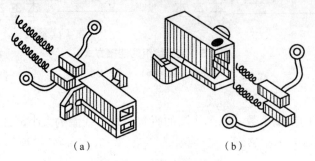

（a）　　　　　　　　　（b）

图 2.7　电刷架的结构

（a）外装式；（b）内装式

电刷有两个，用于引入励磁电流。电刷安装在电刷架的孔中，借弹簧张力使电刷与滑环保持良好的接触。每只电刷都有一根引线，交流发电机有内、外搭铁之分，故电刷的引线接法也有不同，交流发电机的搭铁形式如图 2.8 所示。对于内搭铁交流发电机，磁场绕组直接通过交流发电机外壳搭铁，一个电刷引出线接到发电机后端盖上的磁场接线柱（标记为"F"或"磁场"），另一根电刷的引线用螺钉固定在后端盖搭铁接线柱"－"（或标有"搭铁"）上。而外搭铁交流电机的磁场绕组必须通过电压调节器后（交流发电机的外部）再搭铁，故电刷引线必须分别与发电机后端盖"F+"（或 F_1）和"F－"（或 F_2）接线柱相连。

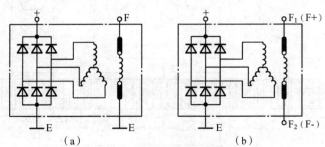

（a）　　　　　　　　　（b）

图 2.8　交流发电机的搭铁形式

（a）内搭铁；（b）外搭铁

4）风扇和皮带轮

在发电机前端盖前安装风扇和 V 形皮带轮，由发动机通过 V 形带来驱动发电机带轮和转子转动。发电机的通风散热依靠风扇来实现。风扇由 1.5～2.0 mm 厚的钢板冲制而成，用半圆键装在前端盖的转轴上。发电机的后端盖上有进风口，前端盖上有出风口，当皮带轮与风扇一起旋转时，空气高速流过发电机内部进行强制通风冷却。如图 2.9（a）所示，为奥迪轿车所用的发电机。对于一些高档轿车，其发电机的功率大、体积小。为提高散热强度，一般有两个风扇，且将风扇叶片直接焊在转子上。如图 2.9（b）所示，为丰田轿车所用的发电机。

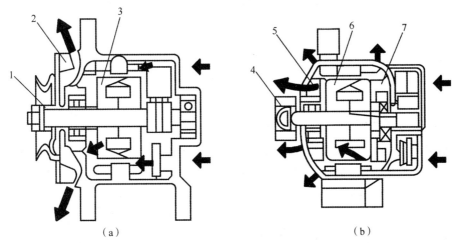

（a）　　　　　　　　　　　　　　（b）

图 2.9　交流发电机的通风示意图

（a）单风扇；（b）双风扇

1，4—带轮；2，5，7—风扇；3，6—转子

5）整流器

交流发电机的硅整流器将三相交流电变换为直流电向外输出，一般由 6 只硅二极管和 1 块元件板组成，元件板及 6 只硅整流二极管的安装如图 2.10（a）所示。

元件板又称散热板，用铝合金制成月牙形。元件板与后端盖用尼龙或其他绝缘材料制成的垫片隔开，并用螺栓通至后端盖外部，作为发电机的输出接线柱，该接线柱为发电机的正极，相应的标记为"B"（或"＋"或"电枢"等），元件板上压装 3 只硅整流正极管，如图 2.10（b）所示。

二极管的引线为二极管的一极，其壳体部分为二极管的另一极。压装在后端盖（或与外壳相通的接地散热板）上的 3 只硅二极管的壳体为二极管的正极，引线为二极管的负极，称之为负极管，一般管底上打有黑色标记；压装在外壳绝缘散热板上的 3 只硅二极管的壳体为负极，引线端为二极管的正极，称之为正极管，一般管底上打有红色标记。3 只正极管和 3 只负极管的引线端通过三个接线柱——对应连接，并分别连接三相绕组的 A、B、C 端，组成三相桥式全波整流电路，如图 2.10 所示。

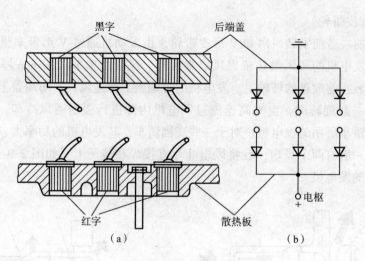

图 2.10　硅整流二极管

2. 交流发电机的型号

根据国家汽车行业标准《汽车电气设备产品型号编制方法》（QC/T73—1993）的规定，国产汽车交流发电机的型号主要由下列五大部分组成。

| 1 | 2 | 3 | 4 | 5 |

第 1 部分为产品名称代号，交流发电机产品名称代号为 JF；整体式交流发电机产品名称代号为 JFZ；带泵式交流发电机产品名称代号为 JFB；无刷式交流发电机产品代号为 JFW。其中，J 表示"交"；F 表示"发"；Z 表示"整"；B 表示"泵"；W 表示"无"。

第 2 部分为分类代号，即电压等级代号，用 1 位阿拉伯数字表示。其中，1 表示12 V；2 表示24 V；6 表示6 V。

第 3 部分为电流等级代号，用 1 位阿拉伯数字表示，各代号表示的电流等级见表 2.1。

表 2.1　电流等级代号（单位：A）

电流等级代号 发动机类型	1	2	3	4	5	6	7	8	9
整体式交流发电机 带泵式交流发电机 无刷式交流发电机 永磁式交流发电机	19	≥20~29	≥30~39	≥40~49	≥50~59	≥60~69	≥70~79	≥80~89	≥90

第 4 部分为设计序号，按产品设计先后顺序，用 1 位阿拉伯数字表示。

第 5 部分为变形代号，用字母表示，交流发电机将调整臂的位置作为变形代号。从驱动端看，Y 表示右边；Z 表示左边；无字母则表示在中间位置。

例如：桑塔纳、奥迪轿车用的交流发电机代号为 JFZ1913Z 型，其含义为：电压等级为 12 V、输出电流大于 90 A、第 13 代设计，调整臂位于左边的整体式交流发电机。

2.2.2　交流发电机的工作原理

交流发电机的工作原理示意图如图 2.11 所示，交流发电机定子的三相绕组按照一定的规律分布在发电机的定子槽中，依次相差 120° 电角度。当磁场绕组通电时便产生励磁，转子的爪极被磁化成 N 极和 S 极。转子爪极磁力线从 N 极出发，穿过转子与定子之间很小的气隙（一般小于 1 mm）进入定子铁芯，最后经过空气隙回到相邻的 S 极。转子旋转时，定子绕组与磁力线做相对切割运动，在三相绕组中产生频率相同、幅值相等、相位差 120° 电角度的正弦电动势为 e_A、e_B 和 e_C。由于转子磁极呈鸟嘴形，其磁场的分布近似正弦规律，因此定子绕组中产生的交流感应电动势的大小也近似呈正弦规律。其感应电动势的瞬时值方程式为

$$e_A = E_m \sin \omega t = \sqrt{2}\, E_\varphi \sin \omega t \tag{2.1}$$

$$e_B = E_m \sin (\omega t - 120°) = \sqrt{2}\, E_\varphi (\omega t - 120°) \tag{2.2}$$

$$e_C = E_m \sin (\omega t - 240°) = \sqrt{2}\, E_\varphi (\omega t - 240°) \tag{2.3}$$

式中，E_m——相电动势的最大值；

E_φ——相电动势的有效值；

ω——电角速度（$\omega = 2\pi f$）。

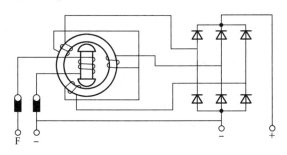

图 2.11　交流发电机的工作原理示意图

发电机每相绕组中所产生的电动势的有效值 E_φ（单位为 V）为

$$E_\varphi = 4.44 K f N \Phi \tag{2.4}$$

式中，K——定子绕组系数（交流发电机采用整距集中绕组 $K=1$）；

f——感应电动势的频率，Hz；

N——每相绕组的匝数；

Φ——磁极的磁通量，Wb。

其中

$$f = Pn/60$$

式中，P——磁极对数；

n——发动机转速；r/min。

$$E_\varphi = 4.44KN\Phi Pn/60 \tag{2.5}$$

令 $C = 4.44KNP/60$，则上式可写为

$$E_\varphi = C\Phi n \tag{2.6}$$

由式（2-6）可知，硅整流发电机每相绕组中所产生的电动势的有效值与转子的转速和磁极磁通的乘积成正比。略去内压降，可得

$$U_\varphi = C\Phi n \tag{2.7}$$

这就是三相同步交流发电机的电压变化规律。当外接负载时，三相绕组输出的交流电压 u_A、u_B、u_C 也是对称的，如图 2.12 所示。

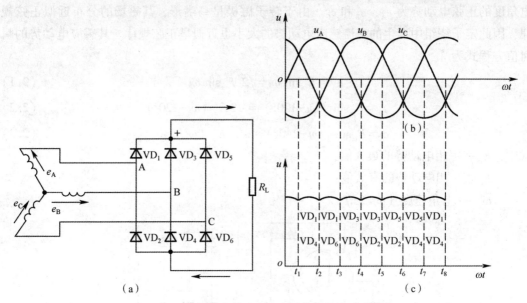

图 2.12　三相桥式整流电路中的电压、电流波形图

（a）整流原理；（b）三相交流电；（c）整流后发电机输出的平稳脉动电压

1. 交流发电机的整流原理

在交流发电机中，整流器利用硅整流二极管的单向导电性进行整流，6 管交流发电机的整流装置实际相当于由 6 个硅整流二极管组成的三相桥式整流电路，三相桥式整流电路及电压波形如图 2.12 所示。三个正极管子 VD_1、VD_3、VD_5 组成共阴极接法，其正极分别与三相绕组的首端相连。在某一瞬时，正极电位最高的那个硅整流二极管优先导通；而三个负极管子 VD_2、VD_4、VD_6 组成共阳极接法。在某一瞬时，负极电位最低的那个硅整流二极管优先导通。同时导通的两个管子总是将发电机的电压加在负荷两端。

在 t_1-t_2 时间内，A 相的电位最高，而 B 相的电位最低，故对应 VD_1、VD_4 处于导通状态，电流从 A 相出发，经 VD_1、负载 R_L、VD_4 回到 B 相构成回路。此时，发电机的输出电压为 A、B 相之间的线电压。

在 t_2-t_3 时间内，A 相的电位最高，而 C 相的电位最低，故对应 VD_1、VD_6 处于正向导通状态，电流从 A 相出发，经 VD_1、负载 R_L、VD_6 回到 C 相构成回路。此时，发电机的输

出电压为 A、C 相之间的线电压。

在 t_3-t_4 时间内，B 相的电位最高，而 C 相的电位最低，故对应 VD_3、VD_6 处于正向导通状态，电流从 B 相出发，经 VD_3、负载 R_L、VD_6 回到 C 相构成回路。此时，发电机的输出电压为 B、C 相之间的线电压。

依次类推，周而复始，在负载上即可获得一个比较平稳的直流脉动电压 U_d，一个周期内有 6 个波纹，脉动频率为 $6f$。

综上所述，可有以下结论。

（1）三相桥式全波整流电路将三相交流电变成较平稳的直流电，整流效率高，质量好。

（2）经整流后的直流电压即是整流发电机的直流输出电压，数值为三相交流电线电压的 1.35 倍，即

$$U_d = 1.35 U_{AB} = 2.34 U_\varphi = C\Phi n \qquad (2.8)$$

式中，U_d——发电机的直流输出电压，单位为 V；

$\quad\quad U_{AB}$——定子绕组的线电压，单位为 V；

$\quad\quad U_\varphi$——相电压，单位为 V。

（3）每只硅整流二极管在一个周期内只有 1/3 的时间导通，流过每个管子的负载电流为负载电流的 1/3，即

$$I_{VD} = \frac{I}{3} \qquad (2.9)$$

式中，I_{VD}——流过每个二极管的电流，单位为 A；

$\quad\quad I$——负载电流，单位为 A。

（4）每个硅整流二极管所承受的最高反向电压为线电压的最大值，即

$$U_{DRM} = \sqrt{2} U_L = \sqrt{2} \cdot \sqrt{3} U_\varphi = 2.54 U_\varphi = 1.05 U$$

（5）中性点接线柱 "N"。

如图 2.13 所示，当三相定子绕组采用星形接法时，三相绕组的三个末端接在一起，称为三相绕组的中性点（N），中性点对发电机的搭铁端是有电压的，称为中性点电压，它通过 3 个负极管子整流后得到直流电压，所以该点的电压等于发电机输出电压的一半，即

$$U_N = \frac{1}{2} U_d \qquad (2.10)$$

式中，U_N——中性点的直流电压，单位为 V；

$\quad\quad U_d$——发电机的直流输出电压，单位为 V。

中性点电压 U_N 常用来控制各种用途的继电器，如磁场继电器、充电指示灯继电器等。实际上，对有些发电机（如桑塔纳、奥迪等轿车）来说，在三相绕组的中性点处接入两只中性点二极管（功率二极管），并通过两只中性点二极管与桥式整流器的正、负极输出端相连，如图 2.15 所示为原理图，图中 VD_7、VD_8 为中性点二极管。当发动机中高速运转时，在其他结构不变的情况下，可使输出功率增加 10%~15%。

交流发电机输出电流时，中性点不仅具有直流电压，还含有交流成分，即中性点三次谐波电压，且幅值随发电机的转速而变化。当发电机转速升高到一定程度（超过 2 000 r/min）

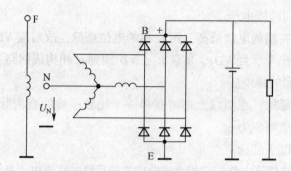

图 2.13　带有中性点中心抽头的交流发电机

时，交流电压的最高瞬时值有可能超过发电机的直流输出电压 U_d，最低瞬时值则可能低于搭铁端电压（0 V），在中性点与发电机输出端 "B+" 以及与搭铁端 "E" 之间分别连接一只整流二极管，那么，当交流电压高于发电机输出电压 U_d 或低于 0 V 时就可向外输出。故 8 管（6 个整流二极管加 2 个中性点二极管）、11 管（6 个整流二极管加 2 个中性点二极管再加 3 个励磁二极管）交流发电机被广泛应用。

2. 交流发电机的励磁方式

由于交流发电机转子的爪极剩磁较弱，因此发电机在低速运转时，加在硅整流二极管上的正向电压也很小。此时硅整流二极管上的正向电阻较大，较弱的剩磁产生的很小的电动势很难克服其正向电阻，无法使发电机正向电压迅速建立起来，不能满足发电机低速充电的要求。因此，汽车上发电机必须与蓄电池并联，开始发电时，由蓄电池向励磁绕组供电（他励），增强磁场，使发电机输出电压随发动机转速提高而上升很快，这就是交流发电机低速充电性能好的主要原因。

当发电机输出电压高于蓄电池电压时，一般发电机的转速达到 1 000 r/min，即由发电机自己供给励磁电流，也就是由他励转变为自励。由此可见，汽车发电机在输出电压建立前后分别采用他励和自励两种不同的励磁方式。简单地说，交流发电机的励磁方法是先它励、后自励。

图 2.14 所示为交流发电机的励磁电路。当点火开关 S 接通时，蓄电池通过调节器向发电机的励磁绕组提供励磁电流（他励），励磁电路为：蓄电池正极→点火开关 S→调节器 "+" 接柱→调节器→调节器的 "F" 接柱→发电机的 "F" 接柱→发动机的励磁绕组→搭铁。

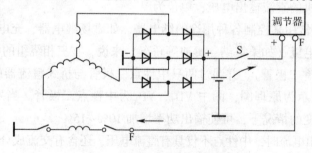

图 2.14　交流发电机的励磁电路

当发动机起动后，发电机的输出电压略高于蓄电池电压时，发电机自己给励磁绕组提供励磁电流（自励），励磁电路为：发电机正极→点火开关S→调节器"＋"接柱→调节器→调节器的"F"接柱→发电机的"F"接柱→发动机的励磁绕组→搭铁。发电机自励发电。

以上为励磁绕组的基本电路，它存在一个缺点：驾驶员如果在发动机熄火后忘记关闭点火开关S，蓄电池就会通过调节器向发电机励磁绕组长时间放电。针对这一问题，很多车型采用了九管发电机，如图2.15所示。它在六管的基础上，增加了三个小功率硅整流二极管，专供励磁电流，故称励磁二极管，它同时控制着充电指示灯。三只励磁二极管与三只负极管同样组成了三相桥式整流电路，"D+"点与火线接柱"B+"等电位。其原理如下：

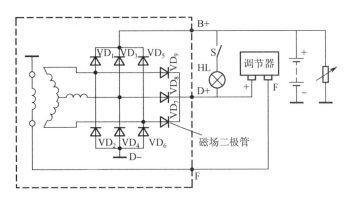

图 2.15　九管交流发电机的原理图

（1）点火开关S接通时，（他励）励磁电路为：蓄电池正极→点火开关S→充电指示灯→调节器→发电机的"F"接柱→发动机的励磁绕组→搭铁。充电指示灯亮，表示蓄电池放电。

（2）当发动机起动后，发电机电压高于蓄电池电压时，由于"D+"与"B+"同电位，充电指示灯内无电流而熄灭，表示发电机正常发电。一方面，由发电机的火线接柱"B+"向全车供电及向蓄电充电，另一方面通过"D+"为发电机的励磁绕组提供励磁电流（自励）。电路如下："D+"→调节器→发动机的励磁绕组→搭铁。

（3）当发动机熄火时，充电指示灯亮，说明蓄电池在放电，提醒驾驶员及时关闭点火开关；车辆正常运行时，若充电指示灯亮，则说明充电系统有故障，提醒驾驶员应及时维修。

2.2.3　交流发电机的工作特性

汽车用硅整流发电机的工作特点是转速变化范围大，对一般汽油发动机来说，其转速变化约为1:8，柴油机约为1:5，因此，分析汽车用交流发电机的特性必须以转速的变化为基础进而分析各有关量的变化。

交流发电机的工作特性是指发电机经整流后输出的直流电压 U、电流 I 和转速 n 之间的关系，包括空载特性、输出特性和外特性。

1. 空载特性

当发电机空载运行时，发电机端电压 U 和转速 n 之间的关系，即负载电流 $I=0$ 时，$U=f(n)$ 的函数关系，称为发电机的空载特性，交流发电机的空载特性曲线如图 2.16 所示。

从曲线可以看出，随着转速的升高，端电压上升较快，由他励转入自励时，即能向蓄电池进行补充充电，这进一步证实了低速充电性能好的优点。空载特性是判断硅整流发电机性能是否良好的重要依据。

2. 输出特性

交流发电机的输出特性，又叫负载特性或输出电流特性。它是指发电机向负载供电时，保持发电机输出电压恒定（对 12 V 的发电机规定为 14 V，对 24 V 的发电机规定为 28 V）的情况下，发电机的输出电流与发电机转速之间的关系，即 $I=f(n)$ 的函数关系。交流发电机的输出特性曲线如图 2.17 所示。

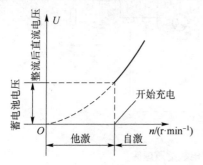

图 2.16　交流发电机的空载特性曲线

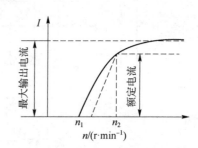

图 2.17　交流发电机的输出特性曲线

从交流发电机的输出特性曲线，$I=f(n)$ 可以看出：

（1）发电机的转速甚低时，其端电压低于额定电压，此时发电机不能向外供电，当转速达到空载转速 n_1 时，电压达到额定值；当转速高于空载转速 n_1 时，发电机才有能力在额定电压下向外供电。所以空载转速 n_1 常用作选择发电机与发动机速比的主要依据。

（2）当转速超过 n_1 时，发电机输出电流 I 将随着转速 n 的升高和电阻 R 的减小而增大；当转速等于 n_2 时，发电机输出额定功率（即额定电流与额定电压之积），故将转速 n_2 称为满载转速。

空载转速和满载转速是交流发电机的主要性能指标，在产品说明书中均有规定。在使用中，应定期测得这两个数据，与规定值相比较，就可判断发电机性能是否良好。

（3）当发电机转速达到一定值时，发电机的输出电流就不再随转速的升高和负载电阻 R 的减小而增大，这时的电流值称为发电机的最大输出电流或限流值。这一性能表明，交流发电机具有自动限制电流的自我保护能力。交流发电机的最大输出电流约为额定电流的 1.5 倍。

交流发电机之所以能自我限制电流，可做如下的定性分析：

①定子绕组具有一定的阻抗 Z，它对通过定子绕组的交流电流起着阻碍作用。

阻抗 Z 是由绕组的电阻 r 和感抗 x_L 合成的,即

$$Z=\sqrt{r^2+x_L^2}\,,\quad x_L=\omega L$$

式中,ω——角速度,$\omega=2\pi f$(f 为频率;$f=Pn/60$);

L——一相定子绕组的电感。

所以,有

$$x_L=2\pi fL=2\pi\frac{Pn}{60}L=\frac{\pi}{30}PnL$$

式中,P——磁极对数;

n——转子的转速。

由上式可知,感抗 x_L 与转速 n 成正比,高速时,由于绕组电阻 r 与感抗 x_L 相比可以忽略不计,因此可以认为定子绕组的阻抗 Z 与转速成正比。

于是,转速越高,感抗 x_L 越大,即阻抗 Z 越大,阻碍交流电流的能力越强,可产生较大的内部电压降。

②定子电流增加时,电枢反应增强,感应电动势也会下降。

所谓电枢反应,是指在发电机内部除磁极磁场外,还有电枢电流产生的磁场,即存在磁极磁场和电枢磁场。电枢磁场对磁极磁场的影响称作电枢反应。在交流发电机中,爪极转子是旋转的磁场,定子是电枢可产生电枢磁场。

综上所述,当发电机转速升高到使负载电流增加到一定数值后,如再提高转速,尽管定子绕组中的感应电动势增加,但因定子绕组的阻抗增大,内部电压降增大,再加上电枢反应引起的感应电动势下降,两者共同作用的结果,就使发电机的输出电流不再增加。因而,交流发电机具有自身限制输出电流的作用。其限制电流值的大小与定子绕组的电感 L 有关,也就是与定子绕组的匝数等有关。

因此,采用交流发电机时可以不另加电流限制器,其具有自身限制电流的保护能力。

3. 外特性

当发电机转速一定时,发电机端电压 U 与输出电流 I 之间的关系,即 n 为常数时,$U=f(I)$ 的函数关系,称为发电机外特性,交流发电机的外特性曲线如图 2.18 所示。

外特性曲线表明:交流发电机端电压受转速和负载变化的影响较大,因此,要使输出电压稳定,必须配备电压调节器。当发电机在高转速下运行时,如果突然失去负载,则其端电压会急剧升高,这时发电机中的二极管以及调节器中电子元件器件将有被击穿的危险。另外,当输出电流增大到一定值时,如果负载在增加,其输出电流不仅不会增加,反而会同端电压一起下降。即在外

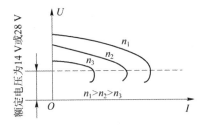

图 2.18 交流发电机的外特性曲线

特性曲线上存在一个转折点。因此,当发电机短路时,其短路电流是很小的,这也说明交流发电机具有自身限制电流输出的能力。一般交流发电机工作在转折点以前。

2.3 调 节 器

2.3.1 交流发电机调节器的作用

交流发电机的硅二极管具有单向导电性，它阻止了电流的反向流动，决定了蓄电池不可能向发电机放电而出现逆电流；又因为交流发电机具有限制输出电流不超过最大值的能力，故其不必配用电流限制装置。

但是，汽车用交流发电机工作时其转速很不稳定且变化范围很大，转速和负载的变化均会引起发电机的输出电压发生较大变化，这与汽车用电设备要求电压恒定相矛盾。因此，发电机必须要有一个自动电压调节装置。交流发电机电压调节器的作用就是当发动机转速变化时，自动对发电机的电压进行调节，使发电机的电压稳定，以满足汽车用电设备的要求。

2.3.2 交流发电机调节器的基本原理

由式（2.8）可知，

$$U_d = C\Phi n$$

式中，U_d——发电机输出电压；

C——电机常数；

n——发电机转速，单位为 r/min；

Φ——磁极的磁通量，单位为 Wb。

所以，在发电机转速变化时，要使电压保持一定，只有相应地改变磁极的磁通，即当 n 增大时减小 Φ，才能使电压保持一定。而磁通 Φ 的大小取决于磁场电流，所以在转速变化时只要自动调节磁场电流就能保持电压恒定。电压调节器就是利用自动调节磁场电流使磁极磁通改变这一原理来调节发电机电压的。

2.3.3 交流发电机调节器的控制电路

交流发电机的电压调节器可分为触点式电压调节器（已淘汰）、晶体管调节器和集成电路调节器，三者的基本原理都是以转速为基础，通过改变励磁电流来维持发电机输出电压的稳定。

随着半导体技术的发展，晶体管电压调节器在汽车上得到了广泛的应用。其特点是：晶体管的开关频率高，且不产生火花，电压调节精度高，还有重量轻、体积小、使用寿命长、可靠性高、对无线电干扰小等优点。

集成电路电压调节器除具有晶体管调节器的优点外，还具有超小型的特点，便于安装在发电机内部（又称内装式调节器），减少了外接线，并且冷却效果得到了改善。现广泛应用于桑塔纳、奥迪等车型。常见调节器外形如图 2.19 所示。近年来，某些高档轿车装用了微机控制的调压电路。

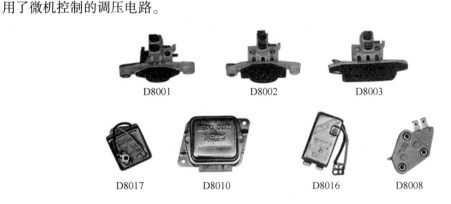

D8001　　　D8002　　　D8003

D8017　　D8010　　D8016　　D8008

图 2.19　各类电压调节器外形

由于交流发电机具有内、外搭铁之分，因此调节器也有内搭铁、外搭铁之分。应使用汽车说明书中指定的调节器，如果采用其他形式的调节器代替，那么除标称电压等规定参数与原调节器相同外，代用调节器必须与原调节器的搭铁形式相同，否则，发电机可能由于励磁电路不通而无法正常工作。对于集成电路调节器，必须是专用的，是不能被代替的。

1. 晶体管电压调节器

晶体管电压调节器是利用晶体三极管的开关作用，控制发电机励磁电路的通、断。在发电机转速变化时，调节励磁电路的电流可使发电机电压保持稳定。现在国内外晶体管调节器的电路设计原理大致相同，结构也基本相同，都是由 1~2 个稳压管、1~3 个二极管、2~3 个晶体管、若干个电阻和电容等元件组成。由印刷电路板连成电路，外壳由薄而轻的铝合金制成，表面有散热板，外部有三个接线柱，分别为 "+"（或火线）、"-"（或搭铁）接线柱、"F"（或磁场）接线柱，分别与发电机的三个接线柱对应连接。

1）内搭铁晶体管电压调节器

如图 2.20 所示，为内搭铁晶体管调节器基本电路。VT_2 是大功率晶体管，起开关作用，用来接通与切断发电机的励磁电路；晶体管 VT_1 是小功率管，用来放大控制信号。稳压管 VS 是感受元件，串联在 VT_1 的基极电路中，并通过 VT_1 的发射结并联于分压电阻 R_1 的两端，以感受发电机的输出电压。电阻 R_1 和 R_2 组成一个分压器，分压器两端的电压 U_{AC} 为发电机的输出电压，则 $U_{AB}=U_{AC}R_1/R_1+R_2$，U_{AB} 电压反向加在 VS 上，通常把 B 点称为检测点。R_1 的阻值是这样确定的：当发电机输出电压 U_{AC} 达到规定的调整值时（如桑塔纳为 13.5~14.5 V），U_{AB} 电压正好等于 VS 的反向击穿电压，R_3 为 VT_1 的集电极负载电阻。

晶体管调节器的工作原理如下：点火开关 S 闭合后，蓄电池的电压就加到分压器的 A、C 端，由于蓄电池电压小于发电机输出电压的调整值，故 U_{AB} 电压值也小于 VS 的反向

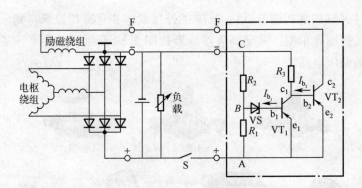

图 2.20　内搭铁晶体管调节器基本电路

击穿电压，VS 处于截止状态，VT_1 基极电流 I_{b_1} 等于零，VT_1 截止，而 VT_2 由于发射结处于较高的正向电压下而导通饱和，产生励磁电流（他励）。

励磁电路为：蓄电池→点火开关 S→调节器"+"接线柱→VT_2→调节器"F"接线柱→发电机"F"接线柱→励磁绕组→蓄电池（搭铁）。

发动机起动后，发电机的输出电压高于蓄电池的电压，发电机的励磁电流由他励转变为自励。

励磁电路为：发电机正极→点火开关 S→调节器"+"接线柱→VT_2→调节器"F"接线柱→发电机"F"接线柱→励磁绕组→蓄电池负极（搭铁）。

随着转速的升高，当发电机输出电压稍高于调整值时，U_{AB} 电压达到了 VS 的反向击穿电压，VS 导通，使 VT_1 产生基极电流而导通，同时把 VT_2 的发射结短路，使其由导通状态转化为截止状态，切断发电机的励磁电路，使发电机的输出电压急剧下降，当发电机的输出电压下降到稍低于调整值时，VS 又由击穿状态恢复到截止状态。随之，VT_1 也由导通状态转化为截止状态，使 VT_2 导通。如此反复，就使发电机的端电压维持在规定的调整值上。

以上分析的基本电路与实际应用的晶体管调节器工作电路相比存在很大缺点，如 VT_2 导通变为截止的瞬间，由于励磁电流的突变，在励磁绕组中产生很大的自感电动势，这个瞬间高压电动势将会损坏调节器的其他电子元件。这样在实际应用的调节器电路中，将对上面的基本电路做必要的补充和完善。

2）外搭铁晶体管电压调节器

JFT106 型晶体管电压调节器为 14 V 外搭铁式电压调节器，可以配用 14 V、750 W 的九管交流发电机，也适用于 14 V、功率小于 1 000 W 的负极外搭铁式六管交流发电机。调节电压为 13.8~14.6 V，CA1092 型汽车用 JFT106 型搭铁晶体管调节器工作原理如图 2.21 所示，该调节器共有三个接线柱，其中"+"接线柱与发电机的"F_1"接线柱连接后经熔断器连接至点火开关，"F"接线柱与发电机的"F_2"接线柱连接，"−"接线柱搭铁。

JFT106 型晶体管电压调节器工作过程如下：

（1）接通点火开关 S，蓄电池经点火开关 S、R_5、二极管 VD_2 和 R_7 向晶体管 VT_2、晶体管 VT$_3$ 提供偏流，VT$_3$ 导通，他励励磁电路为：蓄电池正极→点火开关 S→发电机励磁绕组（F$_1$、F$_2$、F）→VT$_3$→蓄电池负极（接铁）。

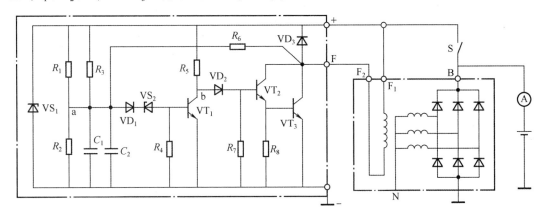

图 2.21　CA1092 型汽车用 JFT106 型外搭铁晶体管调节器工作原理

（2）发动机起动后，励磁电路由他励变为自励，其励磁电路为：发电机正极→点火开关 S→发电机励磁绕组→VT$_3$→蓄电池负极（接铁）。

（3）当发电机的输出电压达到调整值时，R$_2$ 的端电压将反向击穿稳压管 VS$_2$ 使晶体管 VT$_1$ 导通，VT$_2$ 和 VT$_3$ 截止，使励磁电流迅速下降，发电机的输出电压随之下降。

（4）当发电机输出电压降至 VS$_2$ 的反向击穿电压以下时，VT$_1$ 截止，VT$_2$、VT$_3$ 再导通，发电机输出电压随之上升。发电机输出电压达到调节值时，VS$_2$ 再被反向击穿，VT$_1$ 又导通，VT$_2$ 和 VT$_3$ 又截止，发电机的输出电压又下降。如此反复，使发动机的输出电压控制在规定范围。

其他元件的作用：R$_3$ 为调节电阻，其阻止为 1.3~13 kΩ。合理选择 R$_3$，可提高调节电压的稳定性。

C$_1$、C$_2$ 为滤波电容，可使 VS$_1$ 两端的电压平稳过渡，减少对发动机输出电压的脉动影响，降低晶体管开关的频率，减少功率消耗。

VD$_1$、VD$_2$ 为温度补偿二极管，用来减少温度对调节器调压值的影响。

VD$_3$ 为续流二极管，可以将 VT$_3$ 由导通变为截止时，在励磁绕组中产生的瞬时过电压短路，以保护 VT$_3$。

R$_4$ 为限制 VS$_1$ 的击穿电流，保护 VS$_1$，同时是 VT$_1$ 的偏置电阻。

R$_6$ 为正反馈电阻，用以提高晶体管的转换速度，减少损耗。

2. 集成电路（IC）电压调节器

集成电路电压调节器又称 IC 调节器，根据使用要求，它把电路中的若干元件集成到同一基片上，制成一个独立的电子芯片。集成电路电压调节器装于发电机内部，称为整体式发电机。发电机外部有两个或三个接线端子。桑塔纳轿车采用了混合电路加集成电路发电机调节器，集成电路和保护电阻共同贴在一块陶瓷基片上，封装在一个金属盒里，并与电刷连成一体，便于安装和维修。

集成电路电压调节器的工作原理与晶体管电压调节器的工作原理一样，都是根据发电机输出电压的变化，利用晶体管的开关特性来控制发电机励磁电流，达到稳定发电机输出电压的目的。其也有内、外搭铁之分，而且以外搭铁使用较多。

根据检测电源电压方式不同，集成电路电压调节器可分为发电机电压检测法和蓄电池电压检测法两种，大功率硅整流发电机多采用后者。

1）发电机电压检测法

发电机电压检测法的电路如图2.22（a）所示。加在分压器 R_1、R_2 上的电压是磁场二极管输出端 L 的电压 U_L，而硅整流发电机输出端 B 的电压为 U_B。因此 $U_L = U_B$，所以调节器检测点 P 加在稳压管 VD_1 两端的反向电压 U_P 与发电机的端电压 U_B 成正比，所以该电路称为发电机电压检测法。其工作原理同晶体管调节器，在此不再重述。

2）蓄电池电压检测法

蓄电池电压检测法的电路如图2.22（b）所示。加在分压器 R_1、R_2 上的电压为蓄电池端电压，由于通过检测点 P 加到稳压管 VD_1 上的反向电压与蓄电池的端电压成正比，所以该线路称为蓄电池电压检测法。

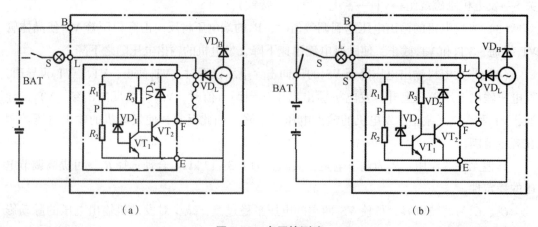

（a）   （b）

图 2.22   电压检测法

（a）发电机电压检测法；（b）蓄电池电压检测法

上述两种基本电路中，如果采用发电机电压检测法线路，那么发电机的引出线可以少一根。不足之处在于，当图中 B 点到蓄电池正极之间的电压降较大时，蓄电池的充电电压将会偏低，使蓄电池充电不足。因此，一般大功率发电机多采用蓄电池电压检测法线路的电压调节器。

在采用蓄电池电压检测法线路时，当 B 点与蓄电池正极之间或 S 点与蓄电池正极之间断线时，由于不能检测出发电机的端电压，发电机电压将会失控。为了克服这一不足之处，线路上应采取一定的措施。图 2.23 所示为实际采用的蓄电池电压检测法线路，在这个线路中，在调节器的分压器与发电机 B 点之间增加了一个电阻 R_6 和一个二极管 VD_2，这样，当 B 点与蓄电池正极之间出现断路时，由于 R_6 的存在，仍然能检测出发电机的端电压 U_B，使调节器正常工作，可以防止发电机电压过高的现象。

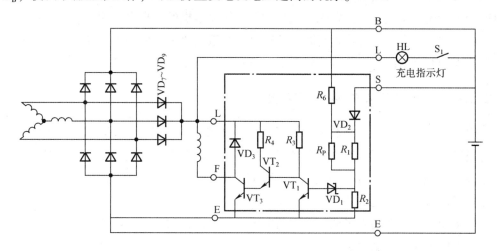

图 2.23 实际采用的蓄电池电压检测法线路图

3. 微机控制的调压电路

在一些中高档车辆上，其输出电压由计算机进行控制，如图 2.24 所示。

为了保证发电机输出电压在规定范围内，计算机根据检测点的电压和发动机转速，通过大功率三极管来控制发电机励磁电路的搭铁回路。

励磁电路为：蓄电池或发电机正极→点火开关→发电机磁场接柱→激磁绕组→发电机磁场接柱→计算机→搭铁→蓄电池或发电机负极。

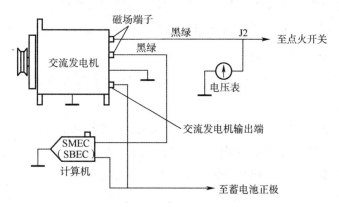

图 2.24 微机控制的发电机励磁电路

当点火开关处于"接通"或"起动"位置且发动机正常运转时，如果计算机检测到蓄电池电压低于规定值，就使大功率三极管导通，接通激磁电路，增大激磁电流，提高发电机输出电压。

如果计算机检测到蓄电池电压高于规定值，就使大功率三极管截止，发电机激磁电路断开，减小激磁电流，降低发电机输出电压，使发电机的输出电压不超过规定值。

根据检测点电压的高低，计算机以每秒 400 个脉冲的固定频率向磁场提供电流脉冲，通过改变占空比，得到正确的励磁电流平均值，使发电机的输出电压保持在规定值，起到调节器的作用；在发动机怠速运行时，计算机根据该信号电压的高低，通过控制发动机的怠速转速来调节充电率，以免怠速时蓄电池放电，这时调节器无法实现。

2.3.4　汽车交流发电机电路实例

目前国内外的汽车上，都装用了充电指示灯（属于报警装置），用来检测系统的工作情况。当接通点火开关时，充电指示灯亮；当发动机起动后、发电机正常工作时，充电指示灯熄灭（个别车型如天津大发除外）。当发动机正常工作时，充电指示灯亮突然点亮，说明充电系统有故障，提醒驾驶员注意及时维修。

充电指示灯控制电路除了前面讲到的利用 9 管发电机的励磁二极管控制充电指示灯方法外，还有以下几种控制方法。

1. 利用中性点电压，通过复合继电器控制充电指示灯

解放 CA1092、EQ1092 均采用这一控制方式，如图 2.25 所示。其工作原理如下：

（1）当点火开关接通时，充电指示灯亮，其电路为：蓄电池正极→点火开关 S→充电指示灯→起动复合继电器的接线柱 L→保护继电器的常闭触点 K_2→磁轭→起动复合继电器的接线柱 E→搭铁。

（2）当发动机起动后，发电机开始正常发电，由于发电机的中性点接线柱 N 有电压输出，这时，起动组合继电器上的磁化线圈 L_2 有电流通过，其电路为：发电机的中性点接线柱 N→起动组合继电器的接线柱 N→磁化线圈 L_2→搭铁接线柱 E。这时，磁化线圈 L_2 将产生磁吸力，将常闭触点 K_2 打开，充电指示灯熄灭，表示发电机正常工作。

2. 利用二极管来控制充电指示灯

利用二极管来控制充电指示灯即利用二极管单向导电性来控制充电指示灯，如图 2.26 所示。其工作原理如下：

（1）当点火开关 S 闭合时，励磁电路为（他励）：蓄电池正极→点火开关 S→充电指示灯→调节器→发电机励磁绕组→搭铁。这时，充电指示灯亮。

（2）当发动机起动后，发电机的输出电压高于蓄电池的电动势，二极管 VD 导通，同时，VD 将充电指示灯短路，充电指示灯熄灭，表示发电机正常工作，即利用二极管的单向导电性来控制充电指示灯。

蓄电池的充电电路为：发电机的火线接线柱 B→VD→蓄电池正极→搭铁。

励磁电路为（自励）：发电机的火线接柱 B→调节器→发电机励磁绕组→搭铁。

奥迪、红旗轿车也采用二极管来控制充电指示灯，如图 2.27 所示，该发电机为整体式 11 管交流发电机（其中，整流二极管 6 只、励磁二极管 3 只、中性点二极管 2 只、集成电路调节器与电刷架制成一体）。在发动机的外部有两个接线柱，分别为火线接柱 B+、

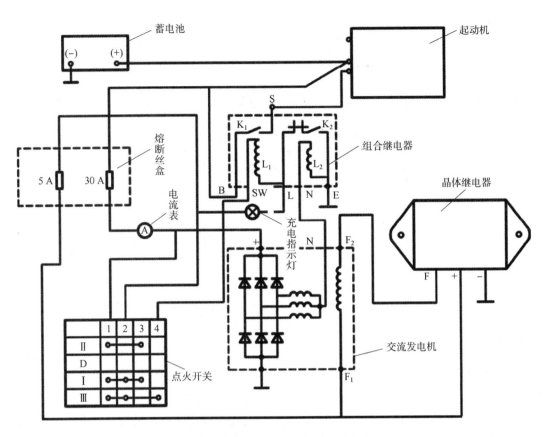

图2.25 利用中性点电压控制的复合继电器充电指示灯电路

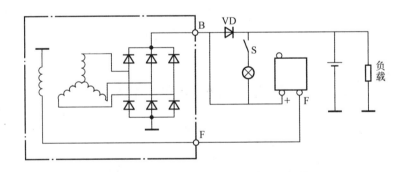

图2.26 二极管来控制的充电指示灯电路

磁场接柱 D+、火线接柱 B+ 向全车供电，磁场接柱 D+ 的作用是向励磁绕组提供电流、为调节器提供工作电压及控制充电指示灯。

工作原理如下：

（1）接通点火开关 S，蓄电池向发电机提供励磁电流（他励）。

励磁电路为：蓄电池正极→点火开关 S →充电指示灯 4→二极管 VD→发电机磁场接柱 D+→励磁绕组 1→调节器 2→搭铁。此时，充电指示灯亮。

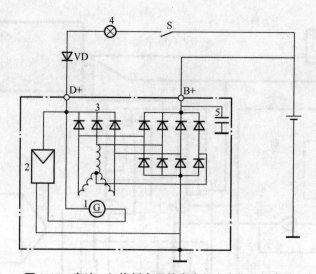

图 2.27　奥迪、红旗轿车用的发电机充电指示灯电路
1—励磁绕组；2—电压调节器；3—励磁二极管；4—充电指示灯；5—防干扰电容

（2）发动机起动后，发电机的输出电压高于蓄电池的电动势，由于 D+ 与 B+ 等电位，充电指示灯熄灭，励磁电流由他励变为自励。

励磁电流为：励磁二极管 3→励磁绕组 1→调节器→搭铁。

（3）发电机输出电压达到调节值时，大功率励磁三极管截止，励磁电流消失，发电机输出电压迅速下降。当发电机输出电压降至节压值以下时，大功率励磁三极管导通，励磁电流增大，发电机输出电压升高，就这样，循环反复，使发电机输出电压稳定在规定范围。

2.4　充电系统的使用与检测

2.4.1　充电系统的正确使用

为保证电源系统的使用性能，交流发电机与调节器在使用中应注意以下几点：

（1）汽车交流发电机均为负极搭铁，蓄电池搭铁极性必须与发电机一致，否则蓄电池会将正向电压加在整流二极管上使二极管烧坏。

（2）发电机运转时，不能短接交流发电机的"B""E"端子（即用试火花的方法）来检查发电机是否发电，否则容易烧坏整流二极管。

（3）当整流器的 6 只整流二极管与定子绕组连接时，绝对禁止使用 220 V 以上交流电压或兆欧表来检查发电机的绝缘情况，否则将会损坏二极管及调节器中的电子元件。

（4）调节器与交流发电机的搭铁型式、电压等级必须一致，否则充电系统不能正常工作。当调节器与发电机的搭铁型式不匹配而又急需使用时，只能通过改变发电机磁场绕组的搭铁型式，使发电机与调节器的搭铁型式一致。

（5）发电机正常运行时，切不可任意拆卸各电器的连接线，以防引起电路中的瞬时过电压损坏二极管及调节器中的电子元件或其他电子设备。

（6）蓄电池可起到电容器的作用，即可在一定程度上吸收电路中的瞬时过电压。在发动机运行过程中不要拆下蓄电池连接导线，否则容易造成发电机二极管及调节器中的电子元件的损坏。

2.4.2　充电系统的维护

汽车每行驶 1.5 万 km，应检查调整驱动带的挠度；每行驶 3 万 km，应将发电机从车上拆下检修一次，主要检查电刷和轴承磨损情况。新电刷高度为 14 mm，当磨损至剩余 7~8 mm 时，应当更换新电刷；轴承如有显著松动，应予更换新品。

1. 检查驱动带外观

驱动带外观检查如图 2.28 所示，用肉眼观察驱动带有无裂纹和破损现象，如有则应更换驱动带。驱动带安装情况应当符合图 2.28 的要求，如果安装情况不符合图 2.28 所示情况，则应更换驱动带。

2. 检查驱动带挠度

检查驱动带挠度的方法如图 2.29 所示。检查时，在两个驱动带轮之间驱动带的中央部位施加 100 N 压力，此时驱动带的挠度应符合规定值。新驱动带（从未用过的驱动带）一般为 5~7 mm，旧驱动带（装车发动机运转超过 5 min 的驱动带）一般为 10~14 mm。具体值应以车辆维修手册为准，挠度不符合规定应予调整。

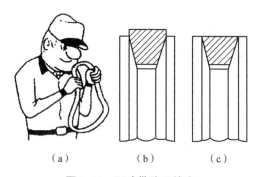

图 2.28　驱动带外观检查

（a）外观检查；（b）安装正确；（c）皮带失效

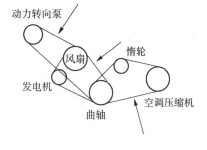

图 2.29　驱动带的挠度检查

3. 检查导线连接

（1）检查各导线的连接部位是否正确。

（2）发动机"B"端子必须加装弹簧垫圈。

（3）采用线束连接器连接的发电机，其插头与插座必须用锁紧卡簧锁紧，不得有松动现象。

4. 检查异常噪声

在交流发电机出现故障，特别是机械故障（如轴承破碎、转子轴弯曲等）后，当发电机运转时，都会发出异常响声。检查时，逐渐加大发动机油门，同时监听发电机有无异常响声。如有异常响声，则需拆下发电机分解检修。

2.4.3 交流发电机的检修

1. 解体与清洗

首先将发电机表面清理干净，旋下两端盖之间的紧固螺栓，取出外装式电刷盒；其次拆下后端盖轴承小护盖，用挤压或轻击的方法，分离转子、定子、后端盖，取出后轴承，用同样的方法将前端盖从转子轴上取下，拿出前轴承；最后依次解体各组成。除绝缘部件外，所有零件均用汽油或煤油清洗干净，擦干待检。

2. 转子检查

（1）检查励磁绕组的短路或断路。用数字万用表测量励磁绕组的电阻，两表针分别触在两滑环上，如图 2.30（a）所示。正常阻值为 2.6~6 Ω（各型号发电机有差异）。若阻值小于正常值，则为短路；若阻值为无穷大，则为线头脱焊或断路。

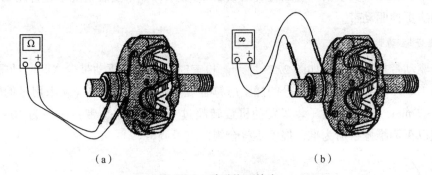

（a）   （b）

图 2.30　励磁绕组检查

（a）励磁绕组短路、断路检测；（b）励磁绕组搭铁检测

（2）励磁绕组和滑环搭铁检验。数字万用表置于 20 k 挡，两表针分别触轴和滑环，如图 2.30（b）所示。表针指在无限大为良好。若有阻值，则说明有搭铁故障，应检修。

（3）转子摆差检验。用百分表检验转子摆差，其值小于 0.10 mm 为合格，如图 2.31 所示，否则应冷压校正。

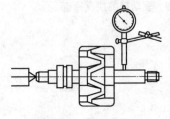

图 2.31　转子摆差检验

（4）滑环的厚度不小于 1.5 mm，圆度误差不超过 0.025 mm，表面粗糙度不大于 2.5 μm，否则应更换。

3. 定子检查

用万用表，按图 2.32（a）所示的方法检查定子绕组是否断路；按图 2.32（b）所示的方法检查定子绕组是否搭铁。

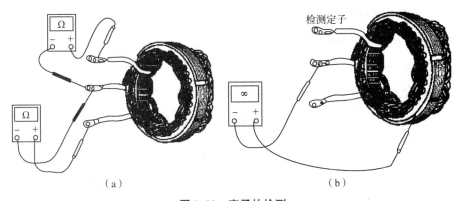

图 2.32　定子的检测

（a）定子绕组短路、断路检测；（b）定子绕组搭铁检测

4. 检查整流二极管

在检查整流二极管时，应首先将定子线圈的引线与整流二极管连线拆开。

对于正极管：用数字万用表的二极管挡，黑表笔接整流器输出端子，红表笔分别接整流器各接线柱，数字万用表正常显示为 300~600 mV；若无显示，则说明该二极管断路，应更换整流器总成；若发出蜂鸣声，说明该二极管短路；调换两表笔进行测试，此时万用表均应不显示；若发出蜂鸣声，则说明该二极管短路，也应更换整流器总成，如图 2.33（a）所示。

对于负极管：用数字万用表的二极管挡，红表笔接整流器负极管的外壳，黑表笔分别接整流器输出端子，数字万用表正常显示为 300~600 mV；若无显示，则说明该二极管断路，应更换整流器总成；若发出蜂鸣声，则说明该二极管短路；调换两表笔进行测试，此时数字万用表应均不显示；若发出蜂鸣声，则说明该二极管短路，也应更换整流器总成，如图 2.33（b）所示。

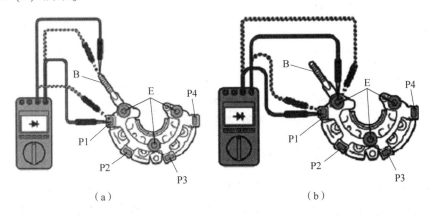

图 2.33　整流二极管的检测

（a）对于正极管；（b）对于负极管

5. 检查电刷和电刷架

电刷长度不得小于 7 mm，否则应及时更换；电刷架无裂等。

6. 试验台动态检测

可在试验台上进行发电机空载试验和负荷试验，测出发电机在空载和满载情况下发出额定电压时对应的最小转速，从而判断发电机的工作是否正常。交流发电机动态试验线路图如图 2.34 所示。

（1）空载试验。将待试发电机固定在试验台上，由另外的调速电动机拖动。合上开关 S_1，有蓄电池供给发电机励磁电流进行他励，当发电机转速为 1 000 r/min（用转速表测量）时，对 12 V 电系发电机电压应为 14 V，对 24 V 电系发电机电压应为 28 V。

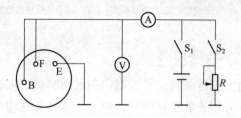

图 2.34 交流发电机动态试验线路图

（2）负荷试验。断开开关 S_1，发电机转为自励，合上开关 S_2，调节可调电阻 R，在发电机转速为 1 000 r/min 时，发电机电压应大于 12 V 或 24 V；在发电机转速为 2 500 r/min 时，电压应达到 14 V 或 28 V，电流应达到或接近该发电机的额定电流。

7. 交流发电机的就车检验

发电机还可以在汽车上进行试验。将蓄电池搭铁线暂时拆下，把一块 0~100 A 的电流表串接到发电机火线 B 接线柱与火线原接线之间，再把一块 0~50 V 的电压表接到 B 与 E 之间，然后恢复蓄电池的搭铁线，以保证操作安全。起动机起动发动机，并提高转速，当发电机转速为 2 500 r/min 时，电压应在 14 V 或 28 V 以上，电流应为 10 A 左右。此时，打开前照灯、刮水器等负荷，电流若为 20 A 左右，则表明发电机工作正常。

8. 整流波形的试验

用示波器（通用型）测试交流发电机的整流波形，也可判断定子绕组和整流电路的故障。交流发电机的各种故障整流波形如图 2.35 所示。

2.4.4 充电系常见故障诊断

对大多数汽车来说，充电系的故障现象都是根据充电指示灯来判断的。正常情况是：当打开点火开关时，充电指示灯亮；起动发动机后，充电指示灯应熄灭。一般充电系的故障现象有以下几种情况：

1. 发动机起动后，充电指示灯仍亮

这种情况说明发电机没有发电，但是故障不一定在发电机本身。

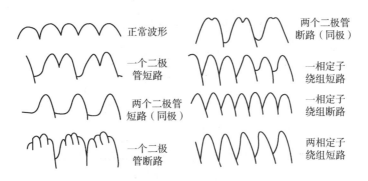

图 2.35　交流发电机的各种故障整流波形

图 2.36 所示为内搭铁式交流发电机不发电的诊断方法。在诊断之前，先检查发电机传动带有无松滑现象，检查调节器的火线是否正常。当上述检查均为正常时，再做进一步诊断。具体检查方法如下：

将调节器上的"+"和"F"两接线柱上的导线拆下，并将两接线端短接后起动发动机。起动后，若充电指示灯熄灭，则说明调节器有故障，更换调节器。若充电指示灯仍亮，则用一根导线将一常火线引至发电机的磁场接柱 F，起动发动机，若发电，那么故障在充电线路；若仍不发电，那么故障在发电机。

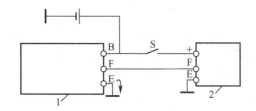

图 2.36　内搭铁式交流发电机不发电的诊断方法
1—发电机；2—调节器

图 2.37 所示为外搭铁式交流发电机不发电的诊断方法。在诊断之前，先检查发电机传动带有无松滑现象，检查调节器的火线是否正常，检查发电机的磁场接线柱 F 是否有"火"。当上述检查均为正常时，再做进一步诊断。具体检查方法如下：

将调节器上的"F"和"E"两接线柱上的导线拆下，并将两线端短接后起动发动机。

起动后，如果充电指示灯熄灭，则说明调节器有故障，需要更换调节器。如果充电指示灯仍亮，用一根常导线将发电机的磁场接线柱 F_2 直接搭铁，起动发动机，若发电，那么故障在充电线路；若仍不发电，那么故障在发电机。

2. 发动机起动后，充电指示灯亮，发动机高速运行时，充电指示灯熄灭

故障原因：发电机发电量低。

诊断过程：

（1）检查发电机传动带有无松滑现象、发电机的固定是否牢固。若有松脱，则需紧固。

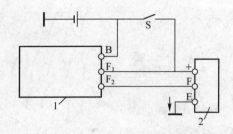

图 2.37 外搭铁式交流发电机不发电的诊断方法

1—发电机；2—调节器

（2）电刷接触不良。

（3）整流器中的个别二极管损坏、定子中的三相绕组或转子中的励磁绕组局部短路等，一般需要将发电机拆下，解体检查。

3. 汽车运行时，经常烧灯泡、熔断丝及各种开关等电气设备

这种情况说明发电机发电量高。在诊断时，用电压表测量蓄电池的两个极桩，测量时将发动机的转速控制在 2 000 r/min 左右，观察电压表的读数。如果读数大于 14.5 V，则说明电压调节器有故障，可直接更换调节器。

4. 打开点火开关，充电指示灯不亮

这种情况说明充电指示灯电路有故障。故障原因可能是充电指示灯线路有断路的地方；对奥迪、红旗轿车这类车的发电机来说，可能是发电机的电刷损坏；对东风、解放汽车这类车的发电机来说，也可能是组合继电器有故障。

5. 汽车运行时，发电机或传动带有异响

交流发电机的异响可能是发电机轴承或传动带引起的。诊断时应先检查传动带状况和张紧力，必要时可更换。检查轴承异响时，利用一段软管，或一把长一字形螺钉旋具，也可以用听诊器，将一端放在靠近轴承的地方，然后将耳朵贴在另一端倾听。在倾听过程中，可提高发动机的转速，若随着转速的提高，噪声越来越大，则说明异响是轴承引起的；在倾听过程中，应留心发电机周围的风扇、传动带和其他运动件。更换轴承时，发电机需要拆下解体。

本章小结

◇硅整流发电机主要由转子、定子、前后端盖、风扇及皮带轮等组成。

◇三相电枢绕组的连接方法有星形接法（也称 Y 形接法）和三角形接法（亦称 △ 形接法）。

◇中性点的直流电压等于发电机直流输出电压的一半。有中性点二极管的八管发电机其输出电流可增加 10%~15%。

◇交流发电机的特性有输出特性、空载特性和外特性，其中以输出特性最为重要。

◇发电机输出电压的调节是通过改变励磁电流的大小实现的。

◇交流发电机电压调节器按工作原理可分为晶体管式、集成电路和微机控制电压调节器三大类。

◇在进行发电机性能测试时，可进行空载试验和满载试验。

习 题

1. 简述交流发电机的主要部件及其作用。

2. 简述交流发电机的工作原理。

3. 交流发电机高速运转时突然失去负载有何危害？

4. 交流发电机的中性点输出电压有何功用？

5. 交流发电机与电压调节器在使用中应注意哪些事项？

6. 电压调节器的调节原理是什么？内、外搭铁调节器的区别是什么？

7. 简述充电系常见的故障及排除方法。

章后思维导图

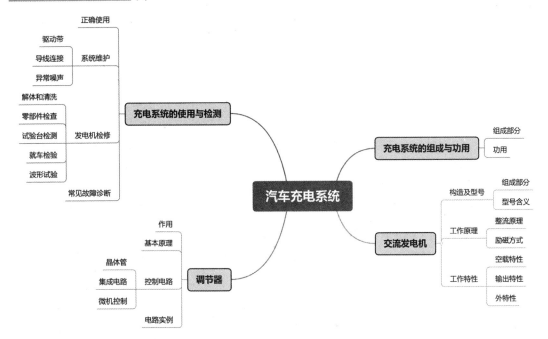

第3章
汽车起动系统

→→→

3.1 汽车起动系统概述

发动机由静止状态过渡到能自行稳定运转状态的过程称为发动机的起动。发动机的起动方式主要有人力起动、辅助汽油机起动和电力起动（又称起动机起动）三种。电力起动系统简称起动系统，因操作简单，起动迅速可靠且重复起动能力强而被广泛应用。

3.1.1 起动系统的基本组成与作用

起动系统主要由蓄电池、起动机、点火开关和起动电路等组成。如图 3.1 所示，起动机在点火开关和起动继电器的控制下，将蓄电池的电能转变为机械能，带动发动机的飞轮使曲轴旋转，完成发动机的起动过程。

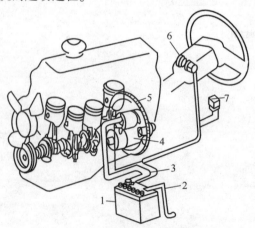

图 3.1 起动系统的组成

1—蓄电池；2—打铁电缆；3—起动机电缆；4—起动机；5—飞轮；6—点火开关；7—起动继电器

起动机是起动系统的主要组成部分。起动机由串励式直流电动机、传动机构和操纵机构三大部分组成。图 3.2 所示为起动机实物和结构分解图。

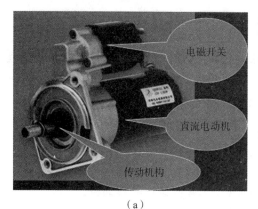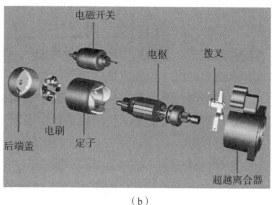

（a）　　　　　　　　　　　　　　　　　（b）

图 3.2　起动机实物和结构分解图

（a）起动机实物；（b）起动机分解

1. 串励式直流电动机

串励式直流电动机的作用是将蓄电池输入的电能转换为机械能，产生电磁转矩。

2. 传动机构

传动机构又称起动机离合器、啮合器。其作用是在发动机起动时，将起动机轴上的小齿轮推入飞轮齿圈，把起动机的电磁转矩传递给发动机曲轴；但在发动机起动后又能使起动机小齿轮与飞轮齿圈自动打滑，即起动机与飞轮间只能单向传力。

3. 操纵机构

操纵机构又称控制装置，其是用来接通和断开电动机与蓄电池之间的主电路的。对于传统点火系统，起动机工作时操纵机构还能短接点火线圈的附加电阻，以增加起动时的点火能量。

3.1.2　起动机的分类与型号

1. 起动机的分类

（1）按控制装置的操纵方式，其可分为机械操纵起动机和电磁操纵起动机。

（2）按直流电动机磁场产生的方式，其可分为永磁起动机和激磁起动机。

（3）按传动机构有无减速装置，其可分为减速起动机和非减速起动机（普通起动机）。

（4）按驱动齿轮的啮入方式，其可分为惯性啮合式起动机、电枢移动式起动机、齿轮移动式起动机和强制啮合式起动机。

2. 起动机的型号

根据中华人民共和国行业标准《汽车电器设备产品型号编制方法》（QC/T73—1993）

的规定，起动机的型号一般由五部分组成，分别为产品代号、电压等级代号、功率等级代号、设计序号、变形代号。

1	2	3	4	5

1-产品代号：起动机的产品代号有 QD、QDJ、QDY 三种，分别表示起动机、减速起动机和永磁起动机（包括永磁减速起动机）。

2-电压等级代号：用 1 位阿拉伯数字表示，1、2、6 分别表示 12 V、24 V 和 6 V。

3-功率等级代号：用 1 位阿拉伯数字表示，其含义见表 3.1。

4-设计序号。

5-变形代号。

例如：QD124 表示额定电压 12 V、功率 1~2 kW、第 4 次设计的起动机。

表 3.1　起动机功率等级

代号	1	2	3	4	5	6	7	8	9
功率/kW	<1	1~2	2~3	3~4	4~5	5~6	6~7	7~8	>8

3.2　起动机的结构及工作原理

3.2.1　直流电动机的结构与工作原理

1. 直流电动机的结构

串励式直流电动机是起动机最主要的组成部分，它的工作原理和特性决定了起动机的工作原理和特性。

串励式直流电动机主要由端盖、电枢、磁极、换向器、电刷、电刷架和壳体等部件组成，如图 3.3 所示。

1）电枢

电枢是直流电动机的旋转部分，包括电枢轴、换向器、铁芯和电枢绕组等，如图 3.4 所示。为了获得足够的电磁转矩，通过电枢绕组的电流一般为 200~600 A，因此电枢绕组采用较粗的矩形裸铜线绕成成型绕组。为了防止裸铜线绕组间短路，在铜线与铜线之间、铜线与铁芯之间用绝缘性能较好的绝缘纸隔开。

电枢绕组的绕制方式有叠绕法和波绕法两种。叠绕法中绕组的两端线头分别接相邻的两个换向器铜片。此种绕法指在一对正负电刷之间的导线，电流方向一致。波绕法指绕组一端线头接的换向器铜片与另一端线头接的换向器铜片相隔 90° 或 180°。采用此种绕法的

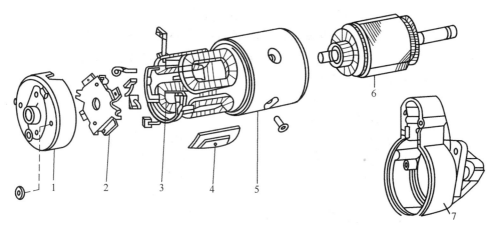

图 3.3　串励式直流电动机的组成

1—端盖；2—电刷架；3—励磁绕组；4—磁极铁芯；5—壳体；6—电枢；7—起动机后端盖

电枢转到某一位置时，因为某些绕组两端线头接到同极性电刷上，会造成一些绕组没有电流。但由于波绕法的绕组电阻较低，所以常采用。

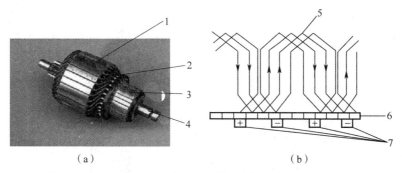

（a）　　　　　　　　　　　（b）

图 3.4　电枢的结构及展开图

（a）电枢的结构；（b）电枢绕组的展开图

1—铁芯；2，5—电枢绕组；3，6—换向器；4—电枢轴；7—电刷

换向片和云母片叠压成换向器，电枢绕组每个线圈端头均焊接在换向器片上，通过换向器和电刷将蓄电池的电流引出来，如图 3.5 所示。

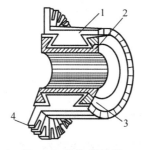

图 3.5　换向器构造

1—铜片；2—轴套；3—压环；4—接线槽

2) 磁极

磁极的作用是产生磁场。磁极是电动机的定子部分，由铁心和磁场绕组组成，其中铁心用螺钉固定在壳体的内壁上；磁极一般是 4 个，为增大电磁转矩，大功率起动机采用 6 个磁极。磁极与磁路如图 3.6 所示。

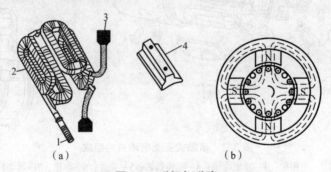

图 3.6　磁极与磁路

(a) 磁极；(b) 磁路

1—接线柱；2—励磁绕组；3—电刷；4—铁芯

励磁绕组采用较粗的矩形裸铜线绕制而成（电流达 200~600 A），励磁绕组与电枢绕组常见的连接方式如图 3.7 所示。由于励磁绕组与电枢绕组串联，故称串励式直流电动机。

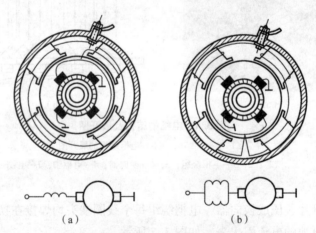

图 3.7　励磁绕组与电枢绕组的连接方法

(a) 四个励磁绕组串联；(b) 励磁绕组两两串联后再并联

励磁绕组一端接在外壳的绝缘接线柱上，另一端与两个非搭铁电刷相连。当起动开关接通时，起动机的电路为：蓄电池正极→接线柱→励磁绕组→电刷→电枢绕组→搭铁电刷→搭铁→蓄电池负极。

3) 电刷与电刷架

电刷和装在电枢轴上的换向器用来连接磁场绕组和电枢绕组的电路，并使电枢轴上的电磁力矩保持固定方向。

电刷架一般为框式结构，如图 3.8 所示。其中正极刷架与端盖绝缘地固装，负极刷架直接搭铁。电刷置于电刷架中，电刷由铜粉与石墨粉压制而成，呈棕红色。刷架上装有弹性较好的盘形弹簧。电刷的高度一般不应低于标准的 2/3，电刷的接触面积不应少于 75%，并且要求电刷在电刷架内无卡滞现象，否则需要进行修磨或更换。

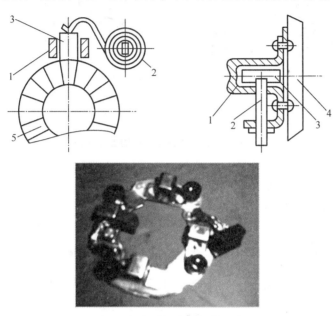

图 3.8　电刷与电刷架的组合

1—框式电刷架；2—盘形弹簧；3—电刷；4—前端盖；5—换向器

2. 直流电动机的工作原理

1）电磁转矩的产生

串励式直流电动机是根据通电导体在磁场中受到电磁力作用这一原理工作的。其工作原理如图 3.9 所示。

电动机工作时，电流通过电刷和换向片流入电枢绕组。换向片 A 与正电刷接触，换向片 B 与负电刷接触，绕组中的电流从 a→b 根据左手定则判断绕组匝边 ab、cd 均受到电磁力 F 的作用，由此产生逆时针方向的电磁转矩 M 使电枢转动；当电枢转动至换向片 A 与负电刷接触，换向片 B 与正电刷接触时，电流改由 b→a，但电磁转矩的方向仍保持不变，使电枢按逆时针方向继续转动。

由此可见，直流电动机的换向器可将电源提供的直流电转换为电枢绕组所需的交流电，以保证电枢绕组所产生的电磁力矩的方向保持不变，使其产生定向转动。但实际的直流电动机为了产生足够大且能保持转速稳定的电磁力矩，其电枢上绕有很多组线圈，换向器的铜片也随其相应增加。

根据安培定律，作用在电枢上每根导线上的平均电磁力 $\vec{F}$ 为

$$\vec{F} = \vec{B} IL \tag{3.1}$$

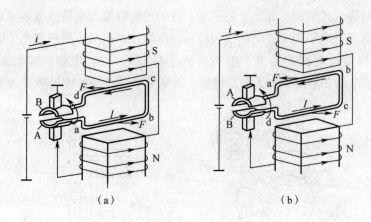

（a）　　　　　　　　　　　（b）

图 3.9　串励式直流电动机的工作原理

式中，$\vec{B}$——每一磁极下的平均磁感应强度；

　　　I——导体内的电流；

　　　L——导体的有效长度。

设电动机中有 $2P$（P 为磁极对数）个磁极，每个磁极的磁通为 Φ，电枢的直径为 D，则每一磁极下的电枢表面积为 $\dfrac{\pi DL}{2P}$。则每一磁极下的平均磁感应强度为

$$\vec{B} = \frac{\Phi}{\dfrac{\pi DL}{2P}} \tag{3.2}$$

导体内的电流 I 为

$$I = \frac{I_a}{2a} \tag{3.3}$$

式中，I_a——电枢电流；

　　　a——电枢绕组的支路对数，当采用波绕法时，$a=1$。

将式（3.2）、式（3.3）代入式（3.1），可得作用在电枢上每根导线的平均电磁力 $\vec{F}$，为

$$\vec{F} = \frac{\Phi}{\dfrac{\pi DL}{2P}} \cdot \frac{I_a}{2a} \cdot L \tag{3.4}$$

作用在电枢上的电磁转矩为

$$M = \vec{F} \cdot \frac{D}{2} \cdot Z \tag{3.5}$$

式中，Z——电枢导体总数。

将式（3.4）代入式（3.5），则得

$$M = \frac{\Phi}{\dfrac{\pi DL}{2P}} \cdot \frac{I_a}{2a} \cdot L \cdot \frac{D}{2} \cdot Z = \frac{PZ}{2\pi a} I_a \Phi = C_m I_a \Phi \tag{3.6}$$

式中，$C_m = \dfrac{PZ}{2\pi a}$，为一常数，其大小取决于电动机的构造，故称为电机常数。

由以上推导可知，电磁转矩的大小与电枢电流 I_a 及磁极的磁通 Φ 成正比。

2）直流电动机转矩自动调节原理

直流电机接通电源后，产生电磁转矩，使电枢旋转。但是，当电枢旋转时，由于电枢绕组又切割磁力线，其中又产生了感应电动势，其方向按右手定则判断，恰与电枢电流方向相反，故称为反电动势。其大小为

$$E = C_1 n \Phi \tag{3.7}$$

式中，C_1——电动机常数；

n——电枢转速。

这样外加于电枢上的电压，一部分消耗在电枢电阻上，另一部分用来平衡电动机的反电动势，即

$$U = E + I_a R_a \tag{3.8}$$

式（3.8）是电动机运转时，必须满足的一个基本条件，称为电压平衡方程式。

由式（3.8）可知电枢电流 I_a 为

$$I_a = \frac{U-E}{R_a} = \frac{U - C_1 n \Phi}{R_a} \tag{3.9}$$

当负荷增大时，转轴上阻力矩也增大，电枢转速降低，而使反电动势 E 随之减小，电枢电流 I_a 增大，所以电磁转矩 M（$M = C_m I_a \Phi$）也增大，直至电动机的电磁转矩增加到与阻力矩相等。这时，电动机将在新的负载下以新的较低的转速平稳运转。反之，当负荷减小时，电枢转速升高，反电动势增大，电枢电流减小，电磁转矩也减小，直至与阻力矩相等。这时，电动机将在较高的转速下平稳运转。

可见，当负载变化时，电动机的转速、电流和转矩将会自动做相应变化，以满足负载的需要，这就是直流电动机转矩自动调节的原理。

3.2.2 传动机构的结构与工作原理

1. 发动机对起动机传动机构的要求

（1）起动机的驱动齿轮与发动机的飞轮齿圈啮合时要平稳，不能发生冲击现象。

（2）由于发动机的驱动齿轮与发动机的飞轮齿圈速比很大（一般大于15），因此发动机起动后，驱动齿轮应能自动打滑或脱离啮合，以免发动机带动起动机电枢高速旋转，造成电枢绕组"飞散"的事故。

（3）因为起动机是由点火开关控制的，所以当发动机工作时，要防止点火开关误操作，使起动机的驱动齿轮再次与发动机的飞轮啮合，进而导致起动机与发动机的飞轮齿圈的损坏。

图 3.10（a）所示为起动机不工作时所处的位置；图 3.10（b）所示为在电磁开关的作用下，驱动齿轮与飞轮齿圈正在啮合，此时起动机的主要电路还没有接通；图 3.10（c）所示为驱动齿轮与发动机飞轮齿圈完全啮合，主电路接通，电枢轴开始带动发动机曲轴旋转。发动机起动后，驱动齿轮仍处于啮合状态，单向离合器打滑，驱动齿轮在飞轮的带动下空

转。起动结束后，驱动齿轮在电磁开关回位弹簧的作用下，与发动机飞轮齿圈脱离啮合。

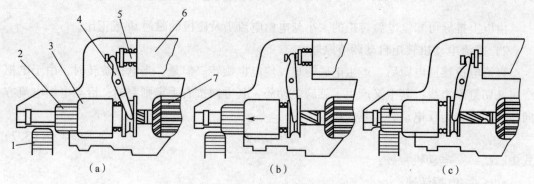

图 3.10 传动机构的工作示意图

（a）起动机静止状态；（b）驱动齿轮与飞轮齿圈正在啮合；（c）驱动齿轮与飞轮齿圈完全啮合
1—飞轮；2—驱动齿轮；3—单向离合器；4—拨叉；5—活动铁芯；6—电磁开关；7—电枢

起动机传动机构中的关键部件是单向离合器。其作用是在起动时将电枢产生的电磁转矩传递给发动机飞轮；而当发动机起动后，单向离合器立刻打滑，防止发动机飞轮带动电枢高速旋转，造成电枢绕组"飞散"的事故。

2. 传动机构的结构与工作原理

1）滚柱式单向离合器

滚柱式单向离合器的原理是通过改变滚柱在楔形槽中的位置来实现分离和结合的，其结构如图 3.11 所示。

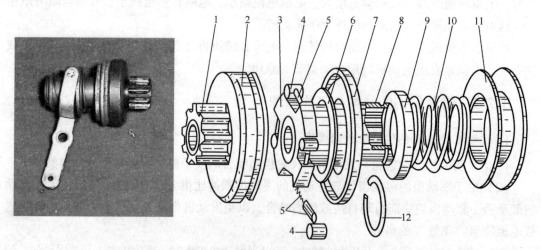

图 3.11 滚柱式单向离合器结构

1—驱动齿轮；2—外壳；3—十字块；4—滚柱；5—弹簧与压帽；6—垫圈；7—护盖；
8—传动套筒；9—弹簧座；10—弹簧；11—移动衬套；12—卡簧

单向离合器的外壳 2 与驱动齿轮 1 为一体，外壳 2 与十字块 3 之间形成四个楔形槽，每个槽中有一个滚柱 4，十字块 3 与传动套筒 8 为一体，传动套筒 8 内侧带键槽，套在电枢轴的花键上。

其工作过程如下：当起动机开始工作时，拨叉拨动移动衬套（11），使驱动齿轮（1）与发动机飞轮齿圈啮合，电磁转矩由电枢轴传到传动套筒（8）与十字块（3），使十字块（3）同电枢轴一同旋转。此时，再加上飞轮齿圈给驱动齿轮（1）的反作用，滚柱在摩擦力矩的作用下，滚入楔形槽的窄端而卡死，如图3.12（a）所示，于是驱动齿轮（1）和传动套筒（8）成为一个整体，带动飞轮，起动发动机。当发动机起动后，发动机飞轮带动驱动齿轮（1）旋转，外壳2的转速高于十字块（3）的转速，因此滚柱滚向楔形槽的宽端而打滑，如图3.12（b）所示。这样发动机的转矩就不能通过驱动齿轮（1）传递给电枢轴，防止了电枢轴因高速旋转而造成电枢绕组"飞散"的事故发生。

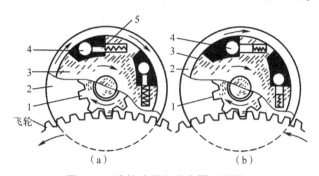

图3.12　滚柱式单向离合器工作原理

（a）离合器传力；（b）离合器打滑

1—驱动齿轮；2—外壳；3—十字块；4—滚柱；5—弹簧与压帽

滚柱式单向离合器结构简单，在中、小功率的起动机上广泛应用。但在传递较大转矩时，滚柱易变形而卡死，因此滚柱式单向离合器不易用于功率较大的柴油起动机上。

2）摩擦片式单向离合器

摩擦片式单向离合器的原理是通过主、从动摩擦片的压紧和放松来实现分离与结合的，其结构如图3.13所示。

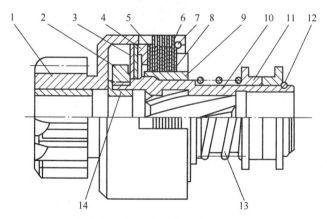

图3.13　摩擦片式单向离合器结构

1—驱动齿轮与外接合鼓；2—螺母；3—弹簧圈；4—压环；5—调整垫圈；6—从动摩擦片；7，12—卡环；
8—主动摩擦片；9—内接合鼓；10—传动套筒；11—移动套筒；13—缓冲弹簧；14—挡圈

传动套筒（10）套在电枢轴的螺旋花键上，在传动套筒（10）的外表面上又有三条螺旋花键，套着内接合鼓（主动鼓），内接合鼓（9）上有四个轴向槽，用来插放主动摩擦片（8）的内齿。由传动套筒（10）、内接合鼓（9）和主动摩擦片（8）共同组成单向离合器的主动部分。从动摩擦片（6）的外齿插放在与驱动齿轮成一体的外接合鼓（1）的槽内，两者共同组成单向离合器的从动部分。主、从动摩擦片相间组装，螺母（2）与摩擦片之间有弹簧圈（3）、压环（4）和调整垫圈（5）。

起动机工作时，起动机电枢轴带动传动套筒（10）转动，由于惯性的作用，内接合鼓（9）随着传动套筒（10）的旋转而左移，使主、从动摩擦片紧压在一起，利用摩擦片将电枢转矩传递给飞轮。

发动机起动后，起动机的驱动齿轮被飞轮带着高速旋转，转速高于电枢轴的转速，于是内接合鼓又沿传动套筒上的螺旋线右移，使主、从动摩擦片相互脱离而打滑，避免了因电枢轴高速旋转而造成电枢绕组"飞散"的事故。

当发动机的起动阻力过大时，曲轴不能立刻转动，此时内接合鼓（9）在传动套筒（10）作用下，继续向左移动，导致弹簧圈（3）在压环（4）的压力下弯曲，当弹簧圈（3）弯曲到与内接合鼓（9）的左端面接触时，内接合鼓（9）便停止左移，于是主、从动摩擦片之间开始打滑，限制了起动机的最大输出转矩，防止了起动机过载。

摩擦片式单向离合器的最大输出转矩是可调节的，增减调整垫圈（5）的片数，可以改变内接合鼓（9）左端面与弹簧圈（3）之间的间隙，调节起动机的最大输出转矩。

摩擦片式单向离合器可以传递较大的转矩，应用于大功率起动机上。但是在使用过程中，摩擦片磨损后，传递的转矩会下降，因此需要经常调整，而且其结构复杂。

3）弹簧式单向离合器

弹簧式单向离合器是通过扭力弹簧的径向收缩和放松来实现分离和结合的，其结构如图3.14所示。

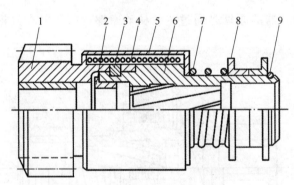

图3.14　弹簧式单向离合器结构

1—驱动齿轮与套筒；2—护套挡圈；3—月形键；4—扭力弹簧；5—扭力弹簧传动套筒；

6—移动套筒传动套筒；7—缓冲弹簧；8—移动衬套；9—卡簧

驱动齿轮与套筒是一体的，套在电枢前端的光滑部分，传动套筒套在电枢的花键上。在驱动齿轮套筒与传动套筒的外圆上抱有扭力弹簧，扭力弹簧的内径略小于两个套筒的外径。

当起动机工作时，电枢轴带动传动套筒旋转，弹簧与套筒之间存在摩擦力使弹簧扭紧抱紧两套筒传递扭矩。当发动机起动后，飞轮齿圈对驱动齿轮的作用力改变了方向，使弹簧放松，于是驱动齿轮只能在电枢轴的光滑部分高速空转，防止了电枢超速运转带来的危险。

弹簧式单向离合器结构简单，成本低，使用寿命长，但由于扭力弹簧的轴向尺寸较长，一般只用在大功率起动机上。

3.2.3 电磁开关的结构与工作原理

起动机的操纵机构也称为电磁开关，或者称为控制机构，主要用来控制起动机驱动齿轮与发动机飞轮齿圈的啮合与分离，即控制起动机主电路的通、断。有些起动机的电磁开关还能在起动时将点火线圈的附加电阻短路，以提高起动时的点火电压。

1. 电磁开关的结构

如图 3.15 所示，为电磁开关的结构与工作原理。电磁开关主要由吸拉线圈（7）、保持线圈（8）、活动铁芯（9）、接触盘（6）等组成。其中吸拉线圈 7 与电动机串联，保持线圈（8）与电动机并联，直接搭铁。活动铁芯一端通过接触盘（6）控制主电路的导通；另一端通过拨叉（12）控制驱动齿轮（13）的啮合。在起动机电磁开关上有三个接线柱：主接线柱（3，接蓄电池的起动电缆线），起动接线柱（5，接点火开关 ST（起动）挡或起动继电器），点火线圈附加电阻短路接线柱（2，接点火线圈）。

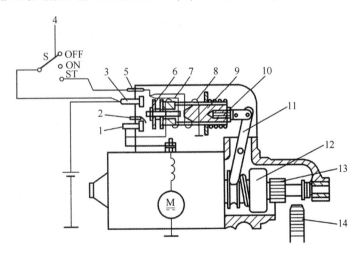

图 3.15 电磁开关的结构与工作原理

1、3—主接线柱；2—短路附加电阻接线柱；4—点火开关；5—起动接线柱；6—接触盘；7—吸拉线圈；
8—保持线圈；9—活动铁芯；10—调整螺钉；11—拨叉；12—单向离合器；13—驱动齿轮；14—飞轮

2. 电磁开关的工作原理

（1）起动时，将点火开关 S 打到 ST 挡，电磁开关通电，其电路如下：

蓄电池正极→主接线柱（3）→点火开关 ST 挡→起动接线柱（电流流入起动接线柱（5）后，分为两路：一路经保持线圈（8）直接搭铁；另一路经吸拉线圈（7）→主接线柱（1）→励磁绕组→电枢绕组→搭铁）。此时，吸拉线圈（7）与保持线圈（8）的电流流向相同，磁场方向相同，活动铁芯（9）在两个线圈磁场力的共同作用下克服回位弹簧的作用向左移动，通过拨叉（11）使驱动齿轮（13）与发动机飞轮（14）啮合后，接触盘（6）将主接线柱（1，3）内侧触头接通，于是起动机的主电路接通（电流为 200～600 A），其电路如下：蓄电池正极→主接线柱（3）→接触盘（6）→主接线柱（1）→励磁绕组→绝缘电刷→电枢绕组→搭铁电刷→搭铁→蓄电池负极。这时直流电动机产生电磁转矩，通过单向离合器带动曲轴旋转，起动发动机。

（2）发动机起动后，单向离合器打滑。

（3）松开点火开关 S，点火开关 S 从 ST 挡回到 ON 挡，这时从点火开关 S 到起动接线柱（5）之间已没有电流，吸拉线圈（7）与保持线圈（8）的电路变为：蓄电池正极→主接线柱（3）→接触盘（6）→主接线柱（1）→吸拉线圈（7）→保持线圈（8）→搭铁。

此时，由于吸拉线圈（7）与保持线圈（8）的电流流向相反，磁场方向相反，电磁力抵消，活动铁芯（9）在回位弹簧的作用下，迅速右移，使主电路断开，驱动齿轮（13）与飞轮（14）脱离啮合，起动机停止工作。

在接触盘（6）接通主电路之前，由于电流经吸拉线圈（7）到励磁绕组与电枢绕组，因此电枢产生了一个较小的电磁转矩，使驱动齿轮（13）在缓慢旋转状态下与飞轮（14）平稳啮合。主电路接通后，吸拉线圈（7）被短路，活动铁芯（9）的位置由保持线圈产生的磁吸力来保持。主电路接通的同时，接触盘（6）将接线柱（2）接通，使点火线圈的附加电阻短接，提高点火电压。现在附加电阻已经很少采用，所以这个接线柱或不接线或已经取消。

3.2.4 减速起动机

减速起动机的特点是在电枢轴和驱动齿轮之间装有一级减速齿轮（一般速比为 3~5），其特点是：在同样输出功率下，体积和质量比普通起动机均减小 30%～50%，并便于安装，提高了起动转矩，有利于低温起动。常见的起动机减速机形式有外啮合式、内啮合式和行星齿轮式三种。

1. 外啮合式减速起动机

如图 3.16 所示，为丰田汽车采用的外啮合式减速起动机分解示意图。该起动机的传动中心距约为 30 mm，在电枢轴与驱动齿轮之间加了中间惰轮，且电磁开关铁芯与驱动齿轮同轴，电磁开关直接推动驱动齿轮与飞轮啮合，省去了拨叉，起动机的减速传动效率高，成本适中，广泛应用于小功率的起动机上。

2. 内啮合式减速起动机

如图 3.17 所示，为内啮合式减速起动机结构示意图，这种起动机的传动中心距约为 20 mm，减速传动效率高，成本也高。

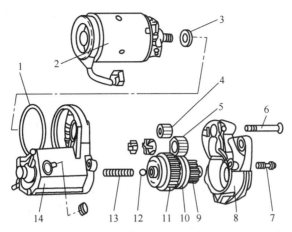

图 3.16　丰田汽车采用的外啮合式减速起动机分解示意图

1—橡胶圈；2—电动机；3—毡垫圈；4—主动齿轮；5—惰轮；6—穿钉；7—螺栓；8—外壳；

9—驱动齿轮；10—单向离合器；11—从动齿轮；12—钢球；13—回位弹簧；14—电磁开关

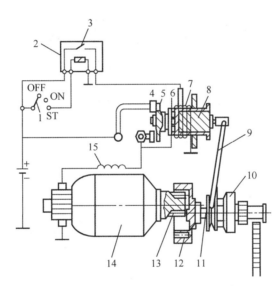

图 3.17　内啮合式减速起动机结构示意图

1—点火开关；2—起动继电器；3—起动继电器触点；4—主接线柱；5—接触盘；6—吸拉线圈；7—保持线圈；

8—活动铁芯；9—拨叉；10—单向离合器；11—螺旋花键轴；12—内啮合减速齿轮；

13—主动齿轮；14-电枢；15—励磁绕组

3. 行星齿轮式减速起动机

该种减速器起动机的传动中心距为零，输出轴与电枢轴同心，整机尺寸小，传动比最大，可达2.5∶1，大大减小了起动电流。图3.18所示为行星齿轮式减速器起动机在电枢轴与驱动齿轮之间传递动力。行星齿轮总成由太阳轮、三个行星齿轮、内齿圈组成。太阳轮装在电枢轴上，三个行星轮装在行星架上，内齿圈固定不动。当电枢轴转动时，太阳轮带动三个行星齿轮绕内齿圈转动，行星齿轮绕内齿圈转动，带动行星架转动，行星架与输出轴相连。动力传递过程为：电枢轴（太阳轮）→行星齿轮及架（与输出轴一体）→单向离合器→驱动齿轮→飞轮。

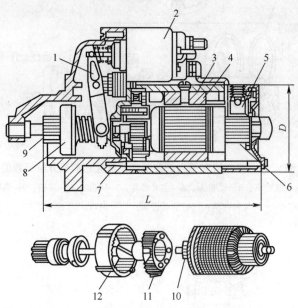

图3.18　行星齿轮式减速起动机结构示意图

1—拨叉；2—电磁开关；3—电枢；4—磁场；5—电刷；6—换向器；7—行星齿轮式减速机构；
8—滚柱式单向离合器；9—驱动齿轮；10—电枢轴；11—行星齿轮架；12—内齿圈

4. 常用减速起动机性能比较

表3.2所示为起动机减速装置性能比较。

表3.2　起动机减速装置性能比较

传动方式	外啮合式	内啮合式	行星齿轮传动式
齿轮数量	2	2	5
中心距	$E=\dfrac{m}{2}(Z_S+Z_E)$（大）	$E=\dfrac{m}{2}(Z_S+Z_E)$（小）	$E=0$
传动比 i	$i=\dfrac{Z_S}{Z_E}$（较小）	$i=\dfrac{Z_S}{Z_E}$（较大）	$i=1+\dfrac{Z_S}{Z_E}$（较大）
减速比 j	$1<j<5$（j大时E大）	$2.5<j<5$（j大时E大）	$j>3.8$（j大时体积大）
噪声	低	高	低
可靠性	高	高	低（原因：高速旋转零件多：磨损导致不平衡）
备注	m 为齿轮模数		

3.2.5 永磁式起动机

永磁式起动机以永磁材料为磁极，具有质量轻、结构简单等优点。由于永磁式电动机的机械特性较差，因此必须配有减速机构，即永磁式起动机一般都是减速式起动机，该起动机一般有2~3对磁极，其他结构与励磁式的相同。

图3.19所示为五缸奥迪车用的永磁减速起动机的分解示意图。该起动机采用行星齿轮减速机构、滚柱式单向离合器，其他原理同前所述。

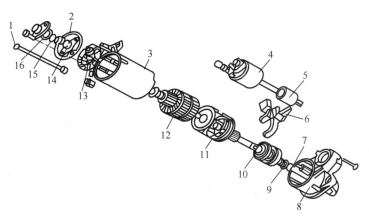

图3.19 五缸奥迪车用的永磁减速起动机的分解示意图

1—穿钉；2—调整垫片；3—机壳；4—电磁开关；5—活动铁芯；6—拨叉；7—卡环；8—驱动端盖；9—止推垫圈；10—滚柱式单向离合器；11—行星齿轮式减速机构；12—转子；13—电刷架；14—端盖；15—锁片；16—密封圈

3.3 起动机的工作特性

3.3.1 直流电动机的形式

按磁场绕组和电枢绕组的连接方式，起动用直流电动机可分为并励、串励和复励三种形式，如图3.20所示。汽车起动机一般采用串励式，大功率起动机多采用复励式。

1. 串励电动机

串励直流电动机的电流流向：蓄电池正极→磁场绕组→电刷→换向器→电枢绕组→负电刷→搭铁（蓄电池负极）。这种方式允许流过磁场绕组的电流全部流过电枢绕组。

串励电动机开始起动时能发出最大转矩。其输出转矩随着电动机转速的升高而下降。转矩下降是反电动势作用的结果。

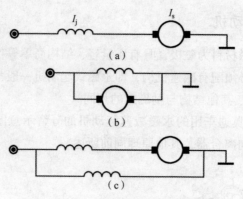

图 3. 20　直流电动机的励磁方法示意图
(a) 串励式；(b) 并励式；(c) 复励式

2. 并励电动机

并励电动机的磁场绕组与电枢绕组并联接线。并励电动机的输出转矩不随转速的升高而下降，因为电枢产生的反电动势不会削弱磁场绕组的磁场强度。由于并励电动机不能产生高转矩，故不能用它作为起动机，但刮水器电动机、电动升降门窗电动机、电动调整座椅电动机等用的都是并励电动机。

3. 复励电动机

复励电动机的一部分磁场绕组与电枢绕组串联连接，而另一部分磁场绕组与蓄电池和电枢绕组并联连接。这种配置使复励电动机能发挥好的起动转矩并保持恒定的运转速度。分路的磁场绕组用来限制起动机的转速。

3. 3. 2　串励式直流电动机的特性

1. 转矩特性

电动机电磁转矩随电枢电流变化的关系，称为转矩特性，即

$$M = f(I_a) \tag{3.10}$$

串励直流电动机电路图如图 3.21 所示。

磁场绕组与电枢绕组串联，电枢电流 I_a 与磁场电流 I_f 相同，即 $I_a = I_f$。

在磁路未饱和时，由于磁通 Φ 与电枢电流 I_a 成正比，即 $\Phi = C_1 I_a$，故电动机的电磁转矩为

$$M = C_m \cdot I_a \cdot \Phi = C_m I_a \cdot C_1 I_a = C I_a^2 \tag{3.11}$$

式中，$C = C_m \cdot C_1$。

由式（3.11）可知，串励式直流电动机的电磁转矩在磁路未饱和时与电枢电流的平方成正比，只有在磁路饱和后，Φ 几乎不变，电磁转矩方与电枢电流成直线关系，见图 3.22中的 M 曲线。

在电枢电流相同的情况下，串励电动机的转矩比并励电动机的转矩大得多。这是由于

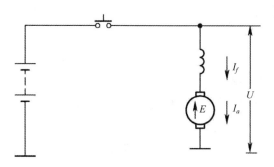

图 3.21　串励电动机电路图

采用并励式时，当电源电压 U 和磁场绕组 R_f 不变时，因 I_a 不变，所以它产生的 Φ 也不变，为一常数，即 $M = C_m I_a \Phi = C' I_a$，可见电磁转矩只与电枢电流成正比。

特别是在起动的瞬间，由于发动机的阻力矩很大，起动机处于完全制动的情况下，$n = 0$，故反电动势 $E = 0$。此时，电枢电流将达到最大值，称为制动电流；产生最大转矩，称为制动转矩，从而使发动机易于起动。这是起动机采用串励电动机的主要原因。

由以上分析可知，串励式直流电动机的特点是起动转矩大，适宜作起动机。

2. 转速特性

串励式直流电动机具有软的机械特性，即轻载转速高，重载转速低。

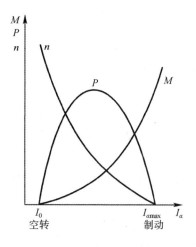

图 3.22　起动机特性曲线

在图 3.21 所示的线路中，根据克希荷夫第二定律可知，蓄电池的电动势 U 和起动机的反电动势 E 的代数和等于电枢及磁场绕组的电压降、连接导线的电压降、蓄电池内组的电压降及电刷接触电压降的代数和，即

$$U - E = I_a (R_a + R_f + R_d + R_0) + \Delta U_{ds}$$
$$= I_a \sum R + \Delta U_{ds} \tag{3.12}$$

式中，R_a——电枢绕组电阻；

R_f——磁场绕组电阻；

R_d——连接导线电阻；

R_0——蓄电池内阻；

ΔU_{ds}——电刷接触电压降。

由式（3.7）可知，$E=C_1\Phi n$。所以，将其代入式（3.12），得

$$C_1\Phi n=U-I_a\sum R-\Delta U_{ds}$$

$$n=\frac{U-I_a\sum R-\Delta U_{ds}}{C_1\Phi}\tag{3.13}$$

由式（3.13）可知，当 I_a 增加时，$I_a\sum R$ 增加，且在磁路未饱和时，磁通 Φ 也增加。于是电动机转速 n 将随 I_a 和 Φ 的增加而显著下降，见图3.22中 n 曲线。

串励式直流电动机具有轻载转速高，重载转速低的软机械特性，能保证发动机既安全又可靠起动，这是汽车起动机采用直流串励式电动机作为动力的又一重要原因。

3. 功率特性

串励式直流电动机的电磁功率和电枢电流的关系是一对称的抛物线，如图3.22中 P 线所示。

在 $I=\frac{1}{2}I_{a\max}$ 时，起动机功率达到最大值 $P_{\max}$。

综上所述可知：

（1）当完全制动时，相当于刚接入起动机的情况，这时 $n=0$，电枢电流 I_a 达到最大值（称为制动电流），转矩 M 也达到最大，称为制动转矩。此时，功率 $P=0$。

（2）当起动机空转时，电流 I_0 最小（称为空载电流），转速 n_0 达到最大值，称为空载转速。此时，功率 $P=0$。

（3）当电枢电流接近制动电流的一半（$I_{a\max}/2$）时，起动机的功率达到最大值。

起动机功率必须保证发动机能够迅速可靠起动，若功率不够将会增加起动次数，缩短蓄电池寿命。

一般情况，汽油机最低起动转速是 $50\sim70$ r/min；柴油机是 $100\sim200$ r/min。起动机所需功率一般为

汽油机：$P=（0.184-0.21）L$（单位为 kW）

柴油机：$P=（0.736-1.05）L$（单位为 kW）

式中，L——发动机的排量。

3.3.3 影响起动机功率的使用因素

1. 接触电阻

蓄电池的极桩与起动机的电缆线、起动机的电缆线与搭铁、接触盘与主接线柱内侧的触头、起动机电刷与换向器片等的接触不良，导致起动机的主电路电阻增大，起动电流下降，进而使起动机的功率下降。另外，不要随意更改起动机电缆的截面尺寸和长度，最好

使用与原车型配套的合格电缆，否则电缆过细、过长会引起电阻增大，起动机输出功率下降。

2. 蓄电池的容量

蓄电池的容量越小，内阻越大，使起动电流下降，起动机输出功率下降，故应使蓄电池经常保持充足电的状态。

3. 温度

温度降低会使蓄电池的内阻增加，容量下降，导致输出电流减小、功率下降。

3.4 起动机的控制电路

汽车起动机的控制电路常见的有四种，都是由点火开关 ST 挡来控制的。但是，由于起动机的电磁开关工作电流较大（大于 20 A），有的车型加装了起动继电器、复合继电器等，现分述如下：

3.4.1 直接控制式起动系统

如图 3.15 所示，该系统中无起动继电器，这是因为点火开关 ST 挡的容量大，允许短时间内通过电磁开关较大电流。

3.4.2 带有继电器控制的起动系统控制电路

大部分汽车为保护点火开关，在起动机控制电路中加装了起动继电器，避免起动开关的电流直接通过点火开关，起到保护点火开关的作用，如图 3.23 所示。当点火开关打到 ST 挡时，蓄电池经点火开关给起动继电器中的磁化线圈供电（电流很小），使继电器中的常开触点闭合，这样蓄电池电流经主接线柱（3）、继电器触点到起动机电磁开关的起动接线柱（4），电磁开关吸合，起动机工作。

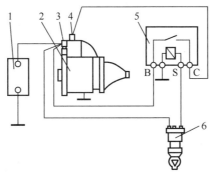

图 3.23 带有继电器控制的起动系统控制电路

1—蓄电池；2—起动机；3—主接线柱；4—起动接线柱；5—起动继电器；6—点火开关

3.4.3 保护继电器控制电路

图3.24所示为解放CA1092汽车起动机控制电路。解放CA1092汽车起动机由复合继电器控制，而复合继电器由起动继电器和充电指示灯继电器组成。起动继电器的触点 K_1 常开，充电指示继电器的触点 K_2 常闭。其工作原理如下：

（1）起动时，点火开关打到Ⅱ挡，复合继电器中的起动继电器磁化线圈通电，其电路为：蓄电池正极→起动机主接线电路→熔断器→电流表→点火开关→复合继电器S接线柱→磁化线圈 L_1 →触点→ K_2 →搭铁。

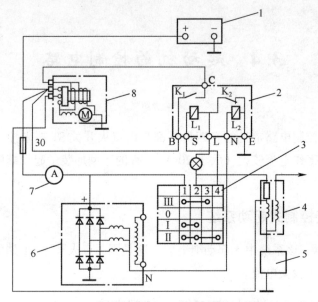

图3.24 解放CA1092汽车起动机控制电路

1—蓄电池；2—组合继电器；3—点火开关；4—点火线圈；
5—点火模块；6—发电机；7—电流表；8—起动机

由于磁化线圈 L_1 通电，故 K_1 闭合，接通起动机电磁开关电路，起动机正常工作。

（2）发动机起动后，发电机开始发电，发电机中性点接线柱N使线圈 L_2 有电流通过，K_2 断开，磁化线圈 L_1 断电，触点 K_1 断开，使起动机电磁开关断电，起动机自动停止工作，同时充电指示灯熄灭。

（3）发动机工作时，发电机中性点电压的作用使触点 K_2 常开，这时，即使将点火开关误打到ST挡，起动机也不会工作，以防止误操作。

除了利用发电机的中性点电压来控制起动复合继电器外，大多数汽车采用点火开关锁体控制。打到ST挡时，点火开关是从OFF（关断）挡→ON（运行）挡→ST挡，重复打起动挡时，点火开关必须从OFF挡开始，即当发动机没有起动着，或发动机自动熄灭，需要再次起动发动机时，点火开关必须回到OFF挡，再起动发动机。当发动机运行时（在ON挡），锁体向ST挡方向是拧不动的。这样就可以防止起动机的误操作，桑塔纳、奥迪等车采用此方式。

对于装有自动变速器的汽车，要求只有变速器在 P 位（停车挡）或 N 位（空挡）时，起动机才能工作，否则起动发动机时，汽车不是向前冲就是向后倒而发生事故。为此装有自动变速器的汽车，在起动系统中都设有"空挡起动开关"。当自动变速器在 P 位或 N 位之外的任何挡位时，此开关都是断开的，即起动机控制电路断开后，起动机将无法工作。

3.5　起动系统的使用与检测

3.5.1　起动机的使用注意事项

起动机的使用注意事项：

（1）起动前应将变速器置于空挡，自动变速器的汽车应将变速杆置于 P 位或 N 位，并同时踩下离合器踏板。

（2）每次接通起动机的时间不得超过 5 s，两次起动之间应间隔 15 s 以上。

（3）起动成功后，应立即松开点火开关，切断 ST 挡，使起动机停止工作。

（4）若连续三次起动不成功，则应停止起动，对发动机进行简单检查后再进行起动；否则，蓄电池容量下降，致使起动更困难。

（5）冬季和低温地区在进行冷机起动时，应先对发动机进行预热，再起动发动机。

（6）放松点火开关启动挡，如果起动机不能停转，则应立即关闭电源总开关或断开蓄电池的搭铁线。

3.5.2　起动机的维护注意事项

起动机的维护注意事项：

（1）经常检查起动电路各导线连接是否牢固，绝缘是否良好。

（2）起动机机体和各部件保持干燥。汽车每行驶 3 000 km 后需检查并清洁换向器。

（3）汽车每行驶 5 000~6 000 km 后，应查看电刷的磨损程度及电刷弹簧压力，均应在规定范围内。

（4）汽车每行驶 5 000 km 应对起动机和继电器进行 1 次检查并对运动或者转动部位进行润滑。

（5）电刷的接触面积应大于 70%，否则应研磨或更换。电刷高度不得低于 7 mm，否则更换新件。

（6）在车上进行检修起动机之前，一定要将变速器杆置于空挡，并拉紧手制动。

（7）在拆卸起动机之前，应先拆下蓄电池的搭铁电缆线。

（8）每年对起动机进行一次解体性保养。

3.5.3 起动机的检修

1. 主要零件的检修

1) 电枢的检修

电枢常见的故障有短路、搭铁、断路、电枢轴弯曲、换向器磨损等。

（1）电枢绕组短路的检查。电枢绕组发生短路故障时，利用电气万能试验台上的电枢感应仪进行检查。电枢绕组短路检查如图 3.25（a）所示，把电枢放在电枢感应仪上，当测试仪通电后将铁片置于电枢铁芯上，并一边转动电枢，一边移动铁片。若铁片在某一部位产生振动，则说明有短路存在。转动一周，查看短路点。

（2）电枢绕组搭铁的检查。使用万用表电阻挡（$R\times 1$）检测，如图 3.25（b）所示，用一根表笔接触电枢轴，用另一根表笔依次接触换向器铜片，万用表指针不应摆动，即电阻为无穷大，否则说明电枢绕组与电枢轴之间绝缘不良有搭铁之处。

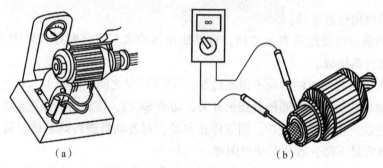

|（a）|（b）|

图 3.25　电枢绕组短路、搭铁检查

（a）短路；（b）搭铁

（3）电枢绕组断路的检查。电枢绕组断路故障多发生在线圈端部与换向器的连接处。这是长时间大电流运转或电枢铁芯与磁极铁芯摩擦使得电枢温度过高，焊锡熔化，进而使焊在换向器上的线头脱焊所致，一般较易发现。此时可用万用表 $R\times 1$ 挡，将两个表笔分别接触换向器相邻的铜片，测量每相邻两换向片间是否相通，若指针指示"0"，则说明电枢绕组无断路故障；若万用表指针在某处不摆动，即电阻值为无穷大，则说明此处有断路故障，应更换电枢。

（4）电枢轴弯曲的检查。如图 3.26 所示，将电枢放在偏摆仪（V 形架上）上，用百分表检查电枢铁芯的圆跳动量，若铁芯表面摆差超过 0.15 mm 或中间轴颈摆差大于 0.05 mm，则说明电枢轴弯曲严重，均应进行校正或更换。另外，还应检查电枢轴上的花键齿槽，如发现严重磨损或损坏，应修复或更换。

（5）换向器的检查。换向器最小直径检查：用游标卡尺测量换向器外径尺寸，换向器外径一般不小于标准值 1 mm，否则应更换电枢。

换向器磨损情况检查：检查换向器的绝缘云母片的深度，标准值为 0.5~0.8 mm，使

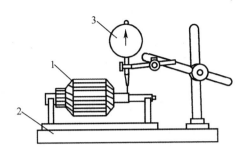

图 3.26　电枢轴弯曲的检查
1—电枢；2—平板；3—百分表

用极限值为 0.2 mm。如果云母槽深度低于极限值，则可用锉刀修整，再用细砂纸打磨，修整时锉刀要与换向器外圆母线平行。

2）磁场绕组的检修

励磁绕组常见的故障有短路、搭铁和励磁绕组断路等。

（1）磁场绕组对壳体短路的检查。如图 3.27（a）所示，用万用表检查磁场绕组的正极端子与定子壳体之间的电阻，电阻值应为无穷大；否则，表示磁场绕组与壳体短路，应予以检修或更换。

（2）励磁绕组断路的检查。如图 3.27（b）所示，用万用表检查励磁绕组的两端应导通；否则，说明励磁绕组断路，应更换。

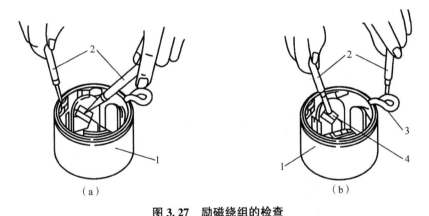

（a）　　　　　　　　（b）

图 3.27　励磁绕组的检查

（a）短路；（b）断路

1—万用表笔；2—壳体；3—励磁绕组正极；4—正极碳刷

3）电刷、弹簧及架的检修

（1）电刷高度检查。用卡尺检查电刷高度，电刷高度应不低于新电刷高度的 2/3（国产起动机新电刷高度一般为 14 mm），即 7~10 mm，否则应予以更换。

电刷与换向器的接触面积应大于 75% 以上，否则应研磨电刷。电刷在电刷架内应活动自如、无卡滞现象。

（2）电刷弹簧拉力检查。用弹簧秤测量弹簧拉力，其应为 18~22 N。如果达不到规定值，则应更换新的弹簧。用卡尺检测电刷长度、用弹簧秤测量弹簧拉力，均应符合规定。

用欧姆表检查电刷架正极（+）与负极（-）之间的导通性，应不导通。

4）电磁开关的检修

（1）保持线圈的检查。从励磁绕组接线柱上拆下励磁绕组正极端后，用万用表 $R\times1$ 挡检查电磁开关接线柱与电磁开关壳体之间的电阻，保持线圈的阻值一般在 1 Ω 左右。

（2）吸拉线圈的检查。从励磁绕组接线柱上拆下励磁绕组正极端后，用万用表 $R\times1$ 挡检查电磁开关接线柱与励磁绕组接线柱之间的电阻，即吸引线圈的电阻，一般在 0.6 Ω 以下。

测量吸引线圈和保持线圈的电阻时，如万用表所测电阻值为无穷大，则说明线圈断路；若电阻值小于规定值，则说明线圈有匝间短路。线圈断路或短路均需更换。

5）单向离合器的检查

将单向离合器夹在虎钳上，用扭力扳手转动，如图 3.28 所示，应能承受制动试验时的最大转矩而不打滑。滚柱式单向离合器能在 25.5 N·m、摩擦片式单向离合器能在 117~176 N·m 转矩之间不打滑，否则就应该进行修理或更换。

2. 起动机的组装

起动机的组装可按分解的相反顺序进行，应该注意的是：组装时，衬套中应涂上润滑脂；用止推垫片调整驱动齿轮的轴向间隙（推到极限位置），标准值为 0.3~1.5 mm。

3.5.4　起动机的性能检测

1. 起动机的空载试验

在蓄电池正极与起动机电源接线柱之间接上一个电流表，将蓄电池负极接起动机外壳，此时用电线连接电源接线柱和起动信号接线柱。起动机应能平稳旋转，且电流应小于 55 A，则表示起动机无负荷工作正常。其方法和步骤如下：

（1）将起动机固定在虎钳上，按图 3.29 连接线路。

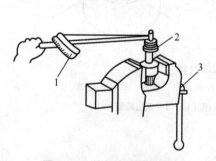

图 3.28　单向离合器检查

1—扳手；2—单向离合器；3—虎钳

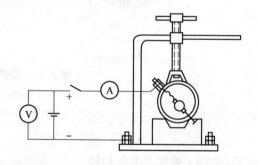

图 3.29　起动机无负荷试验

（2）将起动机与电源的线路按要求连接，但开关断开。

（3）接通开关，使起动机均匀运转，但不要超过 1 min。

（4）记下电流表、电压表读数，并用转速表测量起动机的转速。

（5）参照标准值，对比分析，见表3.3。

表3.3 起动机空载试验参数标准

标准要求：起动机转速为 6 000~12 000 r/min，起动电流应为 60~100 A	
电流大于标准值，而转速低于标准值	说明起动机装配过紧或电枢绕组和励磁绕组内有短路或搭铁故障
电流和转速都小于标准值	说明起动机线路中有接触不良的地方，或电刷弹簧压力不足，或换向器与电刷接触不良等
转速和电流都比标准值高	说明起动机磁场线圈有短路故障
电动机不转且无电流	说明磁场线圈开路、电枢线圈开路、电刷弹簧或电刷折断

2. 起动机全制动试验

起动机空载测试符合要求后，还要进行起动机全制动试验，以检验起动机的转矩和单向离合器的工作状态。以 QD1229 起动机和 QD1225 起动机为例进行全制动试验，全制动试验方法如下：

（1）将起动机固定在老虎钳上，按图3.30连接线路。

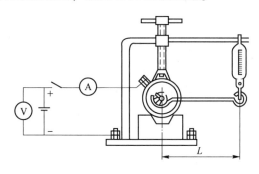

图3.30 起动机全制动试验

（2）将起动机与电源的线路按要求连接，但开关断开；

（3）接通开关，使起动机运转，但不要超过 1 min；

（4）记下电流表、电压表读数，并记录转矩；

（5）参照标准值，对比分析，见表3.4。

表3.4 全制动试验标准值

标准要求：起动机转速为在 200~400 r/min，起动电压应保持在 10.5 V 以上，起动电流 4 缸发动机应为 75~150 A；6 缸发动机应为 100~175 A；小型 V8 发动机应为 125~200 A；大型 V8 发动机应为 150-300 A。	
电流大，转矩小	说明磁场绕组或电枢绕组有短路，或搭铁不良
电流小，转矩也小	说明起动机内部接触电阻过大；若驱动齿轮锁止而电枢轴有缓慢转动，则说明单向离合器打滑

注意：全制动试验时，要求动作要迅速，每次试验通电时间不应超过 5 s，以免损坏起动机及蓄电池。试验人员应避开弹簧秤夹具，以防受到伤害。

3.5.5　起动系统故障诊断

发动机无法起动是一个非常复杂的综合故障。产生这一故障的原因很多，起动系统、点火系统、燃油供给系统、点火正时、配气相位、压缩比及其他的机械故障等，都可导致发动机无法起动。所以对于发动机无法起动，要根据具体车型、当时的维修情况及起动时发动机的特征，从简单到复杂，一个系统一个系统地检查。当起动系统出现故障时，故障可能是蓄电池、起动机、起动继电器、点火开关、起动系线路等引起的，通过故障诊断，能准确地判断故障在哪个部位。下面是起动系统常见故障的诊断。

1. 起动机不工作

起动机不工作指的是当点火开关打到 ST 挡时，起动机不转动，并且电磁开关没有动作。检查步骤如下：

（1）检查蓄电池。应先检查蓄电池的极桩是否松脱、氧化、腐蚀，检查电缆线及搭铁端是否正常。然后检查蓄电池是否亏电，可以按喇叭，根据喇叭声音的大小可判断蓄电池是否亏电，也可以开前照灯，根据灯光亮度的变化来判断蓄电池是否亏电，如果喇叭声变小或前照灯灯光变暗，则说明蓄电池亏电。如果以上都正常，则可进行下一步检查。

（2）检查起动机。将起动机上接电缆线的主接线柱与起动接线柱短接（见图 3.31 中点火开关中的 3 与 4 接线柱），若起动机不能工作，则说明起动机的电磁开关等有故障，需拆下起动机检修。若起动机工作正常，就进行下一步检查。

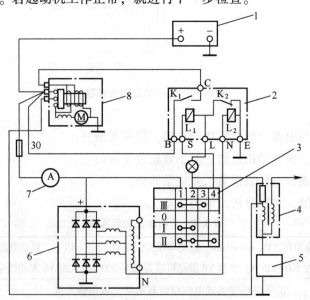

图 3.31　CA1092 汽车起动机控制电路

1—蓄电池；2—组合继电器；3—点火开关；4—点火线圈；5—点火模块；

6—发电机；7—电流表；8—起动机

（3）检查起动继电器及起动继电器到起动机的线路。将起动继电器上的"电池"和"点火"两接线柱短接（见图3.31图中B和S接线柱）：

①若起动机正常工作，则说明起动继电器及起动继电器到起动机的线路正常，故障在点火开关或点火开关到起动继电器的线路上，进行下一步检查。

②若起动机不工作，则需再将起动继电器上的"电池"和"起动"两接线柱短接（见图3.31中与C接线柱）。此时若起动机正常工作，则故障在起动继电器；若起动机不工作，则故障在起动继电器到起动机的线路上。

2. 起动机运转无力

起动机运转无力是指起动机的驱动齿轮与飞轮齿圈已经啮合，但由于起动机的转速过低而不能使发动机起动。起动机无力一般是电路中潜在的故障引起的，这些潜在的故障引起额外的压降，使起动机的电流减小。造成起动无力的主要原因：蓄电池故障，包括蓄电池亏电，蓄电池卡子松动、氧化或腐蚀；起动机故障，包括电刷与换向器接触不良、电磁开关中的接触盘烧蚀、串励式直流电动机励磁绕组或电枢绕组有局部短路等。检查步骤如下：

（1）检查蓄电池。先检查蓄电池的极桩与电缆线的接触是否有松动、氧化或腐蚀等现象；然后通过按喇叭、开前照灯等检查蓄电池是否亏电，若上述检查正常，则初步判断故障在起动机。

（2）检查起动机。起动机起动无力，如果不是蓄电池和起动电缆线的故障，那么一般可将起动机从车上拆下，将起动机解体后，进行检查维修。

对于起动机起动无力的故障现象，也可以通过测量起动电路压降的方法确定故障的部位，一般轿车的规律：在起动时，每根起动电缆线的压降不大于0.2 V，每个连接点的压降不大于0.1 V，电磁开关内接触盘的压降不大于0.3 V，起动机的工作电压不小于9 V，蓄电池的端电压不小于9.6 V，蓄电池负极桩到发动机缸体之间的电压不大于0.4 V，如图3.32所示。

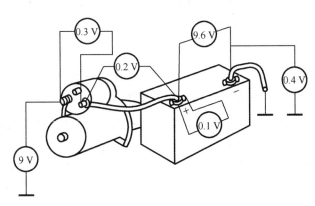

图3.32　起动机工作时的线路压降测试

在检测过程中，若已确定蓄电池状态完好、各接点压降正常，而蓄电池的端电压小于9.6 V，则可初步确定起动无力的故障在起动机；再测量电磁开关两个主接线柱的压降，若大于0.3 V，则说明故障部位在电磁开关；若起动机电压大于9 V，则说明故障部位在起动机内部。

3. 起动机工作正常，但发动机不转（或转动很慢）并有异响

出现这种故障的主要原因可能是单向离合器打滑，或是飞轮齿圈有部分齿损坏。一般可根据声音判断，声音轻、尖且连续的是单向离合器打滑，应更换单向离合器；声音沉重、间断的是飞轮齿圈损坏。也可重新转动曲轴或将车挂上挡，前后移动一下车辆，使驱动齿轮与飞轮重新啮合。若发动机顺利起动，则说明飞轮齿圈的啮合端面部分损伤，可翻转齿圈使用；否则，更换新齿圈。

本章小结

◇起动机由直流电动机、传动机构和控制装置3大部分组成。

◇起动机按电动机磁场产生方式分为励磁式起动机和永磁式起动机。

◇起动机按操纵机构分为直接操纵式起动机和电磁操纵式起动机。

◇串励式直流电动机主要由电枢、磁极和换向器等主要部件构成。

◇起动机的电磁开关中有吸引线圈和保持线圈。

◇起动机传动装置中单向离合器的形式有滚柱式、摩擦片式和弹簧式。

◇起动机的传动机构由驱动齿轮、离合器、拨叉等部分组成。

◇串励式直流电动机的特性包括转矩特性、机械特性和功率特性。

◇汽车起动机所采用的减速装置常见形式有外啮合齿轮传动式、内啮合齿轮传动式及行星齿轮啮合传动式。

◇在进行起动系统故障诊断时，可以分别检查电动机故障、电磁开关故障和控制电路故障。

◇电枢电流接近制动电流一半时，电动机输出功率最大，最大功率为额定功率。

◇起动机的性能测试包括空转试验和全制动试验。

习　题

1. 电磁控制式起动机由几部分组成？各部分起什么作用？

2. 简述电磁操纵强制啮合式起动机的工作过程。

3. 起动机的传动装置由哪些部件组成？滚柱式单向离合器是怎样传递转矩的？

4. 起动系统的控制装置是怎样工作的？

5. 电磁操纵强制啮合式起动机电磁开关中的吸拉线圈和保持线圈，在起动前后其电流有无改变？为什么？

6. 简述起动机不转的诊断步骤。

参考文献

王慧君，汽车电气设备 ［M］．北京：人民交通出版社，2014.

吴芷红，胡福祥．汽车电气设备（第二版）［M］．北京：中国水利水电出版社，2015.

于明进，于光明．汽车电气设备构造与维修 ［M］．北京：高等教育出版社，2005.

凌永成，李淑英．汽车电气设备 ［M］．北京：北京大学出版社，2010.

章后思维导图

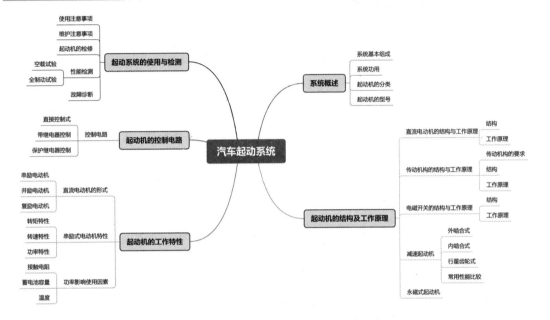

第4章
汽车点火系统

由于汽油自燃温度高，靠压燃容易导致工作粗暴，因此汽油发动机广泛采用电火花点燃。为了在气缸内产生电火花，汽油发动机设置了专门的点火系统。汽油机汽车点火控制技术水平的高低直接影响发动机的动力性、经济性和排放性能。

4.1　点火系统概述

4.1.1　点火系统的作用

汽油发动机吸入气缸的燃油和空气的混合气，在压缩行程终了时需经电火花点燃，才能使混合气燃烧产生强大的压力，推动活塞运动做功。为使汽油发动机连续运转（正常着车），必须具备"有油、有电、有压缩"这三个基本条件。

（1）进入气缸的可燃混合气浓度必须适宜，既不能太浓，也不能太稀。

（2）点火系统必须在正确的点火时刻进行点火，且电火花要足够强烈。

（3）在压缩行程接近终了时，燃烧室内要有较高的压缩压力。

汽油发动机点火系统的作用是在发动机各种工况和使用条件下，适时、可靠地产生足够强的电火花，以点燃气缸内的可燃混合气，使发动机能及时、迅速地起动并连续运转。

4.1.2　点火系统的基本要求

汽油发动机点火系统的性能对汽油发动机的动力性、经济性和排放性能具有十分重要的影响，要使汽油发动机的各项性能指标达到较高的水平，汽油发动机的点火系统应满足三个基本要求。

1. 能产生足以击穿火花塞电极间隙的高电压

能够击穿火花塞电极间隙，在火花塞电极之间产生电火花的最低电压，称为火花塞击穿电压。汽车在行驶中，发动机在满载低速时需 8~10 kV 的高压电，正常点火一般均在 15 kV 以上，起动时可达 19 kV。为保证点火可靠，点火系统所能产生的最高电压必须总是高于火花塞的击穿电压，火花塞才能击穿点火。在保证火花能量满足要求的前提下，降低火花塞击穿电压对保证点火系统工作可靠性、降低生产成本具有重要意义。火花塞击穿电压影响因素很多，主要因素：火花塞电极间隙大小，电极的形状、温度和极性，可燃混合气的压力、温度，以及发动机工况等。

火花塞击穿电压随着火花塞间隙变化曲线如图 4.1 所示，火花塞间隙越大，气体电离所需的电场就越强，击穿电压越高。

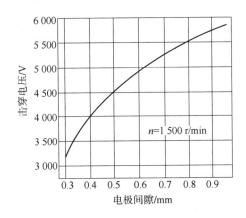

图 4.1　击穿电压与电极间隙的关系

试验证明，火花塞电极的形状越细、越尖，越容易击穿跳火，即击穿电压越低；电极的温度越高，包围在电极周围的气体密度越小、越容易发生碰撞电离，击穿电压越低。当电极温度高于可燃混合气的温度时，击穿电压约降低 30%~50%；当火花塞中心电极为负极时，击穿电压可降低 20%。

火花塞击穿电压与可燃混合气压力的关系曲线如图 4.2 所示，可燃混合气压力越高，密度越大，气体分子自由运动的距离越短，越不易发生碰撞电离，击穿电压越高。另外，可燃混合气的温度越高，气体分子动能越大，击穿电压越低。

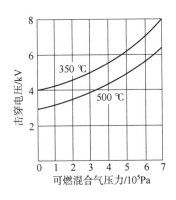

图 4.2　火花塞击穿电压与可燃混合气压力的关系曲线

　　发动机工况不同时，火花塞的击穿电压也不相同，火花塞击穿电压与发动机负荷的关系曲线如图 4.3 所示，起动时，由于气缸壁、活塞以及火花塞电极处于冷态，吸入的混合气温度低，加之火花塞电极间可能积有机油或汽油，击穿电压最高；加速时，大量的冷空气突然进入气缸使火花塞中心电极温度降低，因此击穿电压也较高；在稳定工况下，中心电极温度较高，击穿电压较低。

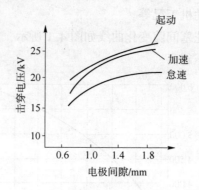

图 4.3　火花塞击穿电压与发动机负荷的关系曲线

　　为了保证可靠点火，点火系必须有一定的电压储备，以期在各种工况和使用条件下产生的次级电压最大值总是高于火花塞击穿电压。随着对经济性和环保方面要求的提高，火花塞间隙已增大到 1.0~1.2 mm，最大次级电压也相应提高到 20~25 kV。但过高的次级电压会增加线路绝缘成本，所以，考虑各种不利因素的影响，通常将点火装置的设计能力控制在 30 kV 以内。

　　2. 电火花应具有足够的能量

　　要可靠地点燃混合气，除了需要足够高的击穿电压外，火花塞产生的电火花还应具有足够的能量。电火花的能量用公式表示为

$$W = UIT \tag{4.1}$$

式中，W——电火花的能量，单位为 mJ；

　　　U——火花塞电极间的击穿电压，单位为 V；

　　　I——火花塞电极间流过的电流，单位为 mA；

　　　T——电火花持续时间，单位为 ms。

　　一般情况，电火花的能量越大，混合气的着火性能越好。点燃混合气所必需的最低能量与混合气的浓度、火花塞电极间隙及电极的形状等因素有关。汽油发动机正常工作时，由于混合气压缩终了的温度已接近其自燃温度，因此所需火花能量很小，一般 5 mJ 即可；但在发动机起动、急加速及怠速时，则需要较高的点火能量。例如，起动时，由于混合气雾化不良，废气稀释严重，电极温度低，故所需的点火能量最高，一般不小于 100 mJ。另外，为了提高发动机的经济性，当采用过量空气系数为 1.15~1.20 的稀混合气时，也需增加火花的能量。

　　因此，为了保证可燃混合气可靠而顺利地点火，一般电火花能量应不低于 100 mJ，且

火花具有一定的持续时间（不小于 0.8 ms）。

3. 点火时间应适应发动机的工作情况

首先，点火系统应按设计的发动机工作顺序进行点火。一般直列六缸发动机的点火顺序为 1→5→3→6→2→4 或 1→4→2→6→3→5；四缸发动机的点火顺序一般为 1→2→4→3 或 1→3→4→2；V 形八缸发动机的点火顺序为 1→8→4→3→6→5→7→2 或 1→5→4→8→6→3→7→2。

其次，必须是在最佳的时间点火。在发动机的气缸内，可燃混合气从开始点火到完全燃烧需要一定的时间（一般为几毫米），所以要使发动机具有良好的动力性、经济性和排放性能，就不应在压缩行程上止点处点火，而应适当地提前一些。点火时刻一般用点火提前角（即从火花塞跳火开始到活塞到达上止点为止的这段时间内曲轴转过的角度）来表示，能够使发动机动力性、经济性、排放性能或综合性能最佳的点火提前角称为最佳点火提前角。图 4.4 反映了点火提前角对某汽油机动力性、经济性的影响，点火提前角为 30°（CA，曲轴转角）左右时，发动机功率最大、耗油率最低，动力性、经济性最好。

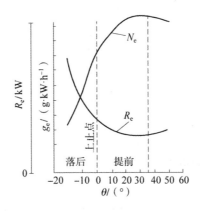

图 4.4　发动机动力性、经济性与点火提前角的关系

若点火提前角过小，即点火过迟，则混合气燃烧时，活塞已经下行，燃烧过程在容积较大的情况下进行，使气体最高压力降低，热损失增大，导致发动机发热，功率下降。同时，若混合气燃烧不完全，则会导致排气管冒黑烟，严重时造成排气管放炮。若点火提前角过大，即点火过早，混合气在压缩行程中燃烧使压缩终了气缸内压力急剧升高，使活塞上行受阻，功率降低，就容易引起爆燃和运转不平稳，进而加速运动件及轴承损坏。点火提前角对汽油机示功图影响如图 4.5 所示。

不同发动机的最佳点火提前角各不相同，并且同一发动机在不同的工况和使用条件下，最佳点火提前角也不相同。最佳点火提前角主要影响因素有发动机的结构、使用条件、运行工况等。

发动机的结构因素包括压缩比和每个气缸火花塞数量。压缩比增大时，气缸压缩终了的压力和温度增高，混合气的燃烧速度加快。因此，随着压缩比的增高，最佳点火提前角可相应减小。在气缸内同时装有两个火花塞时，由于火焰传播距离较短，燃烧过程完成较

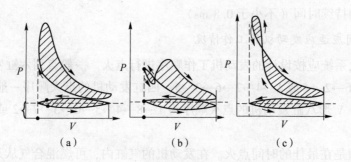

图 4.5 示功图与点火提前角的关系

(a) 正常点火；(b) 点火过迟；(c) 点火过早

快，因此所对应的点火提前角比用一个火花塞时减小。如两个火花塞对称布置在气门两侧，当工作温度相同时，则应同时发出火花；若位于燃烧室中温度不同的地点，由于火焰传播速度不同，则不能在同一时刻发出火花，位于排气门处的火花塞，由于残余废气相对较多，因此点火提前角比位于进气门处的火花塞稍大。

发动机的使用条件包括汽油的辛烷值和大气温度、压力等。汽油的辛烷值是表示汽油抗爆性能的重要指标，汽油的辛烷值越大，其抗爆性能越好，即不发生爆震燃烧的最大点火提前角越大。由于发动机工作在轻微爆震状态时，其动力性、经济性及排放均好，但爆震较为强烈时，会导致发动机的功率下降、油耗增加、发动机过热等，对发动机极为有害，因此随着汽油辛烷值的增大，最佳点火提前角可适当增加。大气温度越低，压缩终了可燃混合气温度越低，混合气雾化质量不好，导致燃烧速度变慢；大气压力越低，进气压力越小，导致混合气雾化和扰流变差使燃烧速度变慢，最佳点火提前角增大。因此，在高原地区和严寒地区应适当加大点火提前角。

发动机的运行工况主要包括转速、负荷、可燃混合气成分等。发动机转速越高，在相同时间内，曲轴转过的角度越大，如果可燃混合气的燃烧速率不变，最佳点火提前角应线性增加；但转速升高时，由于混合气的压力与温度的提高以及扰流作用的增强，燃烧速度随之加快，故最佳点火提前角虽然随发动机的转速升高而相应增大，但不是简单的线性关系。汽油发动机的负荷用节气门开度来表示，节气门开度越大，发动机负荷越大。在转速相等的情况下，发动机的最佳点火提前角应随负荷增加而减小。这是因为发动机的负荷越大，说明节气门开度越大，节流损失越小，吸入气缸内的混合气量越多，压缩终了时可燃混合气的压力及温度越高，同时雾化质量越好，所以，燃烧越快，最佳点火提前角越小。可燃混合气的成分（即可燃混合气的浓度）直接影响燃烧速率，过量空气系数在 0.8~0.9 范围内时，燃烧速率最快，最佳点火提前角最小。过稀或过浓的混合气，由于燃烧速率变慢，故必须相应增加点火提前角。另外，在发动机起动和怠速时，虽然混合气的燃烧速度较慢，但混合气的全部燃烧时间，只占较小的曲轴转角，如果点火时间过早，可能使曲轴反转。因此，要求点火提前角较小（一般为 5°~6°）或点火不提前。

可见，为了使发动机在各种工况和使用条件下都具有良好的动力性、经济性等使用性能，点火系统应能根据发动机的工况和使用条件自动调整点火提前角，使该角尽量与最佳点火提前角接近。

4.1.3 点火系统的发展历程

在汽车技术发展历程中，点火系统经历了以下几个发展阶段。

1. 传统点火系统

传统点火系统也称蓄电池点火系统或触点式点火系统。这种点火系统具有最基本的结构，在该系统中，通过机械凸轮接通和断开触点，使点火线圈的初级电流间歇流动，从而在点火线圈次级产生点火高压，如图4.6所示。

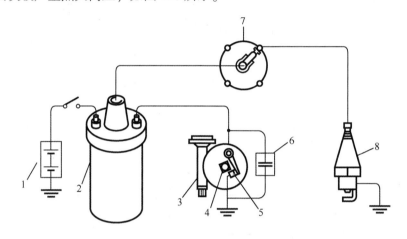

图4.6　传统点火系统结构

1—蓄电池；2—点火线圈；3—真空提前装置；4—凸轮；5—触点；6—电容器；7—分电器；8—火花塞

传统点火系统的断电器触点因为使用中会发生氧化、烧蚀，需要定期保养，且触点的机械惯性大，响应速度慢，因而性能不佳，已经被新型点火系统取代。

2. 无触点电子点火系统

在无触点电子点火系统中，用信号发生器取代凸轮触点机构，利用电子控制的方法使点火线圈的初级电流间歇流动，从而在点火线圈次级产生点火高压，如图4.7所示。

3. 电控电子点火系统

在电控电子点火系统中，电控点火提前装置取代了传统的点火提前机构（真空及离心提前机构），并开始利用发动机电子控制单元来控制点火提前角，如图4.8所示。

4. 无分电器点火系统

无分电器点火系统简称DLI（Distributor-less Ignition）系统，其结构如图4.9所示。该系统使用多个点火线圈，直接向火花塞输送高电压，取消了机械式分电器结构，沿用了发动机电子控制单元控制点火提前角的方法。

4.1.4 点火系统的分类

目前，应用在汽车上的点火装置种类繁多，大致可以分为以下几类。

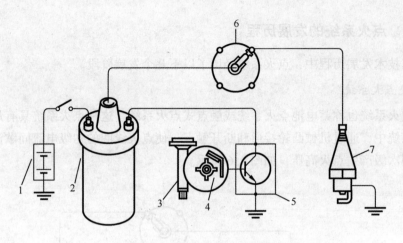

图 4.7　无触点电子点火系统结构

1—蓄电池；2—点火线圈；3—真空提前装置；4—信号发生器；5—点火器；6—分电器；7—火花塞

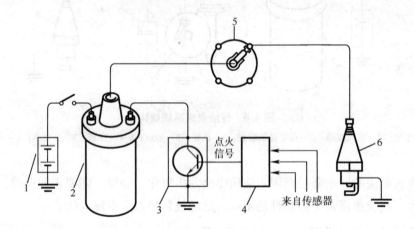

图 4.8　电控电子点火系统结构

1—蓄电池；2—点火线圈；3—点火器；4—电子控制单元；5—分电器；6—火花塞

1. 按照点火能量的储存方式分类

按照点火能量的储存方式，点火系统可分为电感放电式点火系统、电容放电式点火系统两大类。

（1）电感放电式点火系统：将点火能量以磁场形式存储在点火线圈中，在点火线圈的初级线圈电路切断时产生高压电，汽车上应用居多。

（2）电容放电式点火系统：将点火能量以电场形式存储在储能电容器中，在储能电容器与点火线圈的初级线圈电路接通时产生高压电。

2. 按照电能的来源不同分类

按照电能的来源不同，点火系统分为蓄电池点火系统、磁电机点火系统和压电晶体点火系统三大类。

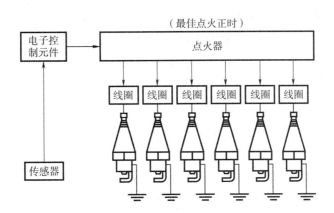

图 4.9　无分电器点火系统结构

（1）蓄电池点火系统：电能由蓄电池或发电机供给，利用电磁感应原理通过点火线圈将蓄电池或发电机的低压电转变为高压电实现点火。

（2）磁电机点火系统：与蓄电池点火系统的区别在于，电能由磁电机提供，磁电机给点火线圈提供的电压比蓄电池或发电机电压高得多，并且点火线圈与断电器、配电器组合为一个整体。

（3）压电晶体点火系统：高压电直接由压电晶体产生，没有点火线圈。由于蓄电池点火系统综合性能好、工作可靠，因此在汽车上得到广泛应用。

3. 按初级电路的控制方式分类

电感放电式蓄电池点火系统按点火线圈初级电路的控制方法不同，分为传统点火系统（触点控制）和电子点火系统（晶体管控制）两大类。

1）传统点火系统

点火线圈初级电路通断由触点（又称"白金"）控制，而触点的开闭则由曲轴通过机械传动控制。由于传统点火系统存在触点故障多、寿命短、点火能量低、无线电干扰重、对火花塞积碳和污损敏感、点火正时调节特性差等缺陷，难以适应现代汽车发动机的要求，已被淘汰。

2）电子点火系统

点火线圈初级电路通断由大功率晶体管（又称"无触点开关"或"电子开关"）控制，而大功率晶体管的导通和截止则根据信号发生器等传感器控制。按照点火提前角的调节和控制方法不同，电子点火系统又分为普通电子点火系统和微机控制点火系统。

（1）普通电子点火系统。点火提前角主要由机械的离心调节装置和真空调节装置根据发动机转速和负荷进行自动调节，调节性能差、可靠性低，目前已很少应用。

（2）微机控制点火系统。取消了机械的调节装置，点火提前角由发动机控制单元（微机）根据发动机转速、负荷、冷却液温度以及可燃混合气的燃烧情况等进行自动调节，调节性能比较理想，目前应用广泛。按照有无分电器来分，微机控制点火系统又分为有分电器微机控制点火系统和无分电器点火系统。

①有分电器微机控制点火系统：点火线圈产生的高压电借助分电器和高压线分配给各缸火花塞的微机控制点火系统，为机械配电式点火系统。

②无分电器点火系统：取消了分电器，点火线圈产生的高压电直接供给各缸火花塞的微机控制点火系统，为微机配电式点火系统。无分电器点火系统又包括两缸同时跳火点火系统和单缸独立点火系统两类。

4. 按照点火信号发生原理分类

无触点电子点火系统按信号发生器的工作原理，可分为电磁感应式电子点火系统（如一汽解放车系、丰田车系）、霍尔效应式电子点火系统（如德国大众车系）和光电式电子点火系统（如日本日产车系）。

4.2 微机控制点火系统主要元件的结构

理论和实践证明，发动机点火时间在发动机的燃烧临近爆燃但不产生爆燃时最佳，发动机的最佳点火提前角随发动机转速和负荷呈现不规则变化。微机控制电子点火系统和发动机爆燃控制系统相配合，由 ECU 根据各有关传感器（包括发动机温度、进气压力、混合气温度等传感器）的电信号，确定最佳的点火时间并进行适时调整，实现最佳点火时间的精确控制，使发动机在各工况下都可处于最佳的点火状态，从而在显著提高发动机动力性的同时，提高燃油经济性和排放性能。

微机控制点火系统主要由各类传感器（凸轮轴位置传感器、曲轴位置传感器、空气流量传感器、进气温度传感器、冷却液温度传感器、节气门位置传感器等）、微机控制单元、点火线圈、火花塞、分电器、点火信号发生器及点水控制器等组成，如图 4.10 所示。

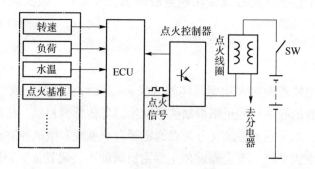

图 4.10 微机控制点火系统的组成

1. 传感器

传感器是将电信号或非电信号整理或转变为电信号的装置，为微机控制单元提供转速、节气门开度、负荷、冷却液温度、进气温度和流量、起动开关状态、蓄电池电压、废气中氧的含量等有关发动机运行工况和使用条件的各种信息，作为计算和控制点火时机的依据。虽然各型汽车采用的传感器类型、数量、结构及安装位置不尽相同，但其作用大同小异，且与燃油喷射系统和其他电子控制系统共用。

凸轮轴位置（上止点位置）传感器是确定曲轴基准位置和点火基准的传感器。该传感器在曲轴旋转至某一特定位置（如第1缸压缩上止点前某一确定的角度）时，输出一个脉冲信号，电控单元将这一脉冲信号作为计算曲轴位置的基准信号，再利用曲轴转角信号计算出曲轴任一时刻所处的具体位置。

曲轴位置（曲轴转速与转角）传感器将发动机曲轴转过的角度变换为电信号输入电控单元，曲轴每转过一定角度就发出一个脉冲信号，电控单元通过不断地检测脉冲个数，即可计算出曲轴转过的角度。与此同时，电控单元根据单位时间内接收到的脉冲个数，即可计算出发动机的转速。

在微机控制点火系统中，发动机曲轴转角信号用来计算具体的点火时刻，转速信号用来计算和读取基本点火提前角。凸轮轴位置和曲轴位置信号是保证电控单元控制电子点火系统正常工作最基本的信号。

空气流量传感器是确定进气量大小的传感器。空气流量信号输入电控单元后，除了用来计算基本喷油时间之外，还用作负荷信号来计算和确定基本点火提前角。

进气温度传感器是反映发动机吸入空气温度的传感器。在微机控制电子点火系统中，电控单元利用该信号对基本点火提前角进行修正。

冷却液温度传感器是反映发动机工作温度高低的传感器。在微机控制点火系统中，电控单元除了利用该信号对基本点火提前角进行修正之外，还要利用该信号控制起动和发动机暖机期间的点火提前角。

节气门位置传感器将节气门开启角度转换为电信号输入电控单元，电控单元利用该信号和车速传感器信号来综合判断发动机所处工况（怠速、中等负荷、大负荷、减速），并对点火提前角进行修正。

2. 微机控制单元

微机控制单元又称电子控制单元、电脑，简称 ECU。其由微处理器 CPU、程序存储器 ROM、随即数据存储器 RAM、输入/输出接口 I/O、模数转换器 A/D 等组成。其作用是根据各传感器输入的信号，计算确定最佳点火提前角和初级电路导通角，并将点火控制信号输送给点火控制器，通过点火控制器来控制点火线圈的工作。

3. 点火线圈

点火线圈将汽车电源的低压电转变为 15~20 kV 的高压电，为火花塞提供工作电压。点火线圈结构与自耦变压器相似，在薄钢片叠成的铁芯上绕有两个线圈，构成了初级线圈和次级线圈，又称初级绕组和次级绕组。

按照磁路的结构形式不同，点火线圈可分为开磁路式点火线圈和闭磁路式点火线圈。

1）开磁路式点火线圈

开磁路式点火线圈的结构如图 4.11 所示。点火线圈上端装有胶木盖，盖中央突出的部分是高压线插座，其他的接线柱为低压接线柱。

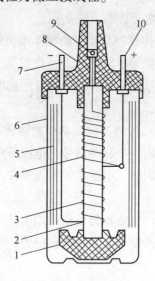

图 4.11 开磁路式点火线圈的结构

1—瓷杯；2—铁芯；3—初级绕组；4—次级绕组；5—钢片；6—外壳；

7—"−"接线柱；8—胶木盖；9—高压线插座；10—"+"接线柱

为了减小涡流和磁滞损失，铁芯 2 由硅钢片叠成，包在硬纸板套内。套外绕有次级绕组 4，它用直径为 0.06~0.10 mm 的漆包线绕 11 000~26 000 匝，次级绕组层与层之间均用绝缘纸隔开，最外层包有数层绝缘纸，次级绕组电阻一般为6~8 kΩ。初级绕组（3）绕在次级绕组的外面，有利于散热。初级绕组用直径 0.55~1.0 mm 的漆包线绕 230~380 匝，电阻一般为 0.5~2 Ω。绕组绕制好后，应在真空中浸绝缘漆或浸以石蜡和松香的混合物，以增加绝缘和减小振动。绕组绕制的方向尽量满足在初级电路断开时，次级绕组产生的高压电，正电位加在火花塞侧电极、负电位加在火花塞的中心电极，以便降低火花塞击穿电压。初级绕组与金属外壳（6）之间装有导磁用的钢片（5），用来加强磁通。外壳内的底部有瓷杯（1），以防高压电击穿次级绕组的绝缘层向铁芯和外壳放电。为加强绝缘和防止潮气进入，在外壳内填满沥青或矿物绝缘油（如变压器油），其中油浸式点火线圈的散热效果较好。

当初级电流流过开磁路式点火线圈的初级绕组时，使铁芯磁化，其磁路如图 4.12 所示。磁路的上、下部分都是从空气中通过的，初级绕组在铁芯中产生的磁通，需经壳体内的导磁缸套形成回路，磁路的磁阻大，漏磁较多，能量损失较大。因为效率较低，所以开磁路式点火线圈已经趋于淘汰。

2）闭磁路式点火线圈

越来越多的汽车采用了闭磁路式点火线圈，图 4.13 所示为闭磁路式点火线圈常见结构，在"日"字形铁芯内绕有初级绕组，在初级绕组外面绕有次级绕组，磁路如图 4.14

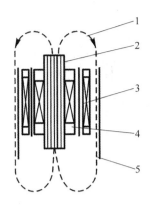

图 4.12　开磁路式点火线圈的磁路

1—磁力线；2—铁芯；3—初级绕组；4—次级绕组；5—导磁钢套

所示。由图可见，"日"字形的铁芯使磁力线构成闭合磁路（为了减小磁滞现象，"日"字形铁芯常设一很微小的间隙）。

与开磁路式点火线圈相比，闭磁路式点火线圈具有漏磁少、转换效率高、体积小、重量轻、铁芯裸露易于散热等优点，故已在高能电子点火系统中广泛应用。

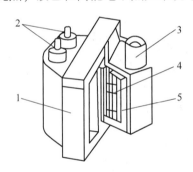

图 4.13　闭磁路式点火线圈的常见结构

1—铁芯；2—低压接线柱；3—高压线插座；4—初级绕组；5—次级绕组

另外，闭磁路式点火线圈采用热固性树脂作为绝缘填充物，外壳以热熔性塑料注塑成型，绝缘性、密封性均优于开磁路式点火线圈，并且体积小，有利于减小对无线电的干扰、提高点火能量。

由于无分电器点火系统有两个或多个点火线圈初级绕组，一个发动机的工作循环，每个点火线圈初级绕组只通断一次（单独点火）或两次（同时点火），所以点火线圈初级绕组能够有较长的通电时间，点火线圈可以采用完全的闭磁路结构，提高能量利用率。点火线圈具体结构因高压配电方式的不同而不同。

（1）点火线圈配电方式的点火线圈。

发动机采用点火线圈配电方式时，配用的点火线圈实际是由若干个相互屏蔽的、单独的点火线圈组装起来，形成的一个点火线圈组件。每个单独的点火线圈初级绕组的一端通

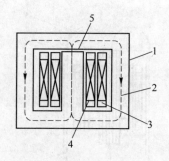

图 4.14　闭磁路式点火线圈的磁路

1—铁芯；2—磁力线；3—次级绕组；4—初级绕组；5—空气隙

过点火开关与电源正极相连，另一端由点火控制器的大功率三极管控制搭铁；次级绕组两端分别接到两个气缸的火花塞上，使两个气缸的火花塞同时跳火。例如，6 缸发动机点火线圈配电点火系统采用的点火线圈组件外形和电路如图 4.15 所示，各高压接线柱旁边的数字表示与其相接的火花塞所在的气缸号。点火线圈组件的结构如图 4.16 所示。

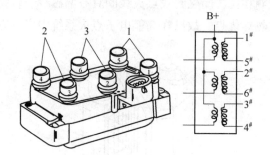

图 4.15　点火线圈组件外形及电路图

1，2，3—点火线圈

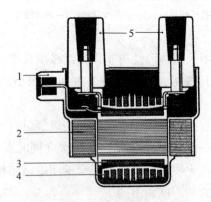

图 4.16　点火线圈组件的结构

1—低压线插头；2—铁芯；3—初级线圈；4—次级线圈；5—高压线插头

（2）二极管配电方式的点火线圈。

二极管配电方式配用的点火线圈有两个初级绕组（或一个初级绕组被中心抽头分成两个部分，构成两个初级绕组），一个次级绕组。次级绕组有两个输出端，每个输出端又分别接两个方向相反的高压二极管，这样次级线圈通过四个高压二极管与火花塞构成回路；两个初级绕组的电路由点火控制器中的两个大功率三极管控制轮流接通和断开。

点火线圈有两种形式：一种是只包含初级绕组和次级绕组，有两个高压插座，如图4.17所示，高压二极管则单独安装在火花塞上方，便于检修更换；另一种是既包含初级绕组和次级绕组，又包含四个高压二极管，有四个高压插座，原理和外形如图4.18所示，这种结构有利于简化线路结构，高压线连接简便，但是一旦有一个高压二极管损坏，点火线圈就需要更换。

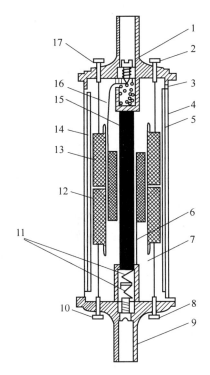

图4.17 二极管配电方式点火线圈（一）

1，9—高压插座；2，8，10，17—接柱；3—外壳；4—导磁板；5—衬纸；6，16—高压导线；
7—变压器油；11—弹簧；12，14—初级绕组；13—次级绕组；15—铁芯

（3）单独点火方式配用的点火线圈。

采用单独点火方式时，发动机有几个气缸就有几个点火线圈。每个气缸都有自己的点火线圈，每个点火线圈的结构完全相同，如图4.19所示。单独点火方式特别适合在双凸轮轴发动机上配用，点火线圈安装在两根凸轮轴中间，每一点火线圈压装在各缸火花塞上，在布置上很容易实现，如图4.20所示。

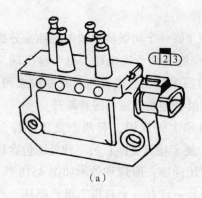 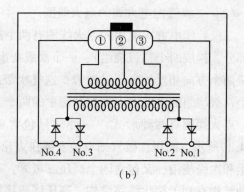

（a）　　　　　　　　　　　　　　　（b）

图 4.18　二极管配电方式点火线圈（二）

（a）点火线圈外观；（b）点火线圈内部电路

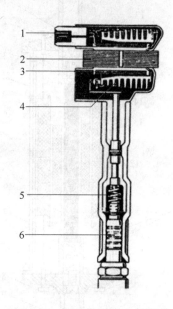

图 4.19　单独点火的点火线圈

1—低压线插头；2—铁芯；3—初级线圈；4—次级线圈；5—高压线插头；6—火花塞

4. 火花塞

火花塞用来产生电火花、将点火线圈产生的高压电能转变为热能，以便点燃气缸内的可燃混合气。

1）对火花塞的要求

火花塞的工作条件极为恶劣，它承受高电压、机械负荷、化学腐蚀以及热负荷的作用，因此对其提出了较高的要求。

（1）火花塞承受冲击性高电压的作用，因此要求它的绝缘体具有足够的绝缘强度，能承受 30 kV 的高压电。

（2）可燃混合气燃烧时，火花塞下部将受到 1 500~2 000 ℃的高温燃气的作用；而气

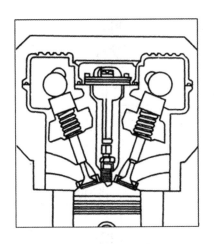

图 4.20　单独点火的点火线圈的安装方式

缸进气时，又受到 50~60 ℃ 的进气冷却作用。因此要求火花塞应能承受这种温度的剧烈变化，且要求火花塞有适当的热特性，使其裙部（指火花塞下部与燃烧室内混合气直接接触的绝缘体部分）保持一定的温度，不得有局部过热和温度过低。

（3）混合气燃烧时，火花塞下部将受到 3~7 MPa 的气体压力。此外，在火花塞制造中卷轧壳体上部边缘时，经铜垫圈传给绝缘体的压力高达 35 kN。因此，要求火花塞的主要零件应有足够的机械强度，能承受冲击载荷和在卷轧壳体边缘时所受的负荷。

（4）发动机工作时，火花塞的裙部会受到高温燃烧产物的作用，因燃烧产物中含有多种活性气体和物质，如臭氧、氧、一氧化碳、氧化硫和氧化铅，使电极腐蚀。因此，火花塞的电极应采用难熔、耐蚀的材料制成。

（5）火花塞在安装时，密封要好，以保证可靠点火。

2）火花塞的构造

火花塞的构造如图 4.21 所示。在外壳（5）的内部固定有高氧化铝陶瓷绝缘体（2），在绝缘体中心孔的上部有金属杆（3），金属杆的上端旋有接线螺母（1）用来接高压导线；绝缘体中心孔的下部装有中心电极（10）。金属杆（3）与中心电极（10）之间用导电玻璃（6）密封，铜制内垫圈（4、8）起密封和导热作用。外壳（5）的上部制成便于拆装的六方形，下部是螺纹以便旋装在发动机气缸盖内，壳体下端固定有弯曲的侧电极（9）。火花塞安装时，与气缸盖的接触处有铜包石棉垫圈（7）以保证密封。

中心电极一般采用含少量铬、锰、硅的镍基合金制成，其中以镍锰合金应用最多。中心电极的材料具有良好的耐高温、耐腐蚀性能。为了提高耐热性能，也有采用镍包铜电极材料的。

火花塞电极间隙要合适，若间隙过大，击穿电压增高，则容易造成发动机高速断火或起动困难，并且会加重点火线圈的负担，使之老化，寿命缩短；若间隙过小，击穿电压降低，火花减弱，就不能可靠点火。电极间隙一般为 0.8~1.2 mm，必要时扳动侧电极进行调整。

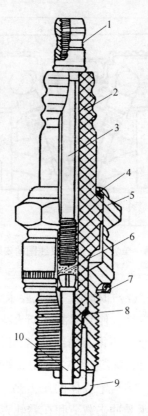

图 4.21　火花塞的构造

1—接线螺母；2—绝缘体；3—金属杆；4，8—内垫圈；5—外壳；
6—导电玻璃；7—多层密封垫圈；9—侧电极；10—中心电极

3）火花塞的散热

火花塞工作时，周期性地受到高温燃气作用，使绝缘体裙部温度升高，这部分热量主要通过壳体、绝缘体、中心电极、金属杆等传至缸体或散发到空气中（图 4.22），当吸收和散发的热量达到平衡时，火花塞的各个部分将保持一定的温度。火花塞平均温度分布及散热途径如图 4.23 所示。

4）火花塞的热特性

要使火花塞在发动机内工作良好，必须使火花塞裙部保持一定温度。火花塞的发火部位吸热并向发动机冷却系统散发热量的性能，称为火花塞的热特性。实践证明，火花塞绝缘体裙部温度保持在 500~600 ℃ 时，既能保证落在绝缘体上的油滴能立即烧去，不会形成积炭，同时火花塞又不会引起炽热点火，这个温度称为火花塞的自净温度。火花塞绝缘体裙部温度低于自净温度时，火花塞容易产生积炭而漏电，导致点火不良；高于自净温度时，则容易引起炽热点火，导致早燃甚至引起爆燃，使发动机的性能下降。

在工作中，火花塞绝缘体裙部的温度取决于其受热情况和散热条件。为了使火花塞绝缘体裙部的温度经常保持在自净温度范围内，就要求火花塞吸收的热量与散出的热量应达到一定的平衡状态，并在发动机转速和功率正常变化的范围内保持稳定。火花塞壳体下部的孔径越大，绝缘体裙部越长，吸收的热量就越多；反之，吸收的热量就少。绝缘体吸收的热量大部分经与壳体相接触的上、下铜垫圈向外传出，还有一部分则由中心电极传出。

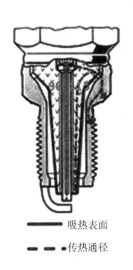
—— 吸热表面
--- 传热通径

图4.22　火花塞的吸热与放热

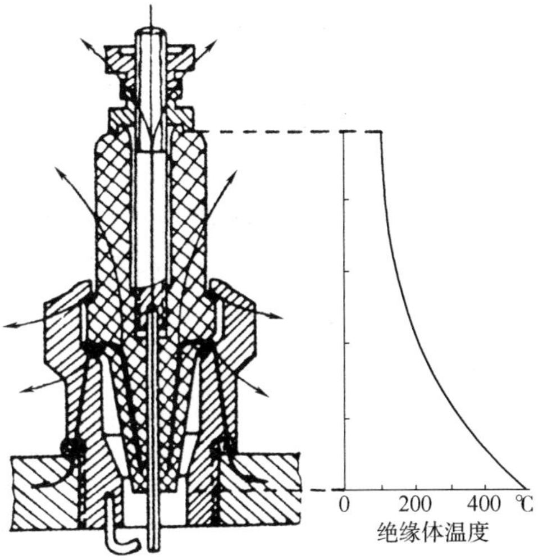

图4.23　火花塞平均温度分布及散热途径

0　　200　　400　℃
绝缘体温度

　　火花塞的热特性主要决定于绝缘体裙部的长度。气缸内，火花塞周围温度分布情况相同的条件下，绝缘体裙部长的火花塞，其受热面积大，而传热距离长，散热困难，裙部的温度高，称为热型火花塞；裙部短的火花塞，吸热面积小，传热距离短，散热容易，裙部温度低，称为冷型火花塞。冷、热型火花塞的结构差异见图4.24。热型火花塞用于低压缩比、低转速、小功率发动机；冷型火花塞用于高压缩比、高转速、大功率发动机。

　　火花塞热特性的标定方法有多种：美国SAE规定用一特定的单缸发动机试验，以火花塞不引起炽热点火极限时刻的气缸最大平均指示压力来标定，即火花塞刚开始出现炽热点火时，气缸的平均指示压力越大，所承受的热负荷也越大，则火花塞为冷型；反之，则为热型。联邦德国波许公司则以在特定的单缸发动机上测得火花塞开始产生炽热点火所经历的时间来标定，所经历的时间越长，火花塞承受的热负荷越大，则为冷型；反之，则为热型。我国是以火花塞绝缘体裙部的长度来标定的，并分别用热值（1~11的自然数）来表示，1、2、3为低热值火花塞；4、5、6为中热值火花塞；7及以上者为高热值火花塞；热值小的为热型火花塞，热值大的为冷型火花塞，见表4.1。

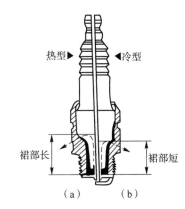
热型　　冷型

裙部长　　裙部短

（a）　　（b）

图4.24　热特性不同的火花塞对比
（a）热型；（b）冷型

表 4.1 裙部长度与热值

裙部长度/mm			15.5	13.5	11.5	9.5	7.5	5.5	3.5		
热值	1	2	3	4	5	6	7	8	9	10	11	……
热特性	热——冷											

不同型式的发动机应选用不同热值的火花塞，火花塞热值根据发动机及汽车设计、试验结果而定，在各车型的说明书中都对此作了明确规定。

火花塞的热特性选用是否合适，主要根据其工作情况进行判断：若火花塞经常由于积炭而导致断火，则说明火花塞偏冷，热值选用过高；若经常发生炽热点火而引发早燃，则说明火花塞偏热，热值选用过低。

5）火花塞型号

根据《道路车辆 火花塞产品型号编制方法》（QC/T 430—2014）的规定，火花塞型号由三部分组成：

（1）结构代号：以单或双字母表示火花塞的结构类型及主要型式尺寸。

结构 代号	热值	变型 代号

（2）热值：以阿拉伯数字表示火花塞热值，由热至冷型，分别以 1~11 表示；数字越大，代表热值越高。火花塞热值代号与绝缘体裙部长度及热特性的对应关系见表 4.1。

（3）变型代号：以若干字母和阿拉伯数字表示派生产品结构、发火端特性、材料特性及技术要求。当代表电极材料的字母连用时，前表示中心电极，后表示侧电极。对用户有特殊要求的产品允许在末位加小写字母或小写字母和阿拉伯数字连用的下标作为标记。

例如：

"A7—3"型火花塞即为螺纹旋合长度 12.7 mm，壳体六角对边 16 mm，热值代号 7，螺纹规格 M10 * 1，瓷绝缘体涂硅胶平座火花塞。

"DF7REC2"型火花塞即为螺纹旋合长度 19 mm，壳体六角对边 16 mm，热值代号 7，螺纹规格 M12 * 1.25，带电阻，Ni—Cu 复合中心电极，快热结构，绝缘体突出型点火位置为 3 mm 平座火花塞。

"VH6RLPPX4"型火花塞即为螺纹旋合长度 26.5 mm，壳体六角对边 14 mm，热值代号 6，螺纹规格 M12 * 1.25，带电阻，中心电极和侧电极均为铂金，绝缘体突出型点火位置为 4 mm，点火间隙为 1.1 mm，整体接线螺杆子座型火花塞。

6）常用类型的火花塞

常用火花塞的结构如图 4.25 所示。

（1）标准型火花塞。其绝缘体裙部略缩入壳体端面，侧电极在壳体端面以外，使用最广泛的一种。

（2）绝缘体突出型火花塞。其绝缘体裙部较长，突出于壳体端面以外。它具有吸收热

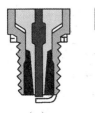     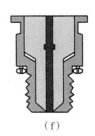

（a）　　　　　（b）　　　　　（c）　　　　　（d）　　　　　（e）　　　　　（f）

图 4.25　常用火花塞的结构

（a）标准型；（b）绝缘体突出型；（c）细电极型；（d）锥座型；（e）多电极型；（f）沿面跳火型

量大、抗污能力好的优点，且能直接受到进气的冷却而降低温度，因而也不易引起炽热点火，故热适应范围宽。

（3）细电极型火花塞。其电极很细，火花强烈，点火能力好，在严寒季节也能保证发动机迅速可靠地起动。热适应范围较宽，能满足多种用途。

（4）锥座型火花塞。其壳体和旋入螺纹制成锥形，因此不用垫圈也可保证良好密封，从而缩小了火花塞体积，对发动机的设计更为有利。

（5）多电极型火花塞。侧电极一般为两个或两个以上，优点是点火可靠，间隙不需经常调整，故在电极容易烧蚀和火花间隙不能经常调整的一些汽油机上常常被利用到。

（6）沿面跳火型火花塞。即沿面间隙型火花塞，是一种最冷型火花塞，其中心电极与壳体端面之间的间隙是同心的。它必须与点火能量大、电压上升率快的电容储能式电子点火系统配合使用，可避免火花塞"炽热点火"和电极"跨连"现象，在油污情况下也能正常点火。缺点是可燃气体不易接近电极，故在稀混合气情况下，不能充分发挥汽油机的功能。另外，由于点火能量增大，故中心电极容易烧蚀。

此外，为了抑制点火系统对无线电的干扰，生产了屏蔽型和电阻型火花塞。屏蔽型火花塞是利用金属壳体把整个火花塞密封起来，其屏蔽壳体与高压导线的屏蔽套连接在一起。这种火花塞不仅可以抑制无线电干扰，还可用于防水、防爆的场合。电阻型火花塞是在火花塞内部装一个 5~10 kΩ 的电阻，对点火系统产生的高频信号起阻尼作用，以抑制对无线电的干扰。

5. 分电器

分电器主要用来将点火线圈产生的高压电按确定顺序依次分配到各缸火花塞，包括分电器盖、分火头和分电器轴。分电器盖中央有中心高压线插孔，周边有分缸高压线插孔和旁电极，中心高压线插孔通过弹簧、碳棒与分火头连接。分火头安装在分电器轴顶端，由发动机配气凸轮轴驱动，转速为曲轴转速的 1/2。分火头旋转时，其上的导电片轮流和各旁电极相对，将点火线圈产生的高压电按气缸的点火顺序依次送往各缸火花塞。

多数分电器内部装有由检测部分（定子）和转子（脉冲环）组成的判缸信号（G 信号）传感器，如图 4.26 所示；有的还装有曲轴转速（Ne 信号）传感器，如图 4.27 所示；还有的甚至将点火线圈和点火控制器都装在分电器上，如图 4.28 所示。

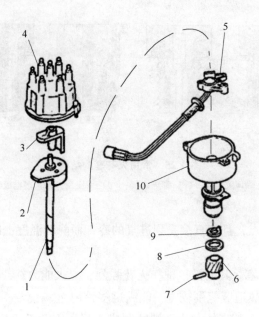

图 4.26　分电器结构（一）

1—轴；2—脉冲环；3—分火头；4—分电器盖；5—定子；6—驱动齿轮；7—柱销；8—垫片；9—垫圈；10—壳体

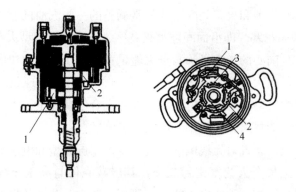

图 4.27　分电器结构（二）

1—Ne 信号检测线圈；2—G 信号检测线圈；3—Ne 信号转子；4—G 信号转子

6. 点火信号发生器

点火信号发生器的作用是根据各缸的点火时刻产生点火信号（交变信号、脉冲信号等），输出给点火控制器的大功率晶体管，以断开点火线圈的初级电流。常见的点火信号发生器有电磁感应式、霍尔效应式、光电式等。

1）电磁感应式点火信号发生器

（1）电磁感应式点火信号发生器基本结构与原理。

电磁感应式点火信号发生器也称磁脉冲式点火信号发生器，是采用电磁感应的原理制成的。电磁感应式点火信号发生器由靠分电器轴带动且转速与之相等的信号转子、安装在分电器底板上的永久磁铁和绕在导磁铁芯上的传感线圈等组成，如图 4.29 所示。信号转

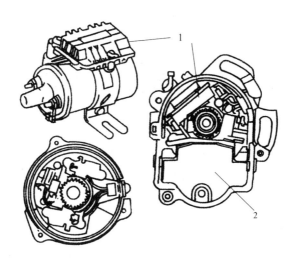

图 4.28　分电器结构（三）

1—点火控制器；2—点火线圈

子有数目与发动机气缸数相等的凸齿。永久磁铁的磁通经转子的凸齿、传感线圈的铁芯、永久磁铁构成磁路：永久磁铁 N 极→空气隙→转子→空气气隙→铁心→永久磁铁 S 极。当发动机工作时，分电器轴带动信号发生器的转子旋转，使转子凸齿与线圈铁芯之间的空气隙发生有规律的变化，因此穿过感应线圈的磁通量也发生变化，根据电磁感应原理，当穿过线圈的磁通量发生变化时，线圈中将产生感应电动势，感应电动势的大小与磁通的变化率成正比。定时转子随分电器旋转一周，传感线圈上产生的脉冲信号个数正好与气缸数相同。

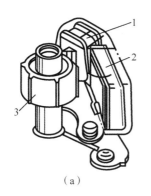
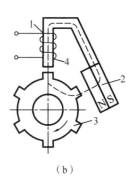

（a）　　　　　　　　　　　　　　（b）

图 4.29　电磁感应式信号发生器

（a）结构；（b）工作原理

1—传感线圈；2—永久磁铁；3—信号转子；4—导磁铁芯

电磁感应式信号发生器的工作原理如图 4.29~图 4.31 所示。当信号转子（3）顺时针转到永久磁铁（2）对着定时转子两凸齿中心线时，永久磁铁与定时转子间的气隙最大，因而通过传感线圈的磁通量最小，且磁通的变化率为零，传感线圈的感应电动势 e 也为

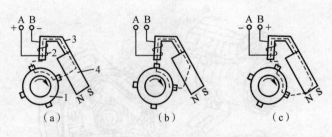

图 4.30 电磁感应式信号发生器的磁路变化

(a) 靠近时；(b) 对正时；(c) 离开时

1—信号转子；2—传感线圈；3—铁芯；4—永久磁铁

零。当信号转子（3）的凸齿逐渐接近永久磁铁时（图 4.30（a）），凸齿与永久磁铁的气隙越来越小，通过传感器线圈的磁通量越来越大。当凸齿前齿角扫过永久磁铁顶部相对边缘时，通过传感线圈的磁通量急剧增加，磁通的变化率最大，传感线圈上感应电动势 e 急剧上升达正幅值（A 端为 "+"，B 端为 "-"）。当信号转子（3）的凸齿齿轮顶与永久磁铁顶部正对时，如图 4.30（b）所示，此时虽然磁路气隙最小，磁通量最大，但磁通的变化率趋于零，因而传感线圈上的感应电动势 e 急剧下降到零。当信号转子（3）继续顺时针转动时，如图 4.30（c）所示，信号转子（3）凸齿与永久磁铁间的气隙逐渐增大，通过传感线圈的磁通量逐渐减小。当凸齿后齿角扫过永久磁铁顶部下一边缘时，通过传感线圈的磁通量急剧减小，磁通量的变化率最大，于是感应电动势改变方向，传感线圈上感应电动势 e 急剧下降达负幅值（A 端为 "-"，B 端为 "+"）。当转子（3）继续顺时针转动，转到衔铁对着下两个凸齿中心线时，衔铁（2）与信号转子（3）间的气隙最大，因而通过传感线圈的磁通量最小，且磁通的变化率为零，传感线圈的感应电动势 e 为零。此后，磁通及感应电动势又开始重复图 4.31 所示过程。信号转子每转一周，传感线圈两端输出四个交变信号。周而复始，发动机转速越快，磁通的变化率越大，所产生的磁脉冲电压也越高。

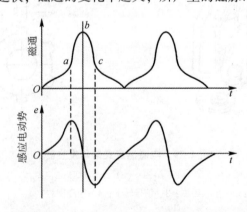

图 4.31 穿过线圈的磁通及线圈中的感应电动势

电磁感应式信号发生器的信号电压随发动机转速的变化而变化。当发动机转速升高时，信号电压因磁通的变化速率提高而增大，触发点火的电压会提前到达。利用这一点，若其结构设计合理，就可使点火提前角随发动机转速的变化符合发动机的实际需要，省去离心点火提前装置，简化分电器结构。

（2）解放 CA1092 型汽车电磁感应式信号发生器。

解放 CA1092 型汽车采用的电磁感应式信号发生器外形结构如图 4.32 所示，其工作原理与前述结构形式的电磁感应式信号发生器相同。但它的永久磁铁为片状。发生器由信号转子（2）、传感线圈（3）、定子（4）、塑性永磁片（5）、导磁板（6）、底板（7）和分电器轴（1）等组成，如图 4.33 所示。

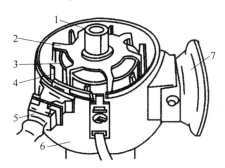

图 4.32　解放 CA1092 型汽车用采用的电磁感应式信号发生器外形结构

1—分电器轴；2—信号转子；3—传感线圈；4—定子；5—电线插接器；6—分电器外壳；7—真空式点火提前装置

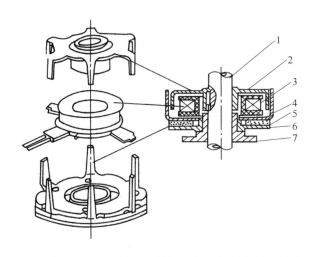

图 4.33　解放 CA1092 型汽车用电磁感应式信号发生器分解图

1—分电器轴；2—信号转子；3—传感线圈；4—定子；5—塑性永磁片；6—导磁板；7—底板

底板（7）和传感线圈（3）固定在分电器壳体内，定子（4）、塑性永磁片（5）和导磁板（6）三者用铆钉铆合后套在底板的轴套上，受真空提前装置的膜片拉杆的约束。塑性永磁片上面为 N 极，下面为 S 极，工作中点火信号发生器的磁路为：

塑性永磁片 N 极→定子→定子爪极与转子爪极之间的间隙→转子感应线圈铁芯（凸轮

轴）→导磁板→塑性永磁片 S 极→塑性永磁片 N 极。

此种结构的优点是信号电压高，低速工作可靠，并且磁感应线圈与转子同心，整个装置呈对称分布，这样可提高抗振能力，减少转子的磨损。

上述两种形式的信号转子都由分电器轴驱动。另外，还有装在飞轮壳上的电磁感应点火信号发生器，利用飞轮作为信号转子，磁铁、感应线圈等组成的点火信号装置安装在飞轮壳上，通过飞轮齿环或飞轮上的凸起触发点火信号。

2）霍尔效应式点火信号发生器

（1）霍尔效应。

霍尔效应的原理如图 4.34 所示。将一块半导体基片（霍尔元件）放入磁感应强度为 B 的磁场中，在与磁场垂直的方向通以电流 I，则在与磁场和电流相垂直的另一横向侧面上就会产生一个垂直于电流方向和磁场方向的电压 U_H，这一现象是由美国物理学家霍尔发现的，所以命名为霍尔效应，U_H 电压称为霍尔电压。

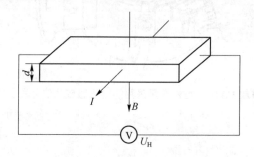

图 4.34　霍尔效应的原理

I—流过霍尔元件的电流；B—磁感应强度；d—霍尔元件基片厚度；U_H—霍尔电压

霍尔电压 U_H 与通过霍尔元件的电流 I 和磁感应强度 B 成正比，与基片的厚度 d 成反比。即

$$U_H = R_H I B/d \qquad (4.2)$$

由式（4.2）可知，改变 I 和 B 都可以使 U_H 变化，而当通过的电流 I 为一定值时，霍尔电压 U_H 则与磁感应强度 B 成正比，即 U_H 随 B 的大小而变化，同时也可看出，U_H 的高低与磁通的变化率无关。

（2）霍尔效应式点火信号发生器的结构与原理。

霍尔效应式点火信号发生器是根据霍尔效应原理制成的，它装在分电器内。霍尔信号发生器的外形结构如图 4.35 所示，它主要由触发叶轮（1）、霍尔集成电路（2）、带导板的永久磁铁（4）等组成。触发叶轮与分火头制成一体，由分电器轴带动旋转，其叶片数与气缸数相等。霍尔集成电路的外层为霍尔元件，与霍尔元件相对的是带有导板的永久磁铁。触发叶轮的叶片可在霍尔集成电路与磁铁之间转动。霍尔集成电路由霍尔元件、放大电路、稳压电路、温度补偿电路、信号变换电路和输出电路等组成，如图 4.36 所示。

霍尔效应式点火信号发生器的工作原理如图 4.37 所示。当分电器轴带动触发叶轮旋

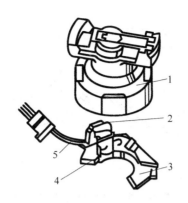

图 4.35　霍尔效应式点火信号发生器外形结构

1—与分火头制成一体的触发叶轮；2—霍尔集成电路；3—底板；4—带导板的永久磁铁；5—点火信号输出线

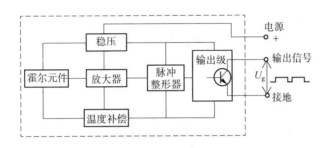

图 4.36　霍尔集成电路组成框图

转时，触发叶轮的叶片便从霍尔集成电路与永久磁铁之间的气隙中转过。当信号转子的叶片处在霍尔触发器和永久磁铁之间时，如图 4.37（a）所示状态，永久磁铁的磁场被信号转子的叶片旁路而迅速减弱，磁感应强度 B 随之迅速下降，导致霍尔电压趋近于零。当霍尔电压为 0 时，图 4.36 中的集成电路输出级三极管截止，点火信号发生器输出高电位（近于电源电压）。此时点火控制器三极管导通，初级电路接通，处于初级电流增长阶段。

当叶片离开气隙时，永久磁铁的磁通便经霍尔集成电路和导磁钢片构成回路，霍尔元件产生电压。当信号转子的窗口和霍尔触发器正对时，如图 4.37（b）所示状态，永久磁铁的磁感应强度 B 最大，使霍尔电压瞬时达到最大值。当霍尔电压产生时，图 4.36 中集成电路输出级三极管导通，点火信号发生器输出低电位（0.3~0.4 V）。此时，点火控制器的三极管截止，初级电路断路，产生次级电压。

霍尔信号发生器无磨损部件，不受灰尘、油污的影响，工作可靠、寿命长。霍尔信号发生器的输出脉冲电压仅与触发叶轮上的叶片数有关，而与触发叶轮的转速无关，即与发动机转速无关，具有较高的点火正时控制精度，且有利于低温或其他恶劣条件下工作，已经在很多汽车点火装置中采用。

　　3）光电式点火信号发生器

　　光电式点火信号发生器的结构和工作原理如图 4.38 所示。光源（2）一般采用发光二

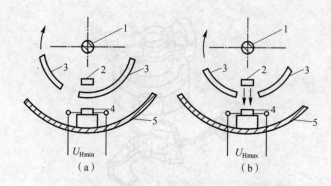

图 4.37 霍尔效应式点火信号发生器的工作原理

(a) 磁感线被转子叶片旁路；(b) 磁感线通过转子缺口

1—分电器轴；2—永久磁铁；3—信号转子叶片；4—霍尔触发器；5—分电器外壳

极管，它发出红外线光束，用一只近似半球形的透镜聚焦，焦点宽度为 1~1.5 mm。光接收器（3）是一只光敏三极管，它与光源相对应，并与其相隔一定的距离。红外线光束聚焦后被照射到光敏三极管上。光敏三极管与普通三极管不同，当有光线照射时其就能产生基极电流。光敏三极管的灵敏度较高，只要接收到 10% 的正常光线就可饱和导通，因此，即使发光二极管的表面受到灰尘等污染，仍不影响工作。遮光盘（4）用金属或塑料制成，安装在分电器轴上，位于分火头（1）下面。盘的外缘伸入光源与接收器之间，盘上有缺口，允许光束通过，缺口数目与气缸数目相等。未开缺口部分可完全挡住光线。遮光盘由分电器轴带动旋转时，即按一定的位置产生光电信号。

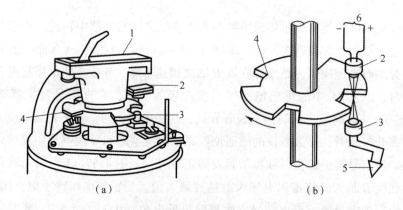

图 4.38 光电式点火信号发生器的结构和工作原理

(a) 结构；(b) 工作原理

1—分火头；2—光源（发光元件）；3—光接收器（光电元件、光敏元件）；

4—遮光盘（遮光转子）；5—输出信号；6—电源

7. 点火控制器

点火控制器又称点火模块。各种发动机点火控制器的结构和功能不尽相同，但其基本功能都是：根据曲轴位置和转速传感器等产生的信号（或 ECU 的指令），控制点火线圈初级绕组中电流的通、断，以便点火线圈次级绕组产生高压电。

点火控制器的基本电路包括整形电路、开关信号放大电路、功率输出电路等。其中，整形电路的作用是将点火信号发生器送来的非方波信号或不规则的方波信号转化成能够控制初级电流通断的规则的方波信号；开关信号放大电路的作用是将整形电路的输出信号进行幅度放大，以保证大功率输出级在输出功率足够大的情况下可靠工作；功率输出电路的作用是利用大功率三极管（或达林顿管）及时接通和断开点火线圈初级电路，控制初级电流的通、断。

多数点火控制器不但起开关作用，还有恒流控制、导通角控制和点火反馈监视等功能，向微机控制单元反馈点火信号，以便进一步控制燃油喷射。

点火控制器有的单独安装，有的与点火线圈固定在一起，还有的装在分电器内，参见图4.28。

有的发动机取消了点火控制器，大功率三极管直接设在微机控制单元内。

4.3 微机控制点火系统的工作原理

按照有无分电器分，微机控制点火系统分为有分电器微机控制点火系统和无分电器微机控制点火系统两种。

4.3.1 有分电器微机控制点火系统

1. 组成

有分电器微机控制点火系统由低压电源、点火开关、微机控制单元（ECU）、点火线圈、分电器、火花塞、高压线和各种传感器等组成，如图4.39所示。分电器主要起分配高压电的功能，多数分电器还装有曲轴位置和转速传感器及判缸信号传感器。

2. 工作原理

图4.40所示为一种有分电器微机控制点火系统的原理。点火信号发生器（8）和转速传感器（7）装于配电器壳内，点火线圈（5）、点火控制器（6）组合为一体固定在分电器壳体上。

工作原理如下：接通点火开关，电源电压加到点火控制器上，传感器开始将发动机的各种工况信息转换为电信号并传递给微机控制单元，微机控制单元将接收到的信号与只读存储器中储存的数据进行比较、计算后，输出点火信号至点火控制器，由点火控制器的大功率晶体管接通和切断点火线圈的初级电路。

当点火控制器的大功率晶体管导通时，初级电路接通，点火线圈的初级绕组通电、产生磁场。初级电路为：电源正极→点火开关→初级绕组 N_1 →点火控制器大功率晶体管集

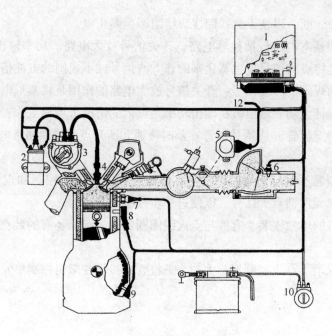

图 4.39　有分电器的微机控制点火系

1—ECU；2—点火线圈；3—分电器；4—火花塞；5—节气门位置传感器；6—空气流量计及进气温度传感器；
7—冷却液温度传感器；8—爆震传感器；9—曲轴转速及位置传感器；10—点火开关

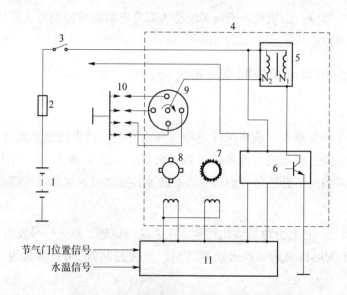

图 4.40　有分电器微机控制点火系统的原理

1—电源；2—熔断丝；3—点火开关；4—分电器；5—点火线圈；6—点火控制器；7—转速传感器；
8—点火信号发生器；9—配电器；10—火花塞；11—微机控制单元（ECU）

电极→发射极→搭铁→电源负极。

　　当点火控制器大功率晶体管截止时，初级电路被切断，点火线圈初级绕组电流迅速下降，点火线圈次级绕组中感应出高压电，并通过中央高压线、配电器、分缸高压线加到火花塞上，次级电路为：次级绕组 N_2 正极→点火开关→蓄电池→搭铁→火花塞侧电极→火花塞中心电极→分缸高压线→配电器→中央高压线→次级绕组 N_2 负极。

点火线圈次级绕组感应电压高于火花塞击穿电压时，火花塞电极间隙被击穿，产生电火花。

随着发动机旋转，初级电路交替接通、断开，点火线圈次级绕组产生的高压通过分电器的配电器依次分配给各缸火花塞，发动机一个工作循环内各缸火花塞按点火顺序轮流跳火一次。

断开点火开关，切断初级电路，发动机停止工作。

4.3.2 无分电器微机控制点火系统

1. 组成

无分电器微机控制点火系统也叫直接点火系统，由低压电源、点火开关、微机控制单元 ECU、点火控制器、点火线圈、火花塞、高压线和各种传感器等组成，如图 4.41 所示。有的无分电器微机控制点火系统还将点火线圈直接安装在火花塞上方，取消了高压线，如图 4.42 所示。无分电器微机控制点火系统与有分电器微机控制点火系统相比，火花塞、高压线和主要传感器的结构和原理基本相同，主要差别在于取消了分电器总成、点火线圈数量或结构发生变化，高压配电方式由原来的机械式配电改为电子式配电。根据高压配电方式不同，无分电器微机控制点火系统分为三类，即单缸独立点火系统、点火线圈配电点火系统和二极管配电点火系统。

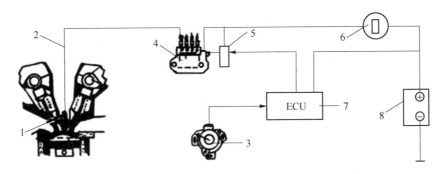

图 4.41 无分电器微机控制点火系统组成（一）

1—火花塞；2—高压线；3—传感器；4—点火线圈；5—点火控制器；6—点火开关；7—微机控制单元；8—蓄电池

2. 工作原理

图 4.43 所示为无分电器微机控制点火系统的组成框图。其工作原理如下：接通点火开关，各种传感器开始将点火控制必需的信息传递给微机控制单元，微机控制单元将接收到的信息进行运算处理并与只读存储器中储存的数据进行比较后，确定需要点火气缸、点火提前角和初级电路导通角，输出点火控制信号至点火控制器，由点火控制器接通和切断相

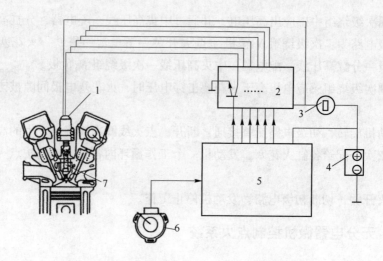

图 4.42　无分电器微机控制点火系统组成（二）
1—点火线圈；2—点火控制器；3—点火开关；4—蓄电池；5—微机控制单元；6—传感器；7—火花塞

应气缸点火线圈初级电路，实现各缸点火控制。

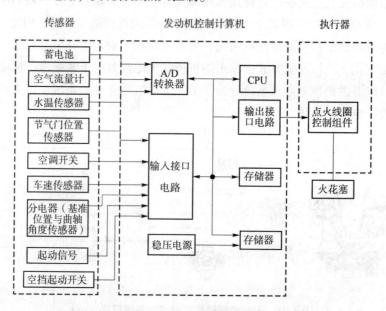

图 4.43　无分电器微机控制点火系统的组成框图

4.3.3　电感放电点火系统的工作特性

点火系统工作特性是指初级电流、次级电压、次级电流随时间变化的规律。下面简要分析电感放电点火系统的工作特性。

电感放电点火系统的等效电路如图 4.44 所示。

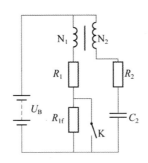

图4.44 电感放电点火系统的等效电路

1. 初级电路接通，初级电流增长

初级电路控制元件 K 接通后，点火线圈初级绕组通电，产生磁场。初级电流 i_1 的表达式为

$$i_1 = \frac{U_B}{R_1} 1 - e^{-\frac{R_1}{L_1}t} \tag{4.3}$$

式中，U_B——电源电压；

R_1——初级绕组电阻；

L_1——初级绕组电感。

由式（4.3）可知，初级电流按指数规律增长，极限值为 U_B/R_1。在初级电流增长过程中，初级绕组产生自感电动势，最大值为 U_B；在次级绕组中产生约 1 kV 的互感电动势，由于该电动势低于火花塞击穿电压，故火花塞不会击穿跳火。

2. 初级电路断开，次级绕组中感应出高电压

初级电路控制元件 K 断开后，点火线圈初级绕组断电，点火线圈中的磁场消失，次级绕组中感应出高电压。下面简要分析次级绕组感应电压最大值的影响因素。

设初级电路控制元件 K 断开前初级电流为 I_P，则初级绕组储存的磁场能为

$$W_P = \frac{1}{2} L_1 I_P^2 \tag{4-4}$$

初级电路控制元件 K 断开后，初级绕组电感 L_1、初级绕组电阻 R_1 和初级电路泄放电阻 R_{1f} 形成放电电路，初级绕组两端产生的自感电压为

$$v_1 = -i_1 R_{1f} = -I_P R_{1f} e^{-\frac{R_1+R_{1f}}{L_1}t} \tag{4.5}$$

当 $t=0$ 时，其绝对值最大为

$$U_{1max} = I_P R_{1f} \tag{4.6}$$

由于 R_{1f} 很大，故 U_{1max} 可以高达上千伏。在初级绕组产生自感电压的同时，次级绕组中产生互感电压（即次级电压），该电压通过次级电路电阻 R_2 为次级电路分布电容 C_2（次级电路中各部分间隙形成，主要是火花塞电极间隙）充电。如果不能击穿火花塞电极间隙，次级电压将达到最大值 U_{2max}，C_2 中储存的电场能为

$$W_{C_2} = \frac{1}{2} C_2 U_{2\max}^2 \tag{4.7}$$

假设初级绕组和次级绕组具有完全磁路联系，即耦合系数为1，忽略电阻热损失，初级绕组储存的磁场能完全变为次级电路分布电容 C_2 的电能，即 $W_P = W_{C_2}$，忽略火花塞电极间隙以外的其他次级电路分布电容，则 $C_2 \approx \frac{\varepsilon S}{d}$，由式（4.2）和式（4.5）得

$$U_{2\max} = I_P \sqrt{\frac{L_1}{C_2}} \approx I_P \sqrt{\frac{dL_1}{\varepsilon S}} \tag{4.8}$$

式中，ε——火花塞电极间气体介电常数；

S——火花塞电极相对面积；

d——火花塞电极间隙。

由式（4.8）可知，火花塞不能击穿时，次级电压最大值与初级电路断开电流、初级绕组电感、次级电路分布电容有关，次级电路分布电容与火花塞电极间隙和相对面积、气体介电常数有关，初级电路断开电流、初级绕组电感和火花塞电极间隙越大，次级电压最大值越高；次级电路分布电容（或火花塞电极相对面积、气体介电常数）越大，次级电压最大值越低。

如果次级电压还未上升到最大值火花塞电极间隙已经击穿，忽略电阻热损失和初级绕组的剩余能量，初级绕组储存的磁场能主要变为次级电路分布电容 C_2 的电能和次级绕组的磁场能，有

$$\frac{1}{2} L_1 I_P^2 = \frac{1}{2} C_2 U_{j0}^2 + \frac{1}{2} L_2 I_{j0}^2 \tag{4.9}$$

$$I_{j0} = \sqrt{\frac{L_1 I_P^2 - C_2 U_{j0}^2}{L_2}} = \sqrt{\left(\frac{N_1 I_P}{N_2}\right)^2 - \frac{C_2 U_{j0}^2}{L_2}} \approx \sqrt{\left(\frac{N_1 I_P}{N_2}\right)^2 - \frac{\varepsilon S U_{j0}^2}{d L_2}} \tag{4.10}$$

式中，U_{j0}——火花塞击穿电压；

I_{j0}——火花塞击穿前次级绕组电流；

N_1——初级绕组匝数；

N_2——次级绕组匝数。

火花塞击穿后，作为分布电容 C_2 一部分的火花塞电极所储存的电能瞬间释放，形成电弧，叫作电容放电部分，火花塞两端电压迅速降低；然后依靠次级绕组的磁场能继续维持电弧，叫作电感放电部分，火花塞相当于一个电阻，次级电路相当于 RL 串联电路，火花塞电弧电流呈负指数规律下降；当火花塞两端电压无法维持电弧时，火花塞断火，次级电路相当于 RLC 串联衰减振荡电路，将次级绕组剩余的磁场能转化为电阻的热能。

火花塞击穿前次级绕组电流越大，次级绕组储存的磁场能越多，电感放电阶段火花时间越长、能量越大。忽略火花塞漏电流，火花塞击穿时，火花塞电弧电流等于次级绕组电流，由式（4.10）可知，火花塞击穿前次级绕组电流与初级电路断开电流、初级绕组与次级绕组匝数比、次级绕组电感、次级电路分布电容、火花塞击穿电压有关，初级电路断开电流、初级绕组与次级绕组匝数比、次级绕组电感越大，火花塞击穿前次级绕组电流越

大；次级电路分布电容（或火花塞电极相对面积、气体介电常数）、火花塞击穿电压越大，火花塞击穿前次级绕组电流越小。

考虑电阻热损失、磁损失，式（4.8）和式（4.10）右边还应乘以小于1的系数。

4.4　微机控制点火系统高压电的分配方式

微机控制点火系统高压电的分配方式有机械配电方式和电子配电方式。

1. 机械配电方式

机械配电方式是指由分火头将高压电分配到分电器盖旁的电极，再通过高压线输送至各缸火花塞上的传统配电方式。桑塔纳2000GSi、红旗CA7220E型轿车和切诺基、北京2020VJ型吉普车点火系统都采用了机械配电方式。机械配电方式存在以下缺陷：

（1）分火头和分电器盖旁的电极之间必须保留一定的间隙才能进行高压电分配，因此，必然损失一部分火花能量，同时它是一个主要的无线电干扰源。

（2）为了抑制无线电的干扰信号，高压线采用了高抗组电缆，这也要消耗一部分能量。

（3）分火头、分电器盖或高压导线漏电时，会导致高压电火花减弱、缺火或断火。

（4）曲轴位置传感器转子由分电器轴驱动，旋转机构的机械磨损会影响点火时刻的控制精度。

（5）分电器安装的位置和占据的空间，会给发动机的结构布置和汽车的外形设计造成一定的困难。

2. 电子配电方式

电子配电方式是指在点火控制器控制下，点火线圈的高压电按照一定的点火顺序，直接加到火花塞上的直接点火方式。采用电子配电方式分配高压电的点火系统称为无分电器点火系统。由于机械配电方式存在上述缺点，因此越来越多的汽车采用了电子配电方式控制点火。常用电子配电方式分为双缸同时点火和各缸独立点火两种，双缸同时点火又分为点火线圈配电和二极管配电两种形式。

1）点火线圈配电点火系统

点火线圈配电点火系统是指直接用点火线圈分配高压电、一个点火线圈来控制两个气缸火花塞的点火方式，如图4.45所示。

点火线圈配电点火系统利用一个点火线圈使活塞接近压缩上止点和排气上止点的两个气缸火花塞同时跳火，活塞接近压缩上止点的气缸火花塞跳火后，混合气燃烧做功，该气缸火花塞的电火花是有效火花；活塞接近排气上止点的气缸，火花塞产生的电火花则是无效火花。由于排气气缸内的压力远低于压缩缸内的压力，排气气缸中火花塞的击穿电压

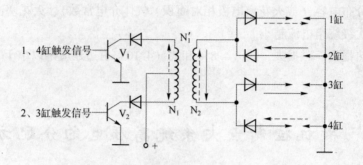

图 4.45　点火线圈配电点火系统原理图

也远低于压缩气缸中火花塞的击穿电压，因而绝大部分点火能量主要释放在压缩气缸的火花塞上，形成有效火花。

点火控制器中有与点火线圈数量相等的功率三极管，各个功率三极管根据 ECU 提供的点火控制信号按点火顺序轮流导通或截止，控制相应点火线圈初级绕组通断，产生次级电压使两个气缸的火花塞同时跳火。在点火线圈的次级绕组电路中串联一个高压二极管，以防止初级绕组导通产生的次级电压形成误点火，也可以在次级绕组与火花塞之间的高压电路中留有 3~4 mm 间隙来实现同样目的。

几个相互屏蔽、结构独立的点火线圈组合成一体，称为点火线圈组件，4 缸发动机的点火线圈组件有两个独立的点火线圈，6 缸发动机的点火线圈组件有三个独立的点火线圈。每个点火线圈供给配对的两个缸的火花塞以高压电。

2）二极管配电点火系统

二极管配电方式是利用二极管的单向导通特性，对点火线圈产生的高压电进行分配的双缸同时跳火方式，如图 4.46 所示。与二极管配电方式相配的点火线圈有两个初级绕组，一个次级绕组，相当于是共用一个次级绕组的两个点火线圈的组件。次级绕组的两端通过 4 个高压二极管与火花塞构成回路，其中配对点火的两个气缸的活塞必须同时到达上止点，即一个处于压缩冲程上止点时，另一个处于排气行程上止点。微机控制单元根据曲轴位置等传感器输入的信息，经计算、处理，输出点火控制信号，通过点火器中的两个大功率三极管（V_1 和 V_2），按点火顺序控制两个初级绕组的电路交替接通和断开。当 1、4 缸点火触发信号输入点火控制器时，大功率三极管 V_1 截止，初级绕组 N_1' 断电，次级绕组产生虚线箭头所示方向的高压电动势，此时 1、4 缸高压二极管正向导通而使火花塞跳火。当 2、3 缸点火触发信号输入点火器时，大功率三极管 V_2 截止，初级绕组 N_1 断电，次级绕组产生实线箭头所示方向的高压电动势，此时 2、3 缸高压二极管导通，故 2、3 缸火花塞跳火。二极管配电方式的主要特点是一个点火线圈组件为 4 个火花塞提供高压，因此特别适宜于 4 缸或 8 缸发动机。

3）单缸独立点火系统

单独点火方式是一个缸的火花塞配用一个点火线圈，单独向各缸直接点火，如图 4.47 所示。各个单独的点火线圈直接安装在火花塞上，其外形就像火花塞高压线帽。这种结构

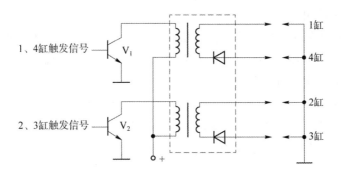

图4.46 二极管配电方式

特点是去掉了高压线，也就消除了高压线带来的不利因素。各点火线圈的初级绕组分别由点火控制器中的一个大功率三极管控制，整个点火系统的工作也是由微机控制单元控制。发动机工作时，微机控制单元不断检测传感器输入信号，根据储存器（ROM）存储的数据，确定点火气缸、点火提前角和初级电路导通角，输出控制信号给点火控制器，点火控制器通过大功率三极管控制初级电路的通断。

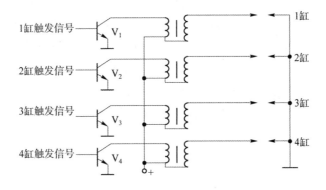

图4.47 单独点火方式

4.5 点火系统的控制

点火系统的控制主要包括三方面，即点火提前角控制、初级电路导通角控制和恒流控制。

4.5.1 点火提前角控制

点火提前角由三部分组成：初始点火提前角（又称为原始点火提前角）；基本点火提

前角；修正点火提前角。

初始点火提前角是指曲轴位置传感器在发动机上固定后，由曲轴位置传感器的检测部分和信号转子的相对位置决定的点火提前角。一旦曲轴位置传感器在发动机上固定，初始点火提前角就相应确定。有些车型初始点火提前角可以通过人工"点火正时"进行少许调整，有的则不可调。

基本点火提前角是指在初始点火提前角的基础上，微机控制单元根据发动机转速和负荷（进气管压力或空气流量）大小自动使点火提前角进一步增大，点火提前角增大的部分就是基本点火提前角。

修正点火提前角是指微机控制单元根据发动机冷却液温度、节气门开度、爆震传感器信号、氧传感器信号等参数确定的点火提前角修正量。

由于初始点火提前角是固定的，因此微机控制点火正时的实质是根据发动机运行工况和使用条件计算基本点火提前角、确定修正点火提前角，以使实际点火提前角尽可能与最佳点火提前角接近。

1. 点火提前角的控制方式

自动控制方式不外乎三种：开环控制；闭环控制；开环与闭环控制结合的方式。开环控制是指系统完全根据系统运行的状况和条件，按预先设定的数据或方法对控制对象进行控制，控制结果不直接改变系统的控制方法和控制量的大小。闭环控制是指系统不但根据系统运行的状况和条件，按预先设定的数据或方法对控制对象进行控制，而且及时对控制结果进行分析，根据控制结果决定是否改变系统的控制方法和控制量大小。开环与闭环控制结合的方式是指根据系统运行的状况和条件，有时采用开环控制，有时采用闭环控制的控制方法。

微机控制单元对点火提前角的控制采用开环与闭环控制结合的方式。

1）开环控制

基本点火提前角是靠预先在台架上用试验方法测得的。通过大量、反复的试验，测得发动机在各种转速和负荷下的最佳点火提前角，然后将最佳点火提前角随着转速和负荷变化规律编制成三维控制图，称为点火提前角的脉谱图，如图 4.48 所示。有关点火提前角脉谱图的数据（转速、负荷和对应的最佳点火提前角）存入微机控制单元的只读存储器 ROM 中，工作时，微机根据发动机的工况（转速、负荷）来选择对应的最佳点火提前角。

由于发动机的转速和负荷变化范围很大，因此要实现对各种转速和负荷下的点火提前角进行精确控制，需要存储的数据量将非常巨大，存储器必须具有足够大的空间。为了节省存储器空间，将这些数据以经验公式的形式存储起来。发动机工作时，ECU 根据发动机转速传感器、负荷传感器信息和只读存储器 ROM 中数据，直接查出或由相应经验公式计算出对应的基本点火提前角。

修正提前角一般是采用理论计算和试验结合的方法获得的。通过理论计算和大量试验，确定发动机冷却液温度、节气门开度等参数对最佳点火提前角的影响，得到这些参数不同时，对应的点火提前角修正值及对应的修正公式。

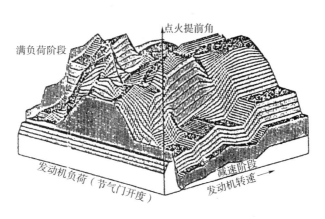

满负荷阶段

点火提前角

发动机负荷（节气门开度）

减速阶段

发动机转速

图 4.48 点火提前角的脉谱图

得到基本点火提前角和修正点火提前角后，微机控制单元将初始点火提前角、基本点火提前角和修正点火提前角求和，得到适应当前工况的最佳点火提前角。将最佳点火提前角存入随机存储器 RAM 中，然后根据发动机转速、曲轴位置信号，确定最佳点火提前角对应的点火时刻，即初级电流的切断时刻。

2）闭环控制

由于开环控制的精度因传感器工作状态改变而改变，并且微机控制单元的 ROM 中所存数据无法适应最佳点火提前角随着发动机制造精度、磨损状况、使用条件不同变化的要求，使 ROM 中所存数据不能很好地适应发动机对最佳点火提前角的要求，以至微机控制点火正时的优势得不到很好体现，进而使发动机性能不能充分发挥。为此，发动机稳定工况工作下，对点火提前角进行闭环控制，可在一定程度上解决上述问题。

点火提前角的闭环控制方式是根据发动机实际运行结果的反馈信息来控制点火提前角的，所以闭环控制又称为反馈控制。闭环控制所用的反馈信息可以是发动机的爆震信号、氧传感器输出信号、转速信号或气缸的压力信号等。其中，利用发动机爆震信号作为反馈信息应用最多。

在利用发动机爆震信号作为反馈信息的闭环控制方式中，爆震传感器将发动机的爆震状况反馈给微机控制单元。一旦爆震程度超过规定的限值，微机控制单元推迟点火；当爆震现象消失时，微机控制单元在一定时间内维持当前的提前角，在此期间若有爆震产生，将继续减小点火提前角，若无爆震产生，又会将点火时刻逐渐提前。循环调节点火时刻的结果，使发动机始终处于临界爆震的工作状态，此工作状态与发动机的技术状况无关。在此工作状态下，可使发动机获得最大的动力性能，经济性能也可以得到一定程度的改善。利用发动机爆震信号作为反馈信息的闭环控制方式的控制过程如图 4.49 所示。

有些汽车采用转速传感器信号来作为点火提前角闭环控制的反馈信号（如奥迪 5 缸发动机），通过调节点火时刻，维持怠速转速稳定。一旦怠速转速高于设定值，微机控制单元立即推迟点火；当怠速转速低于设定值时，微机控制单元又会将点火时刻提前。循环调节点火时刻的结果，使发动机怠速转速处于设定值附近。

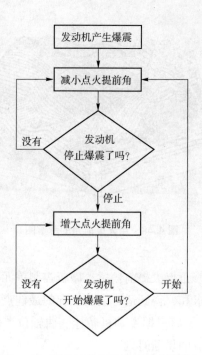

图 4.49　爆震反馈闭环控制点火提前角

点火提前角采用以爆震信号作为反馈信息的闭环控制方式，在使用不同牌号的汽油时省去了对点火提前角的重新调整，同时可以适当提高发动机的压缩比，进一步改善其动力性和经济性。此外，对点火提前角的精确控制，闭环比开环更容易实现，所用传感器少，对传感器精度要求不高，且基本上不受环境因素和使用条件的影响。

但是，采用以爆震信号作为反馈信息的闭环控制方式在改善发动机动力性和经济性的同时，使发动机的排污性能有一定程度的下降，特别是氮氧化合物排放明显增多。试验表明，当发动机负荷低于一定值时，一般不出现爆震。此时，无法用爆震传感器信号对点火提前角进行闭环反馈控制。

因此，最常见的是利用发动机的爆震信号作为反馈信息，用来控制大负荷等工况下的点火正时，既有好的动力性，又避免爆震。在怠速工况，则可以用发动机的转速信号来作为反馈信息，维护怠速时稳定运转。但是一般情况下，应首先使有害气体的排放量最低，然后才考虑怠速稳定性和油耗。中等负荷等工况则一般采用开环控制方式，保证发动机有较好的综合性能，特别是保证经济性和排放水平最佳，但在此工况下一旦发生爆震，又会自动转入利用爆震信号作为反馈信息的闭环控制方式。

2. 点火提前角的控制过程

微机控制点火系统对点火提前角的控制过程，随着制造厂家和车型的不同存在差异。下面介绍点火提前角控制的一般方式和考虑的主要因素。

1) 起动期间点火提前角控制

在起动期间，发动机转速较低（通常在 300 r/min 以下），进气流量信号或进气歧管绝对压力信号不稳定，故点火时刻一般都固定在某一个初始点火提前角，其值因发动机而异。

另外，有的发动机起动期间的点火提前角还考虑冷却液温度的影响。例如，冷却液温度在 0 ℃以上起动时，其点火提前角固定在上止点前16°；冷却液温度低于 0 ℃时，根据冷却液温度适当增大起动时的点火提前角，冷却液温度越低，点火提前角越大，最大可达24°，如图 4.50 所示。

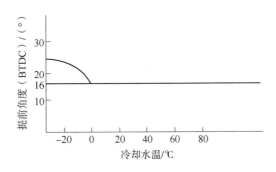

图 4.50　起动时点火提前角的控制

起动期间，发动机主要根据起动开关（或转速）、冷却液温度等确定点火提前角，然后根据曲轴位置和转速信号确定出与点火提前角对应的点火时刻。

2）起动后点火提前角控制

起动后，当发动机转速超过一定值时，ECU 开始根据发动机转速和负荷（进气流量或进气歧管绝对压力和怠速时的空调开关通断）信号，从存储器的标定数据中找到或计算出相应的基本点火提前角，再根据冷却液温度传感器、氧传感器、爆震传感器等输出的信号从存储器的标定数据中找到或计算出相应的修正点火提前角，最后得出实际点火提前角：

实际点火提前角=初始点火提前角+基本点火提前角+修正点火提前角

微机控制单元确定基本点火提前角的方法因节气门位置传感器中怠速触点（简称 IDL）的状态不同而不同。

当微机控制单元检测到节气门位置传感器中的怠速触点处于闭合状态时，即发动机处于怠速或减速工况运行时，ECU 根据发动机转速和空调开关是否接通来确定基本点火提前角。转速越低，基本点火提前角越小；转速越高，基本点火提前角越大，并且规定了怠速或减速工况下基本点火提前角最大值和最小值。如果空调开关接通，则怠速或减速工况下基本点火提前角的最小值增大，如图 4.51 所示。

当微机控制单元检测到节气门位置传感器中的怠速触点处于断开状态时，即发动机处于正常工况运行时，ECU 根据发动机转速和负荷（进气流量或进气歧管绝对压力或节气门开度）信号，确定出这一工况对应的基本点火提前角。

微机控制单元确定修正点火提前角时主要包括五个方面，即暖机修正、怠速稳定性修正、发动机过热修正、空燃比（氧传感器信号）反馈修正和爆震反馈修正。

暖机修正：发动机冷车起动后，当冷却液温度较低时，应增大点火提前角，冷却液温度高于一定值（如20℃）时，不再进行修正，即点火提前角修正值为零。在暖机过程中，点火提前角修正值随冷却液温度变化的趋势如图4.52所示。修正曲线的形状与提前角的大小随车型不同而异。

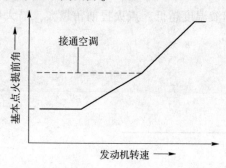

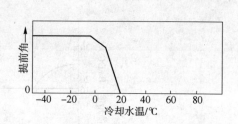

图4.51 急速或减速时基本点火提前角控制　　　**图4.52 暖机时的点火提前角修正**

急速稳定性修正：发动机在急速运行期间，由于发动机负荷变化（如空调、动力转向等）而使转速改变，ECU随时调整点火提前角，使发动机在规定的急速转速下稳定运转。ECU不断地计算发动机的平均转速，当平均转速低于规定的急速目标转速时，ECU根据两者的差值大小相应地增大点火提前角；当平均转速高于规定的急速目标转速时，相应地推迟点火提前角。提前角修正值的绝对值随着平均转速与目标转速差值的增大而增大，但是有一个限定值，即提前角修正值的绝对值不大于该限定值，当空调打开时，该限定值减小，如图4.53所示。点火提前角的急速稳定性修正一般是与急速旁通空气量（相当于喷油量）的调节同时进行的，这样有助于提高急速转速的控制精度，提高急速稳定性。

发动机过热修正：急速触点（IDL）断开（即发动机处于正常运行工况）时，如果冷却液温度过高，为了避免爆震发生，应将点火提前角减小；急速触点（IDL）闭和（即发动机处于急速或减速工况）时，如果冷却液温度过高，为了避免发动机长时间过热，应将点火提前角增大。发动机过热修正也有一个限定值，即提前角修正值的绝对值不大于该限定值，过热修正曲线的变化趋势如图4.54所示。

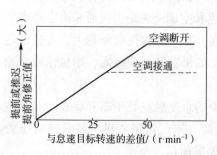

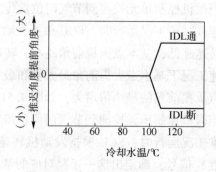

图4.53 点火提前角的急速稳定性修正　　　**图4.54 点火提前角的过热修正**

空燃比反馈修正：装有氧传感器（也称为 λ 传感器）的电控燃油喷射系统开始闭环控制时，ECU 根据氧传感器的反馈信号对空燃比进行修正。随着修正喷油量的增加和减少，发动机的转速在一定范围内波动。为了提高发动机转速的稳定性，在反馈修正供油量减少使混合气较稀时，适当地增大点火提前角；而在反馈修正供油量增加、混合气变浓时，再逐渐减小点火提前角修正值，当混合气浓度超过一定值时，点火提前角修正值变为零，如图 4.55 所示。

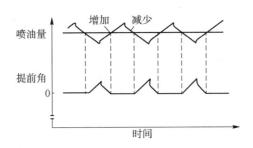

图 4.55　点火提前角的空燃比反馈修正

爆震反馈修正：当节气门开度增大到一定值使节气门位置传感器的大负荷触点闭合，或发动机出现爆震时，ECU 开始根据爆震传感器的信号进行闭环控制，其实际点火提前角的控制如图 4.56 所示。当任何一缸产生爆震时，ECU 立即以某一固定值（1.5°~2°曲轴转角）逐渐减少点火提前角，直到发动机不产生爆震为止，在一定的时间内，先维持当前的点火提前角不变。在此期间内，若无爆震发生，则此段缓冲时间过后，又开始逐渐以同样的固定值增大点火提前角，直至爆震重新发生，又开始进行上述的反馈控制过程。

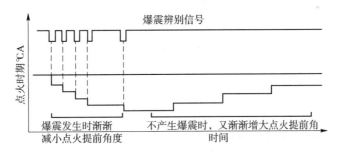

图 4.56　点火提前角的爆震反馈修正

为了防止电缆断裂、传感器失灵、检测电路发生故障等意外情况时，发动机发生爆震无法控制，系统中装有安全电路。一旦出现这种情况，安全电路将点火提前角推迟到某一定值，足以抑制爆震发生，以保护发动机，同时接通警告灯，警告驾驶员爆震控制系统发生故障。

发动机正常运行期间，发动机曲轴每运转一周，ECU 就计算并输出一次基本点火提前角和修正点火提前角，使实际点火提前角随着发动机工况的变化做出相应的改变。但是，当 ECU 计算出的实际点火提前角超过允许的最大或最小点火提前角时，发动机将难以正常稳定运转。为此，有些微机控制点火系统具有点火提前角限制功能，给定了基本点火提前角与修正点火提前角之和的最大值和最小值，当超出该范围时，ECU 就以最大或最小点火提前角进行调整。例如丰田 TCCS 系统就具有点火提前角限制功能，其基本点火提前角与修正点火提前角之和的最大值和最小值分别为 37° 和 −10°。

4.5.2　初级电路导通角控制

对于电感储能式点火系统，当点火线圈初级电路接通后，初级电流是按指数规律增长的；初级电路被断开瞬间，初级电流所能达到的值（即断开电流）与初级电路接通的时间长短有关，只有通电时间达到一定值时，初级电流才可能达到饱和；而次级电压最大值是与断开电流成正比的，所以必须保证足够的通电时间才能使初级电流达到规定值；但是，如果通电时间过长，点火线圈又会发热，并使电能消耗增大。因此，要控制一个最佳的通电时间，需兼顾上述两方面的要求。

另外，当蓄电池（电源）电压变化时，也将影响初级电流。如蓄电池电压下降时，在相同的通电时间内，初级电流所能达到的值将会减小，因此必须对初级电路通电时间根据蓄电池电压进行修正。图 4.57 所示为通电时间随蓄电池电压变化的修正曲线。

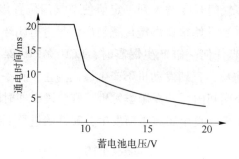

图 4.57　通电时间随蓄电池电压变化的修正曲线

点火线圈初级电路接通时间对应的凸轮轴转角（或曲轴转角）称为初级电路导通角。

为了保证在发动机转速和蓄电池电压变化时，初级电路的断开电流基本恒定，通过计算和试验将初级电路导通角与发动机转速和电源电压的关系制成初级电路导通角脉谱图，如图 4.58 所示。初级电路导通角脉谱图与发动机基本点火提前角脉谱图及其修正曲线一起储存在 ECU 的只读存储器中，在发动机工作期间，ECU 根据蓄电池电压信号从存储器中查得所需的通电时间（以 ms 计），再根据发动机转速换算成曲轴转角，来决定初级电路导通角的大小，由点火正时信号来控制初级电路的导通时刻，以保证在初级电路断开时达到必需的断开电流。初级电路导通角随着发动机转速升高和蓄电池电压降低而增大。

4.5.3　恒流控制

恒流控制即初级电流最大值控制。

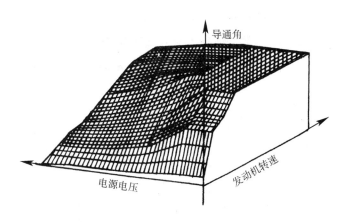

图 4.58　初级电路导通角三维脉谱图

为了节约材料，提高初级电流增长速度，点火线圈初级绕组电阻越来越小，有的甚至小于 0.6 Ω。如果点火控制器不进行恒流控制，初级电流最大值将超过 20 A，使点火线圈发热、电能消耗增大。为此，点火控制器进行恒流控制，在初级电路接通初期，点火控制器中的功率三极管处于饱和导通状态，初级电流增长快；当初级电流达到设定最大值（通常为 8~10 A）时，功率三极管转为放大状态，相当于限流电阻，使初级电流维持在设定最大值，直至初级电路断开。

4.6　点火系统的使用与检测

点火系统技术状况的好坏对发动机各个工况的运转都有影响，直接影响发动机的性能。因此，明确点火系统正常工作的特征、了解点火系统常见故障的现象及诊断排除方法，对保证发动机正常工作非常重要。

4.6.1　点火系统正常工作的特征

点火系统工作正常时，具有以下特征：在发动机各种工况和使用条件下，各缸火花塞都能形成能量足够的电火花；点火次序与发动机各缸配气顺序一致；在发动机各种工况和使用条件下，点火提前角都比较适当。

4.6.2　点火系统常见故障诊断

如果点火系统工作情况与上述特征不完全相符，则表明点火系统有故障。点火系统常见故障包括个别或所有火花塞不跳火或火花能量不足、点火次序与发动机各缸配气顺序不一致、点火不正时和火花塞炽热点火等，导致发动机在起动系统、燃料供给系统等其他系统正常情况下不能起动或工作异常等。

当发动机不能起动或工作异常,怀疑点火系统故障时,应首先利用发动机 ECU 的自诊断功能进行诊断和检查,必要时再进行人工诊断,最后通过人工检查查明故障部位和原因。

1. 利用发动机 ECU 的自诊断功能进行诊断

所谓发动机 ECU 的自诊断功能,是指发动机 ECU 利用内部的专门电路和程序——自诊断系统,在发动机工作过程中时刻监视各个电子控制系统的传感器、执行器等的工作状态,一旦发现某些信号失常,自诊断系统就会点亮仪表板上的"发动机故障指示灯(又称为检查发动机报警灯;CHECK 或 CHECK ENGINE)",通知驾驶员出现故障;同时发动机 ECU 将故障信息,以代码的形式存储起来,维修时技术人员可以通过发动机故障指示灯或专用仪器调取。

当点火开关旋至接通位置且不起动发动机时,检查发动机报警灯便会亮起。若报警灯未亮,则说明报警灯或其电路有故障,应马上检查并排除。起动发动机后,检查发动机报警灯应熄灭。若检查发动机报警灯不熄灭,则说明诊断系统已检测出发动机系统有故障或不正常。可以利用发动机 ECU 的自诊断功能来诊断和检查故障,主要步骤如图 4.59 所示。

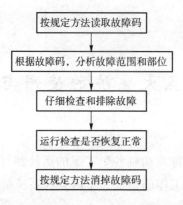

图 4.59 利用自诊断功能诊断和检查故障的步骤

2. 人工诊断

当怀疑或自诊断系统显示点火系统故障需要人工诊断时,不同点火系统有不同的诊断方法。

有分电器点火系统的诊断一般从中央高压线的跳火试验开始。从分电器上取下中央高压线,使其端部距离气缸体 10 mm,转动曲轴,根据中央高压线和气缸体之间的跳火是否正常按图 4.60 所示的步骤进行检查和维修。为了防止喷油器喷油过多,污染火花塞和三元催化转化器,转动曲轴时应将喷油器接线拔下或每次转动曲轴的时间最好不超过 2 s。

对于无分电器点火系统,如果是火花塞缺火导致的个别气缸工作不良,主要原因除了

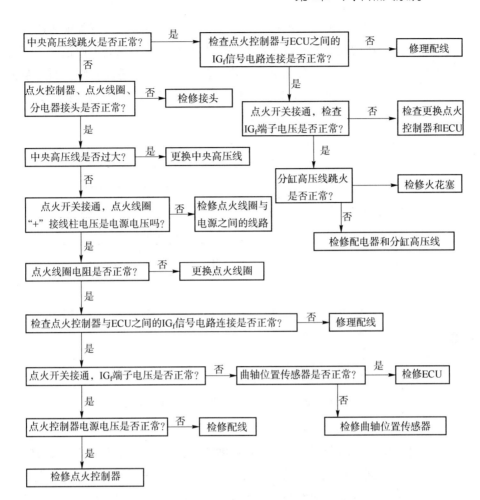

图4.60 有分电器控制点火系统故障诊断

火花塞、高压线的故障外，还可能是相应的点火信号控制电路连接不良或点火线圈、点火控制器、微机控制单元的相应部分等发生故障。下面简要介绍用高压线对缸体试火的方法来检查各种无分电器点火系统发动机个别气缸工作情况的方法。

1）点火线圈配电方式

由于采用点火线圈配电方式时，共用一个点火线圈的两个气缸的火花塞同时跳火，因此，一次试火就可以检查出两个气缸的工作情况。

发动机中低速稳定运转，然后将某缸火花塞上的高压线拔下，再使高压线距离气缸体1~2 mm进行跳火试验，检查在高压线试火前后发动机转速是否有变化及变化幅度大小，根据转速变化情况（最好用转速表测量）和跳火情况进行分析。

如果有火，则说明对应的点火线圈及其控制部分工作正常。如果在高压线拔下后发动机转速没有变化，则说明包括断火缸在内的火花塞同时点火的两个气缸不工作，需要检查两个气缸的火花塞。如果试火过程中转速升高，但是没有升高到拔高压线前的转速，则说明包括断火缸在内的火花塞同时点火的两个气缸工作正常；如果试火过程中转速升高到接近拔高压线前的转速，则说明与断火缸火花塞同时点火的另一个气缸工作正常，断火缸工作不良或不工作，应检查火花塞；如果试火过程中转速几乎没有升高，则说明与断火缸火花塞同时点火的另一个气缸工作不良或不工作，应检查该缸火花塞。检查步骤如图 4.61 所示（以检查直列 6 缸发动机的 1、6 缸为例）。

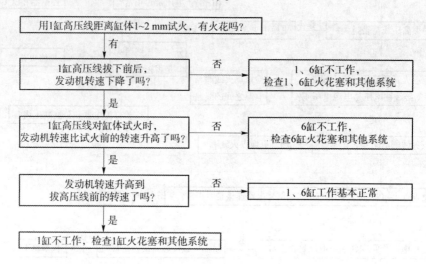

图 4.61　点火线圈配电方式发动机个别气缸工作情况检查程序

　　如果没有火花，则说明两个气缸的高压线有断路故障或对应的点火线圈及其控制部分有故障，需要进一步诊断。首先检查高压线是否正常，再检查点火信号控制线路是否正常，如果线路正常而点火线圈仍无次级高压产生，再用示波器进一步检查微机控制单元、点火控制器和点火线圈之间的点火控制信号，如图 4.62 所示（以检查直列 6 缸发动机的 1、6 缸为例）。

　　2）二极管配电方式

　　采用二极管配电方式的发动机，如果是火花塞缺火导致的个别气缸工作不良，主要原因除了火花塞、高压线、点火线圈、初级绕组、点火控制器、微机控制单元的相应部分发生故障或相应的点火信号控制电路连接不良外，还可能是高压二极管短路或断路。

　　如果一个高压二极管断路，就如同一根高压线断路一样，会导致火花塞同时跳火的两个气缸不工作，可燃混合气在气缸内没有燃烧。

　　如果一个高压二极管击穿短路，不但导致与该二极管相连的另一个高压二极管连接的火花塞不能正常跳火（在活塞接近压缩终了时，被发生短路故障的二极管及其火花塞短路所致），使对应气缸的可燃混合气不能被点燃，而且使发生短路故障的二极管对应的气缸在活塞接近下止点时至少多跳一次火（点火线圈另一个初级绕组感应的高压）。但是多跳的火花发生在不同的下止点时，对发动机工作的影响相差非常大。如果多跳的火花发生在接近做功（膨胀）终了下止点，该火花没有什么影响，发动机只有一个气缸不工作；但

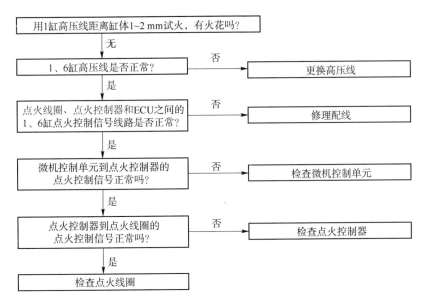

图4.62 点火线圈配电方式发动机个别气缸不工作诊断程序

是，如果多跳的火花发生在接近进气终了下止点，则会点燃气缸内的可燃混合气，使其在压缩行程中燃烧，几乎抵消处于做功行程的活塞所做的功，相当于发动机有三个气缸不工作，所以发动机无法起动。

3）单独点火方式

采用单独点火方式的发动机，如果是火花塞缺火导致的个别气缸工作不良，主要原因有火花塞、点火线圈、点火控制器、微机控制单元的相应部分发生故障或相应的点火信号控制电路连接不良。

采用单缸断油法或单缸断火法确定出工作不良的气缸后，可以卸下故障气缸的点火线圈，将点火线圈输出端（必要时加导线或火花塞引出）距离气缸体约10 mm，用起动机驱动进行跳火试验，按照图4.63所示步骤进行检查。

4.6.3 点火系统使用与维护注意事项

在点火系统使用和检修中，为避免对车辆和人体产生不良影响，应注意以下几点：

（1）不能随意拆卸蓄电池的搭铁线；拆卸前注意读取故障代码。

（2）由于线路复杂，接插件很多，在检查接插件时，不要造成接插件端子变形，在检查过程中，不要造成端子之间的短接。

（3）诊断故障时，应充分利用故障自诊断系统，以求事半功倍。

（4）在诊断故障时，一般应首先检查传感器、导线和执行机构。

（5）尽量不用将高压线断路的方法检查二极管配电方式的点火系统故障，以免造成高压二极管损坏。

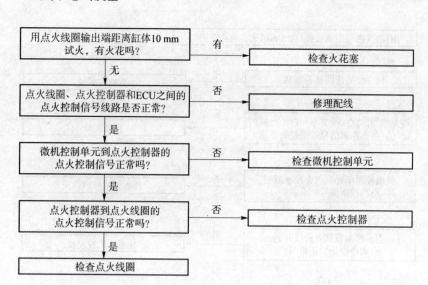

图 4.63　单独点火方式发动机个别气缸工作情况检查程序

（6）如果初始点火提前角可以通过改变曲轴位置和转角传感器或判缸信号传感器的定子部分（传感部分）安装位置进行调整，传感器的定子部分沿着传感器转子旋转方向转过一定角度，则初始点火提前角减小；反之，则初始点火提前角增大。

（7）在一个发动机工作循环中，同时点火方式的每个火花塞要跳两次火，电极损耗严重，应加强对火花塞的定期检查。

本章小结

本章主要介绍了汽油发动机对点火系统的要求，微机控制点火系统主要元件的结构、基本工作原理和高压电的分配方式，在此基础上，分析了点火系统点火提前角、初级电路导通角和恒流控制方法。通过本章的学习，学生可以了解点火系统的作用与基本要求，熟悉微机控制点火系统主要元件的结构，理解微机控制点火系统的基本电路、工作原理、高压配电方式和控制原理，掌握点火系统故障诊断基本方法。

习　题

1. 点火系统的作用是什么？
2. 简述对点火系统的基本要求。
3. 如何实现点火系统的正常工作。
4. 分析配电装置的组成、结构与工作原理。
5. 什么是火花塞的自净温度？
6. 分析影响火花塞工作温度的因素。
7. 不同热值的火花塞其结构特点如何？如何选用？为什么？
8. 简述电感储能式点火系统的工作过程。
9. U_2、U_{2max}、U_j 有什么不同？

10. 分析影响次级电压的因素有哪些？

11. 高压电路和低压电路故障的判断方法有什么不同？

12. 如何判断单缸缺火的故障？你采用的判断方法对点火系统有无危害？使用该判断方法时应注意什么？

13. 微机控制点火系统的组成、结构、电路、工作原理有什么特点？

14. 绘制各类直接点火系统的高压配电电路图，分析配电过程。

参考文献

王慧君，于明进，吴芷红. 汽车电气设备 [M]. 北京：人民交通出版社，2014.

吴芷红，胡福祥. 汽车电气设备 [M]. 北京：中国水利水电出版社，2010.

杨亚萍，张永辉. 汽车电器与电控技术 [M]. 北京：清华大学出版社，2019.

舒华，赵劲松. 汽车电器与电控技术 [M]. 北京：机械工业出版社，2019.

章后思维导图

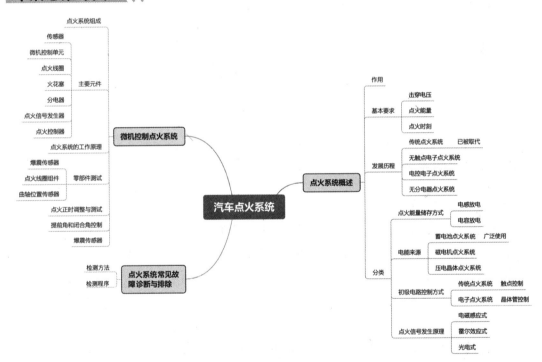

第5章
照明与信号系统

汽车照明与信号系统是汽车安全行驶不可缺少的一部分。它主要包括外部照明灯具、内部照明灯具、外部信号灯具、内部信号灯具、警报器、电喇叭和蜂鸣器等。

5.1 照明系统

5.1.1 照明系统概述

1. 照明灯具的分类

汽车照明灯具按其所安装的位置可分为外部照明灯具和内部照明灯具。外部照明灯具包括前照灯、雾灯、倒车灯、牌照灯、防空灯等，内部照明灯具包括顶灯、仪表盘照明灯、踏步灯、工作灯和行李厢灯等。

2. 照明灯具的功用

1）前照灯

前照灯的主要用途是照明车前的道路和物体，确保行车安全；同时可利用远近光交替变换作为夜间超车信号。前照灯又称大灯、头灯，安装在汽车头部两侧，有两灯制和四灯制之分。装于外侧的一对应为近、远光双光束灯；装于内侧的一对应为远光单光束灯。远光灯丝一般为 50~60 W，近光灯丝一般为 35~55 W。

2）雾灯

前雾灯安装在汽车头部前照灯附近，一般比前照灯的位置稍低。它的作用是在有雾、下雪、大雨或尘埃弥漫等能见度较低的情况下，作为道路照明的灯具和为迎面来车提供信号。灯光多为黄色，这是因为黄色光光波较长，具有良好的透雾性能。前雾灯的功率一般为 35 W 左右。后雾灯功率较小，一般为 21 W，光色为红色，以警示尾随车辆保持安全距离。

3）倒车灯

倒车灯装在汽车的尾部，灯光为白色。它的作用是用于照亮车后的道路和告知其他车辆和行人，车辆正在倒车或准备倒车。它兼有信号装置的作用。

4）牌照灯

牌照灯装于汽车尾部牌照的上方或左右两侧，灯光为白色。它的作用是照明后牌照，确保行人距车尾 20 m 处看清照牌上的文字及数字。它没有单独的开关控制，受示廓灯或前照灯开关控制。

5）防空灯

防空灯是一种传统的夜间作战防护措施，在实行灯火管制时使用，可以减少被上空侦查力量发现的概率。

6）顶灯

安装在驾驶室或车厢内顶部，为驾驶室或车厢内的照明灯具。顶灯灯光颜色一般为白色。

7）仪表盘照明灯

仪表盘照明灯安装于仪表盘内，用来照明汽车仪表。其灯光颜色为白色。

8）踏步灯

踏步灯一般安装在汽车的上下车台阶的左右两侧。它的作用是照明车门的踏步处，方便乘客上下车，灯光为白色。

9）工作灯

工作灯是车辆维修时可以移动使用的一种随车低压照明工具，电源来自汽车发电机或蓄电池。其常常带有挂钩或夹钳，插头有点烟器式和两柱插头式两种。

10）行李厢灯

行李厢灯是为行李厢提供照明的灯具，灯光为白色。

5.1.2 前照灯的结构与分类

1. 前照灯的要求

前照灯是汽车上最主要的照明灯具。前照灯的照明效果直接影响夜间行车驾驶的操作和交通安全，按照《机动车运行安全技术条件》（GB 7258—2012）对前照灯主要有照明距离和位置、防炫目装置和发光强度的要求。

（1）前照灯照明距离的要求。前照灯应保证车前有明亮而均匀的照明，使驾驶员能看清车前 100 m 以内路面上的任何障碍物。随着高速公路的建成，汽车行驶速度的提高，要求汽车前照灯的照明距离也相应增长，现代有些汽车的前照灯照明距离已达到 200~250 m。

（2）前照灯防炫目要求。前照灯应具有防炫目装置，以免夜间两车交会时使对面汽车的驾驶员炫目而导致交通事故。夜间两车交会时使用，光束向下倾斜，照亮车前 50 m 内路面，从而避免迎面来车的驾驶员炫目。

（3）前照灯发光强度的要求。在用车远光发光强度：二灯制不小于 15 000 cd（坎德拉），四灯制不小于 12 000 cd（坎德拉）；新注册车远光发光强度：二灯制不小于

18 000 cd（坎德拉），四灯制不小于 15 000 cd（坎德拉）。

2. 前照灯的结构

前照灯主要由光源（灯泡）、反射镜、配光镜三部分组成。

1）灯泡

目前，汽车前照灯用灯泡一般有充气灯泡、卤钨灯泡和高压灯泡三种，额定电压有12 V、24 V 和 20 kV（高压灯泡）三种。除 20 kV 的高压灯泡以外，其他两种灯泡的灯丝由功率大的远光灯丝和功率较小的近光灯丝组成，由钨丝制作成螺旋状，以缩小灯丝的尺寸，有利于光束的聚合。

（1）充气灯泡。

一般前照灯的灯泡是充气灯泡，如图 5.1 所示，是把玻璃泡内的空气抽出后，再充满惰性混合气体。充入灯泡的惰性气体可以在灯丝受热时膨胀，增大压力，减少钨的蒸发，提高灯丝的温度和发光效率，节省电能，延长灯泡的使用寿命。

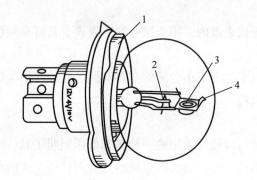

图 5.1　充气灯泡

1—对焦盘；2—远光灯丝；3—近光灯丝；4—配光屏

（2）卤钨灯泡。

虽然充气灯泡的周围抽成真空并充满了惰性气体，但是灯丝中的钨仍然要蒸发，使灯丝损耗。而蒸发出来的钨沉积在灯泡上，使灯泡发黑。近年来，国内外已使用了一种新型的卤钨灯泡，即在灯泡内充以惰性气体中渗入某种卤族元素。

卤族元素是指碘、溴、氯、氟等元素。现在灯泡使用的卤族元素一般为碘或溴，称为碘钨灯泡或溴钨灯泡。我国目前生产的是溴钨灯泡。卤钨灯泡（图 5.2）是利用卤钨再生循环反应的原理制成的。卤钨再生循环的基本原理：从灯丝蒸发出来的气态钨与卤族反应生成了一种挥发性的卤化钨，它扩散到灯丝附近的高温区又受热分解，使钨重新回到灯丝上，被释放出来的卤素继续扩散参与下一次循环反应，如此周而复始地循环下去，从而防止了钨的蒸发和灯泡的发黑现象。

卤钨灯泡尺寸小，泡壳用耐高温、机械强度较高的石英玻璃制成，所以充入惰性气体的压力较高。因为工作温度高，灯内的工作气压将比其他灯泡高得多，故钨的蒸发也受到更为有力的抑制。

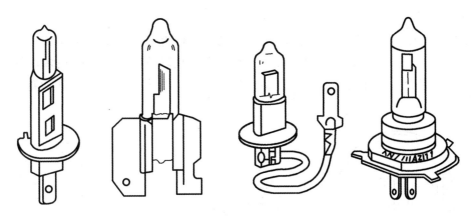

图 5.2　卤钨灯泡

（3）高压灯泡（高亮度弧光灯泡）。

这种灯的灯泡里没有灯丝，取而代之的是装在石英管内的两个电极，管内充有氙及微量金属（或金属卤化物）。在电极上施加 5 000~12 000 V 电压后，气体开始电离而导电。由气体原子激发到电极间少量水银蒸汽弧光放电，最后转入卤化物弧光灯工作，采用多种气体是为了加快起动。

2）反射镜

反射镜的作用是将灯泡的光线聚合并导向远方。反射镜一般用 0.6~0.8 mm 的薄钢板、玻璃、塑料压制而成。如图 5.3 所示，反射镜的表面形状呈旋转抛物面，其内表面镀银、铬或铝，然后抛光。由于镀铝的反射系数可以达到 94% 以上，机械强度也较好，因此现在一般采用真空镀铝。

由于前照灯灯泡灯丝发出的光度有限，如无反射镜，只能照清楚汽车灯前 6 m 左右的路面。而有了反射镜之后，灯丝位于焦点 F 上（图 5.4），灯丝的绝大部分光线向后射在立体角范围内，经反射镜反射后将平行于主光轴的光束射向远方，使光度增强几百倍，甚至上千倍，从而使车前 150 m 甚至 400 m 内的路面照得足够清楚。

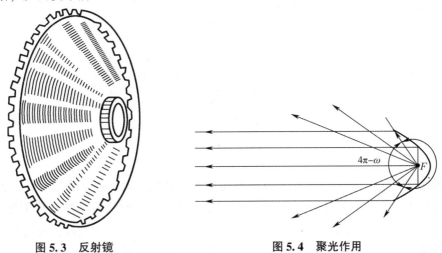

图 5.3　反射镜　　　　　图 5.4　聚光作用

3）配光镜

配光镜的作用是将反射镜反射出的平行光束进行折射，使车前路面和路线都有良好而均匀的照明。配光镜又称散光玻璃，它由透光玻璃压制而成，是很多块特殊的棱镜和透镜的组合。其几何形状比较复杂，外形一般为圆形和矩形，工作原理如图 5.5 所示。

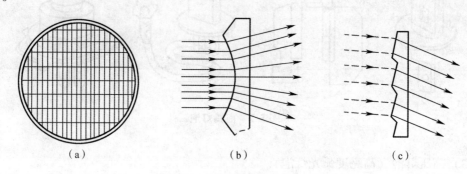

图 5.5　配光镜的结构与作用

（a）构造；（b）水平部分（散射）；（c）垂直部分（折射）

为了弥补具有反射镜的前照灯因为光束太窄、照明不大的缺点，现在的车辆大部分采用配光镜。

3. 前照灯的类型

按照安装的车灯数目不同，前照灯可分两灯制和四灯制。两灯制前照灯均采用双丝灯泡，为远近双光束灯。四灯制前照灯装于外侧的一对使用双丝灯泡，为双光束灯；装于内侧的一对为远光单光束灯。

前照灯的分类方法较多，通常按前照灯光学组件的结构不同，可分为可拆式前照灯、半封闭式前照灯、封闭式前照灯、投射式前照灯和高亮度弧光灯五类。

1）可拆式前照灯

可拆式前照灯由于反射镜和配光镜分别安装而构成组件，因此气密性差，反射镜易受湿气和尘埃污染而降低反射能力，严重降低照明效果，目前已很少采用。

2）半封闭式前照灯

半封闭式前照灯的结构如图 5.6 所示，其配光镜靠卷曲反射镜边缘上的牙齿而紧固在反射镜上，二者之间垫有橡皮密封圈，灯泡只能从反射镜后端装入。当需要更换损坏的配光镜时，应撬开反射镜外缘的牙齿，装上新的配光镜后，再将牙齿复原。由于这种灯具减少了对光学组件的影响因素，维修方便，因此得到广泛使用。

3）封闭式前照灯

封闭式前照灯（又叫真空灯），其反射镜和配光镜用玻璃制成一体，形成灯泡，里面充以惰性气体，如图 5.7 所示。灯丝焊在反射镜底座上，反射镜的反射面经真空镀铝。由于封闭式前照灯可避免反射镜被污染，因此其反射效率高，照明效果好，使用寿命长。但当灯丝烧断后，需要更换整个总成，成本高，因此限制了它的使用范围。

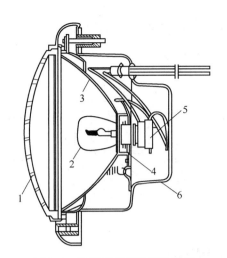

图 5.6　半封闭式前照灯的结构

1—配光镜；2—灯泡；3—反射镜；4—插座；5—接线器；6—灯壳

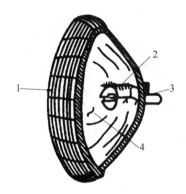

图 5.7　封闭式前照灯

1—配光镜；2—灯丝；3—插片；4—反射镜

4）投射式前照灯

投射式前照灯由灯泡、屏幕、反光镜、挡板、散光镜和遮光镜组成，如图 5.8 所示。它要求精确的装配，可获得准确而清晰的明暗截止线。投射式前照灯的反射镜近似于椭圆形状，它具有两个焦点。第一焦点处放置灯泡，第二焦点是由光线形成的，凸形配光镜聚成第二焦点，再通过配光镜将聚集的光投射到前方，投射式前照灯所采用的灯泡为卤钨灯泡。第二焦点附近设有遮光板，可遮挡上半部分光，形成明暗分明的配光，因此其也可用于雾灯。

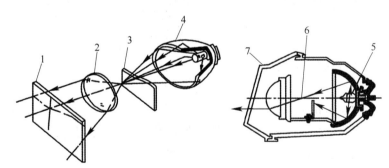

图 5.8　投射式前照灯的组成

1—屏幕；2—凸形散光镜；3—遮光镜；4—椭圆反光镜；5—第一焦点（F_1）；6—第二焦点（F_2）；7—总成

5）高亮度弧光灯

高亮度弧光灯的灯泡里没有灯丝，取而代之的是装在石英管内的两个电极，管内充有氙及微量金属（或金属卤化物）。在电极上加上 5 000～12 000 V 电压后，气体开始电离而导电。由气体原子激发到电极间少量水银蒸气弧光放电，最后转入卤化物弧光灯工作，采用多种气体是为了加快起动。弧光式前照灯由弧光灯组件、电子控制器和升压器三大部分组成，如图 5.9 所示。其灯泡的光色和日光灯相似，亮度是目前卤钨灯泡的 2.5 倍，寿命是卤钨灯泡的 5 倍，灯泡的功率为 35 W，可节能 40%。

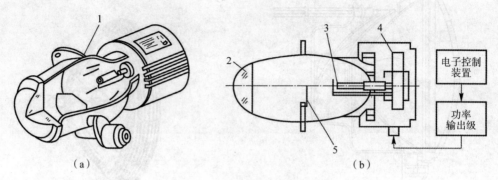

图 5.9 高亮度弧光灯组成

（a）外形；（b）结构

1—总成；2—透镜；3—弧光灯；4—引燃及稳弧部件；5—遮光板

4. 新型车灯简介

1）LED 车灯

LED 车灯是指采用 LED（发光二极管）为光源的车灯。因 LED 具有亮度高、颜色丰富、低功耗、寿命长的特点，被广泛应用于汽车领域。2008 年，奥迪首先在 A4 上使用了 LED 示廓灯，首先开启了 LED 大灯时代。例如奔驰 CLS 的大灯采用了 71 颗 LED 灯光，包含了近光灯、远光灯、转向灯、示廓灯等。还有一些安装在车身前部的汽车 LED 日间行车灯，是使车辆在白天行驶时更容易被人认出来的灯具。它的功效不是为了使驾驶员能看清路面，而是为了让别人知道有车辆开过来了。因此这种灯具不是照明灯，而是一种信号灯。在国外行车开启头灯，可降低 12.4% 的车辆意外，同时可降低 26.4% 的车祸死亡概率。总之，日行灯的目的是交通安全。

2）HID 氙气灯

氙气灯 HID（High Intensity Discharge 高压气体放电灯）可称为重金属灯或氙气灯（图 5.10）。它的原理是在 UV-cut 抗紫外线水晶石英玻璃管内，以多种化学气体充填，其中大部分为优质的氙气（Xenon）与碘化物等惰性气体，再透过增压器（Ballast）将车上 12 V 的直流电压瞬间增压至 23 000 V，经过高压振幅激发石英管内的氙气电子游离，在两电极之间产生光源，这就是所谓的气体放电。亮度达到 3 200 cd 以上。此类灯泡因没有改变原车灯泡的外形尺寸，所以不会产生聚焦不准的问题。这样的灯泡聚光效果非常好，而且色温数值在 4 300 K 以上，色泽柔和、灯光白亮，最适合汽车升级照明。HID 工作时所需的电流量仅为 3.5 A，亮度是传统卤素灯泡的三倍，使用寿命比传统卤素灯泡长 10 倍。氙气灯已广泛应用于汽车照明领域。

3）光纤前照灯

光纤车灯是根据光的全反射原理利用光源纤维来实现光的传导而开发出的最新一代汽车灯具。它由光源、反光镜、光纤和输出组件等部分组成。光纤车灯既可作为前照灯，也

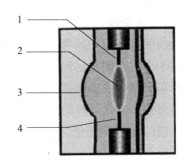

图 5.10　氙气灯

1，4—电极；2—弧光；3—气体室

可用于前雾灯，更广泛地应用于汽车室内的各种照明。光纤照明技术改变了传统汽车灯具的结构，将使车灯技术进入一个全新的时代。但目前尚处于开发阶段，其昂贵的成本限制了它在汽车产品中的应用。一旦障碍被克服，光纤照明技术将迅速而广泛地应用于汽车生产，将会使汽车灯具呈现出崭新的面貌。

4）激光大灯

激光大灯的光源为激光二极管（Laser Diode），虽然激光二极管的大规模商业化应用要比 LED 稍晚些，但是其应用范围更加广泛。激光大灯具有响应速度快、亮度衰减低、体积小、能耗低、寿命长等优点。相比 LED 大灯激光大灯在尤其在体积方面具有优势，单个激光二极管元件的长度已经可以做到 10 μm，仅为常规 LED 元件尺寸的 1/100，也许将为汽车前脸上各个元素的设计比例带来革命性的变化。当满足同样照明条件时，使用激光大灯的能耗不到 LED 大灯的 60%，进一步减少了能量消耗，也更加符合未来汽车的节能环保趋势。

5）智能灯光系统

作为汽车的眼睛，车灯总是一辆车最引人注目的部位之一。同时，车灯已经成为与汽车道路安全和驾驶员舒适程度关联最密切的一环。为此，汽车制造商始终致力于车灯改造工艺技术，以提高道路安全性。AFS（Adaptive Front lighting System）即弯道辅助照明系统，是近年来逐步发展起来的一项新的车灯技术。AFS 能够根据行车速度、转向角度等自动调整近光灯的照射中心，以便能够提前照亮"未到达"区域。例如，在高速公路上需要长的超远光，以便在高速行驶时，前方的障碍物能更早地被发现；而在城市内需要短而宽的光，以便路边穿行的行人和骑车者能被看见。这项智能主动转向车灯有两组独特的光学设计，有一个中心光源，发出最大限度的光，提供最大限度的可见度。另外，其还有一个小光源，可以照亮弯角处或道路边的额外地方。AFS 智能车灯可以大幅提升转弯时对于道路死角的辨识度，将死角降为零。日本开发的 ILS 灯光系统正在向自动控制光线的方向发展，为驾车者提供比较理想的光束模式。

5. 前照灯的防炫目措施

为保障夜间会车安全，汽车前照灯必须具有良好的防炫目措施。目前，国产汽车防炫目措施有三项，先进轿车还有更严格的防炫目措施。

1）采用远、近光束变换

为了防炫目，前照灯灯泡中装有远光与近光两根灯丝，由变光开关控制其电路。夜间公路行车且对面无来车时，使用远光灯，以增大照明距离，保证行车安全。夜间公路行车会车、夜间市区行车有路灯或尾随其他汽车行驶时，使用近光灯。远光灯丝装于呈旋转抛物面的反射镜的焦点处，远光灯丝的光线经反射镜聚光、反射后，沿光学轴线以平行光束射向远方。而配光镜的合理配光使远光既能保证足够的照明距离，又有一定的光线覆盖面。近光灯丝装于反射镜焦点的上方或前上方，近光灯丝产生的光线经反射镜反射后，光束的大部分将倾斜向下射向车前的路面，所以可减轻对方驾驶员炫目。

2）近光灯丝加装配光屏

上述防炫目措施只能减轻炫目，还不能彻底避免炫目。因为近光灯丝射向反射镜下部的光线经反射后，将倾斜向上照射，仍会使对面交会汽车的驾驶员炫目。为此，现代汽车前照灯的近光灯丝下方均装设配光屏（又称遮光罩、护罩或光束偏转器），用以遮挡近光灯丝射向反射镜下半部的光线，消除反射后向上照射的光束，提高防炫目效果，如图 5.11 所示。现代轿车的前照灯灯泡还在近光灯丝的前方装设一个遮光罩，以遮挡近光灯丝的直射光线，防止炫目。

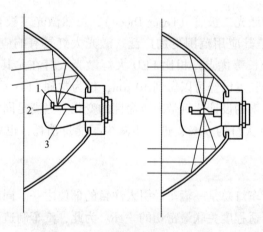

图 5.11　采用带遮光罩的双丝灯泡

1—近光灯丝；2—遮光罩；3—远光灯丝

3）采用非对称光形

上述两项防炫目措施起到了防炫目作用，但会车使用近光灯时，近光灯仅能照亮车前方 50 m 以内的路面，因而车速受到限制。为了达到既能防止炫目又能以较高车速会车的目的，我国汽车的前照灯近光采用 E 形非对称光形（图 5.12），将近光灯右侧亮区倾斜升高 15°，即将本车行进方向光束照射距离延长。非对称光形是将遮光罩单边倾斜 15°形成的。欧洲型前照灯左侧近光亮区升高 15°。这种光形的产生既有遮光罩的作用，也有配光镜的作用。有些汽车使用了 Z 形近光光形（图 5.12），该光形能使本车行进方向亮区平行升高，较 E 形非对称光形更加优越。

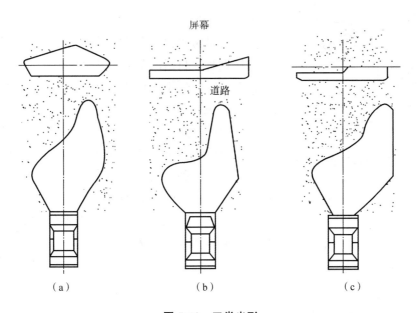

图 5.12　三类光形

（a）对称形；（b）E 形非对称形；（c）Z 形非对称形

5.1.3　前照灯控制电路分析

1. 前照灯控制电路的主要元件

前照灯控制电路主要由前照灯、灯光开关、变光开关、前照灯继电器组成。

1）灯光开关

灯光开关有推拉式、旋钮式和组合式等，其中组合开关应用较为广泛。组合开关如图 5.13 所示，转动开关端部，可依次接通尾灯和前照灯。当驾驶员将开关下压时，前照灯便由近光变为远光；当将开关向上扳时，亦可变为远光，松开后自动弹回近光位置。

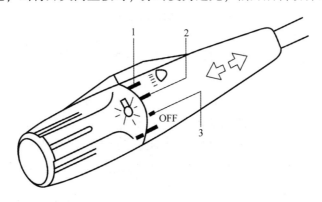

图 5.13　组合开关

1—前照灯位置；2—尾灯位置；3—保持位置

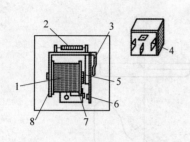

图 5.14　前照灯继电器的结构

1—线圈；2—弹簧；3—限位卡；

4—外形；5—永久磁；6—动触点；

7—静触点；8—支架

2）变光开关

变光开关可以根据需要切换远光和近光，它有脚踏式和组合式两种。目前汽车上多采用组合式变光开关，安装在方向盘下方，便于驾驶员操作。有些车辆安装了光感应自动变光开关。

3）前照灯继电器

前照灯继电器由电磁线圈和一对常开触点组成，有三柱式、四柱式两种，其作用是保护车灯开关，延长灯光开关的使用寿命。如图 5.14 所示。

使用时车灯开关控制灯光继电器线圈的电流，前照灯电流由灯光继电器的触点控制。

2. 前照灯的控制电路

1）手动开关控制电路

汽车前照灯随车型不同，控制方式有差异。当灯的功率较小时，灯的电流直接受灯光总开关控制。当灯的数量多、功率大时，为减少开关热负荷，减少线路压降，采用继电器控制。同时，分路保险器的个数也增加。控制电路如图 5.15 所示。

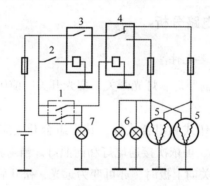

图 5.15　前照灯的控制电路

1—变光开关；2—前照灯开关；3—前照灯继电器；4—变光继电器；

5—双丝前照灯；6—单丝远光灯；7—远光指示灯

接通前照灯开关（2），前照灯继电器（3）触电闭合，通过变光继电器（4）的常闭触电，接通双丝前照灯（5）电路。当需要开启远光灯时，闭合变光开关（1），变光继电器（4）动作，接通单丝远光灯（6）电路，同时远光指示灯（7）点亮。

2）自动控制电路

为保证行车照明的安全与方便，减轻驾驶员的劳动强度。近年来，出现了多种新型的灯光控制系统，常见的有前照灯自动点亮系统、自动变光控制、延时控制电路、光束自动调整系统、提醒关灯装置等。

（1）前照灯自动点亮系统。

图 5.16 所示为前照灯自动点亮系统的控制电路。

当前照灯开关位于 AUTO 位置时，由安装在仪表板上部的光传感器（光电二极管）检测周围的光线强度，自动控制前照灯的点亮。电路工作过程如下。

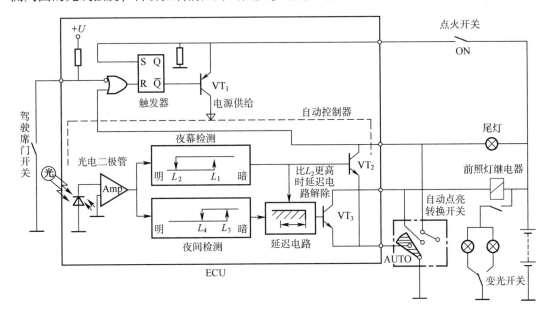

图 5.16 前照灯自动点亮系统的控制电路

当车门在关闭状态下，点火开关处于 ON 状态时，触发器控制晶体管 VT_1 导通，为灯光自动控制器提供电源。

当周围环境的亮度比夜幕检测电路的熄灯照度 L_2（约 500 lx）及夜间检测电路的熄灯照度 L_4（约 200 lx）更亮时，夜幕检测电路与夜间检测电路都输出低电位，晶体管 VT_2 和 VT_3 截止，所有灯都不工作。

当周围环境的亮度比夜幕检测电路的点灯照度 L_1（约 130 lx）暗时，夜幕检测电路输出高电位，使 VT_2 导通。此时，尾灯电路接通，点亮尾灯；当变成更暗的状态，达到夜幕检测电路的点灯照度 L_3（约 50 lx）以下时，夜幕检测电路输出高电位。此时，延迟电路也输出高电位，使晶体管 VT_3 导通。前照灯继电器动作，点亮前照灯。

在前照灯点亮时，由于路灯等原因使得周围环境突然变为明亮的情况下，夜幕检测电路的输出变为低电位，但在延迟电路的作用下，在 T 时间内，VT_3 仍保持导通状态，所以前照灯不熄灭；在周围的亮度比夜幕检测电路的熄灯照度 L_2 更亮的情况下（如白天汽车从隧道出来），从夜幕检测电路输出低电位，从而解除延迟电路，尾灯和前照灯都立即熄灭。

（2）前照灯自动变光控制。

在夜间行驶时，为了防止造成迎面的驾驶员炫目，驾驶员必须频繁使用变光开关，这样会分散注意力，影响行车安全。前照灯自动变光装置可以根据迎面来车的灯光强度来自动调节前照灯的远光或近光。

图 5.17 所示为前照灯自动变光控制电路。其主要由光传感器、信号放大器和功率继电器等组成。光传感器由高灵敏度光敏管组成，并加有透镜聚光，以提高灵敏度，同时采用遮光圈，以避免侧向光干扰造成误触发。转换开关用于功能设置，当转换开关拨至手动挡时，即切断了自动控制，灯光的变换只能通过手动变光开关来变换；当转换开关拨至自动挡时，灯光的变换进入自动控制状态。

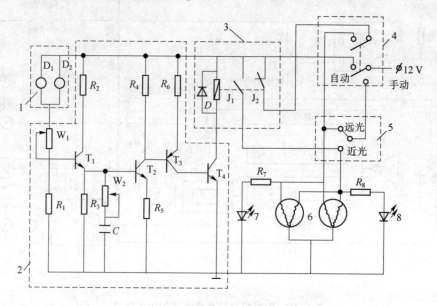

图 5.17　前照灯自动变光控制电路

1—光传感器；2—信号放大电路；3—功率继电器；4—转换开关；5—手动变光开关；
6—双丝前照灯；7—远光指示灯；8—近光指示灯

转换开关拨至自动挡，汽车夜间行驶没有迎面来车时，光敏管 D_1、D_2 感受光亮极少，其阻值大，三极管 T_1 基极电位过低而截止，三极管 T_2、T_3、T_4 也随之截止。功率继电器线圈中无电流流过，常开触点 J_1 打开，常闭触点 J_2 的电流经过转换开关自动挡后再经过远光灯丝搭铁构成回路，远光灯和远光指示灯（7）均亮。

当迎面来车时，对面的汽车灯光照射光传感器，使光敏管 D_1、D_2 的电阻值减小，三极管 T_1 的基极电位升高而导通，三极管 T_2、T_3、T_4 也随之导通，功率继电器（3）线圈中有电流流过，磁化铁芯产生吸力吸动触点，使触点 J_1 闭合、触点 J_2 打开，远光灯丝电流切断，远光灯熄灭。同时，由于触点 J_1 闭合接通近光灯丝电路，近光灯和近光指示灯（8）均亮。

会车结束后，由于光敏管 D_1、D_2 电阻又增大，功率继电器触点 J_1、J_2 又恢复常态，因此又自动接通远光灯。

电位器 W_1 用于调节光电传感器的灵敏度，若其阻值减小，则系统可在光照度较低时即开始控制；若其阻值增大，则系统需在光照度高时，才开始控制。电位器 W_2 和电容器 C 构成延时电路。当光照量增加时，T_1 管导通，经 W_2 向 C 充电。当光照量减少时，T_1 管截止，但充了电的电容器 C 经 W_2、R_2 放电回路，向 T_2 管供给基极电流，此时尽管 T_1 管已经截止，但 T_2 管仍在导通，致使 T_3、T_4 管仍处于导通状态，从而实现当从近光自动地变为远光时，可以有 15 s 以上的延时，以便达到会车完全完成以后才接通远光灯的目的。调整电位器 W_2 和电容器 C 的值，就可以调整延时的长短。

（3）前照灯延时控制电路。

前照灯延时控制电路的作用是当汽车夜间停驶切断点火开关后，继续照明一段时间，为驾驶员离开黑暗的停车场所提供照明。前照灯关闭延时控制系统控制电路如图 6.18 所示，前照灯关闭延时控制系统主要由机油压力开关和放大器组成。发动机不运转时，机油压力开关触点闭合，发动机运转后，因机油压力上升触点张开。放大器组件内设置一个高增益的复合三极管 T，用来控制继电器的触点开闭，另设一个大容量的电容器 C 和电阻 R_1 串联，组成延时控制电路。

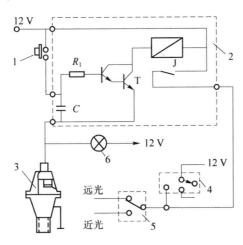

图 5.18　前照灯延时控制电路

1—前照灯延时控制开关；2—放大器组件；3—机油压力开关；4—前照灯开关；5—变光开关；6—机油压力警示灯

当汽车停驶切断点火开关时，按下前照灯延时控制开关（1），电源对电容器 C 充电，当电容器电压达到复合三极管 T 的导通电压时，T 导通，继电器 J 线圈通电，磁化铁芯吸闭触点，接通前照灯电路，前照灯亮。此时松开延时控制开关（1），则电容器 C 经电阻 R_1、复合三极管 T 放电，维持 T 导通，前照灯一直亮着。当电容器 C 放电其电压下降到不能维持复合三极管 T 的导通所需基极电流时，T 截止，继电器 J 触点张开，前照灯熄灭。延时时间取决于 C 及 R_1 的参数，一般可延时 1~15 min。

（4）前照灯光束自动调整系统。

前照灯光轴方向偏斜时，应进行调整。一般调整方法是手动调整，图 5.19 所示为外侧调整和内侧调整两种方式。调整时，按需要转动灯座上面的左右及上下调整螺钉（或旋钮），使光轴方向符合标准。

在实际使用中，当车辆载荷变化时，前照灯光束的照射位置也随之发生变化，不能保证有效地照亮前方路面。因而有些车辆的前照灯装有光束自动调整机构，如图 5.20 所示。

执行器由电动机和齿轮机构组成，在进行光束轴调整时，执行器驱动调整螺钉正反向

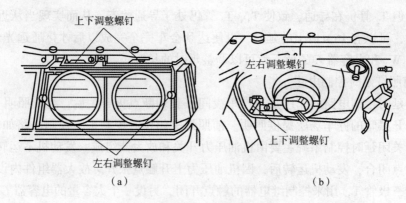

图 5.19 前照灯手动调整位置

(a) 外侧调整式；(b) 内侧调整式

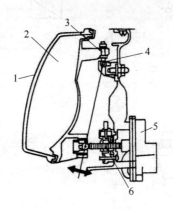

图 5.20 光束自动调整机构

1—透镜；2—前照灯部分；3—枢轴管；4—枢轴；5—执行器；6—调整螺钉

旋转，使调整螺钉左右移动并带动前照灯以枢轴为中心摆动，实现前照灯光束的调整。前照灯光束调整的控制电路如图 5.21 所示，其工作过程如下：

①降低光束照射位置。

如图 5.21 (a) 所示，当光束控制开关拨到 "3" 时，电流从车头灯光束控制执行器（促动器）端子（6）→降光继电器线圈→执行器端子（4）→光束控制开关端子（6）→搭铁；降光继电器触点闭合，于是电流从执行器端子（6）→前照灯降光继电器→电动机→前照灯升光继电器→执行器端子（5）→搭铁。电动机工作，前照灯光束照射位置降低；电动机转过一定角度后，限位开关工作，执行器端子（6 与 4）之间断开，前照灯降光继电器断开，前照灯光束停留在 "3" 的水平位置上。

②升高光束照射位置。

如图 5.21 (b) 所示，光束控制开关拨到 "0" 时，电流从灯光束控制执行器（促动器）端子（6）→升光继电器线圈→执行器端子（1）→光束控制开关端子（1）→光束控制开关端子（6）→搭铁；前照灯升光继电器触点闭合，于是电流从执行器端子 6→前照

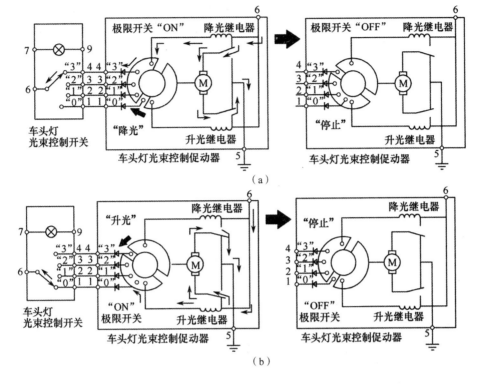

图 5.21　前照灯光束调整的控制电路及工作过程

（a）开关位于"3"时光束水平；（b）开关位于"0"时光束升高

灯升光继电器→电动机→前照灯降光继电器→执行器端子（5）→搭铁，电动机工作，使前照灯光束照射位置升高；电动机转过一定角度后，限位开关工作，执行器端子（6 与 1）之间断开，前照灯升光继电器断开，前照灯光束停留在"0"的水平位置上。

（5）前照灯提醒关灯装置。

提醒关灯装置由灯光提示警报系统与自动关闭系统构成。该装置的作用是当点火开关关闭，但驾驶员忘记关闭灯光控制开关时，能够自动发出报警，警告驾驶员关闭前照灯、停车灯等，或者自动关闭灯光。提醒关灯装置电路如图 5.22 所示。

在点火开关断开而前照灯（或停车灯）仍然亮着的情况下，电流经二极管 VD_1（或 VD_2），使 VT 产生基极电流而导通，蜂鸣器发出声音提醒驾驶员关灯；当接通点火开关时，VT 的基极电位提高，VT 截止，蜂鸣器不发出声音。

5.1.4　照明系统常见故障诊断与排除

汽车照明系统的故障不外乎灯光不亮，或亮度不够等。究其原因，大多数是因为灯丝烧断、电路断路或搭铁、灯座接触不良、开关损坏或失控所致。下面讲述几种常见的故障的诊断方法。

1. 前照灯远、近光均不亮

诊断思路：向上拨动变光开关手柄，检查前照灯工作是否正常。若前照灯不亮，则应

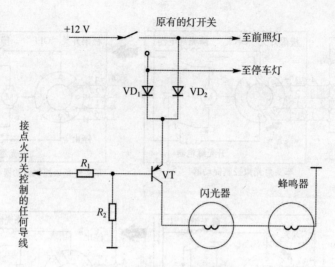

图 5.22　提醒关灯装置电路

检查车灯开关插座处电压，电压正常则检查前照灯灯泡是否断路，然后更换灯泡，电压为零则检查熔断器是否断路，并进行更换；若前照灯亮，则应检查变光开关电压，电压为零则继续检查点火开关及连接导线，电压正常则检查变光开关，可通过短接的方式判断其是否良好。

2. 前照灯远光或近光不亮

诊断思路：首先检查熔断器，若熔断器断路，则应进行更换；若熔断器良好，则检查灯泡是否断路。若灯泡良好，则可将变光开关的电源与不亮的近光或远光接线柱短路，若灯亮，则为变光开关故障，否则就是变光开关到前照灯之间的线路故障。

3. 一侧前照灯远光或近光不亮

诊断思路：检查前照灯灯泡的灯丝是否烧断，若灯泡良好，则为熔断丝断路或相应线路故障引起的。

4. 前照灯发光强度低

诊断思路：检查交流发电机输出端电压是否正常，若电压过低，则应调整、检修电源系统；若电压正常，则应检查有关插接件接触是否良好，如有松动、锈蚀则应除锈，并拧紧前照灯与车架之间的搭铁线，也有可能是前照灯反光镜老化、锈蚀造成的发光强度低。

5. 一灯发红

诊断思路：接通两个前照灯，若其中一个灯光发红而不亮，则是该灯搭铁不良造成的。

6. 小灯、尾灯工作不正常

诊断思路：若某小灯或尾灯不亮，通常是灯泡损坏或插接件松脱、接触不良引起的；若某侧小灯和尾灯均不亮，则为相对应的熔断器断路或该侧小灯和尾灯灯泡同时损坏造成的；若两侧小灯、尾灯均不亮，短接车灯开关，若灯亮，则为开关损坏。

5.2　信号系统

5.2.1　信号系统概述

1. 信号灯具的分类

汽车上的信号灯具按其所处位置不同，分为外部信号灯具和内部信号灯具两大类。外部信号灯具包括示廓灯、转向信号灯、驻车灯、尾灯、危险报警闪光灯、日间行车灯等；内部信号灯具包括报警及指示灯、门灯等。

2. 信号灯具的功用

（1）示廓灯。

一般安装在车前和车尾的两侧的边缘。某些大型汽车的中部、驾驶室外侧还增设了一对示廓灯，用来表示该车的存在和车体宽度。要求在距车 100 m 处能确认灯光信号。前示廓灯也称为小灯、示位灯，灯光一般为白色或琥珀色；后示廓灯也称为尾灯、行车灯，灯光多为红色。示廓灯的侧位灯光多为琥珀色。

（2）转向信号灯。

转向信号灯装在汽车的前、后、左、右四角，其用途是在车辆起步、靠边停车、变更车道、超车和转弯时，发出明暗交替的闪烁信号，使前后的车辆、行人、交警知道。转向信号灯的灯色为琥珀色。有的汽车车侧中间、后视镜上装有侧转向灯。

（3）制动灯。

制动灯又称为刹车灯，安装在车尾两侧，用来表明该车正在进行制动的灯具。灯光一律为醒目的红色，要求白天距车尾 100 m 处能确认灯光信号。现在有的轿车后窗内加装了高位制动灯，也叫第三刹车灯、高位刹车灯，用来警示后面行驶的车辆，从而避免发生追尾事故。

（4）驻车灯。

驻车灯装于车头或车尾两侧，要求从车前和车后 150 m 远处能确认灯光信号，一般车前灯光为白色，车后灯光为红色。夜间驻车时，将驻车灯接通以标志车辆形位。此时仪表照明灯、牌照灯并不亮，电池耗电量比示廓灯小。

（5）危险报警闪光灯。

由于现代交通密度日益增高，除了给特制车辆使用外，还需为发生交通事故或道路堵塞被迫停在车道上的车辆采取安全措施，通过危险警示闪光器接通前、后、左、右转向灯发出报警闪光信号。

（6）日间行车灯。

日间行车灯是安装在车身前部、使车辆在白天行驶时更容易被人识别的灯具。若汽车发动机起动，日间行车灯则自动开启。它不同于普通近光灯，专门为白天行车照明而设计，能耗只有普通近光灯的 25%～30%。当夜晚降临，驾驶者手动打开近光灯后，日间行车灯会自动熄灭。

（7）报警及指示灯。

仪表灯是在仪表上显示的所有灯的统称，是用来指示、提示或警示驾驶员关注车辆性能变化的功能性灯具。其灯光的颜色可根据需要为黄色、红色、绿色或蓝色。

（8）门灯。

门灯装于车厢内，用以指示车门关闭状况的灯具，灯光颜色为白色。目前，多将前照灯、雾灯、前位灯、前转向灯等组合起来，称为组合前灯；将后位灯、后转向灯、倒车灯、制动灯、后雾灯等组合起来称为组合后灯。

5.2.2　转向及危险警示信号系统

在汽车起步、转弯、变更车道或路边停车时，需要接通转向信号灯以表示汽车的行驶趋向，提醒周围车辆和行人注意。当接通危险警示信号开关时，所有转向信号灯同时闪烁，表示车辆遇紧急情况，请求其他车辆避让。根据《机动车运行安全技术条件》（GB 7258—1997）规定，危险警示灯操纵装置不得受点火开关控制。

1. 转向信号灯电路组成

汽车转向信号灯电路主要由电源、熔断器、转向信号灯、闪光器、转向灯开关等组成。转向信号灯是通过灯泡的闪烁进行方向指示的。闪光器的作用是控制转向灯电路的通断，实现转向灯的闪烁。转向灯闪光频率一般为 1～2 Hz。目前，汽车用闪光器常用的结构形式有电热丝式、电容式、翼片式、晶体管式等形式。带继电器的晶体管式闪光器结构简单、体积小、闪光频率稳定、监控作用明显、工作时伴有响声，故被广泛使用。

2. 闪光器工作原理及控制电路

1）电热丝式闪光器

电热丝式闪光器是利用镍铬合金制成的电热丝的热胀冷缩特性，接通或断开转向灯电路，从而实现转向信号灯及转向指示灯闪烁的。当电流通过电热丝时，电热丝就会受热伸长使触点闭合；当切断电热丝中的电流时，电热丝就会冷却收缩，使触点断开。图 5.23 所示为 SD56 型电热丝式闪光器的结构与工作原理。该闪光器主要由活动触点、电热丝、静触点、线圈、附加电阻丝、铁芯等组成。闪光器串联在电源与转向灯开关之间，有两个接线柱，分别接电源和转向灯开关。

当转向灯开关处于断开状态时，活动触点在电热丝的拉力作用下处于断开状态，转向灯不通电，转向灯不亮。当汽车转向时，拨动转向灯开关向欲转向一侧，如转向灯开关接通左转向灯瞬间，触点处于断开状态，电流经蓄电池"+"→接线柱 B→调节片→触点臂→电热丝→附加电阻丝→接线柱 L→转向灯开关→左转向信号灯和左转向指示灯→搭

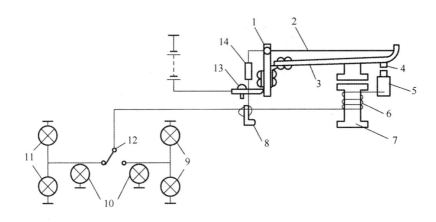

图 5.23 SD56 型电热丝式闪光器的结构与工作原理

1—调节片；2—电热丝；3—触点臂；4—活动触点；5—静触点；6—线圈；7—铁芯；8—接线柱 L；9—右（前、后）转向
信号灯；10—（左、右）转向指示灯；11—左（前、后）转向信号灯；12—转向开关；13—接线柱 B；14—附加电阻丝

铁→蓄电池"−"构成回路。附加电阻丝和电热丝串联在回路中，使电流较小，故转向信号灯和转向指示灯不亮。经短时间的通电，电热丝发热膨胀，触点闭合。触点闭合后，电流经蓄电池"+"→接线柱 B→调节片→触点臂→触点→线圈→接线柱 L→转向灯开关→左转向信号灯和左转向指示灯→搭铁→蓄电池"−"构成回路。此时，附加电阻丝和电热丝被短路，且线圈中产生的电磁吸力使触点闭合得更紧，电路中电阻小、电流大，转向信号灯和转向指示灯发出较强的光。此时，由于无电流流经电热丝而使其冷却收缩，触点重新处于断开状态，附加电阻丝和电热丝重新串入电路，灯光变暗。如此反复，转向信号灯和转向指示灯明暗交替，示意行驶方向。

2）电容式闪光器

电容式闪光器的结构如图 5.24 所示，它由一只大容量电解电容器和双线圈继电器组成。工作原理：接通转向灯开关（左或右）后，串联线圈经触点、转向信号灯构成回路，且电流较大。产生较强磁场，吸动衔铁，使触点张开。此过程中，串联线圈通电时间极短，转向信号灯不亮。触点张开后电容器经串联线圈、并联线圈、转向灯开关、转向灯及转向指示灯构成充电回路。由于充电电流很小，此时转向灯与转向指示灯不亮。触点在串并联线圈的合成磁场（方向相同）作用下，仍保持张开状态。电容器充足电后，并联线圈电流消失，铁芯吸力减小，触点在回位弹簧作用下闭合，转向灯与转向指示灯亮；同时，电容器经并联线圈及触点放电，由于串联线圈与并联线圈磁场方向相反，铁芯吸力极小，触点保持闭合状态。当电容器放电结束后，并联线圈电流消失，在串联线圈磁场作用下，触点再次张开，转向灯与转向指示灯变暗，电容器再次充电。如此周而复始，转向灯与转向指示灯不停地以此频率闪烁。电容式闪光器具有监控功能，当一侧转向灯有一只或一只以上转向灯泡烧断或接触不良时，闪光器就使该侧转向灯接通时只亮不闪，以示该侧转向灯电路异常。

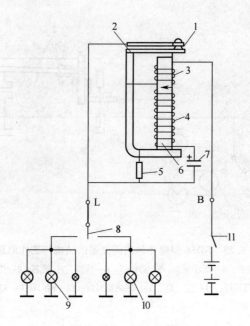

图 5.24 电容式闪光器的结构

1—触点；2—弹簧片；3—串联线圈；4—并联线圈；5—灭弧电阻；6—铁芯；7—电解电容器；8—转向灯开关；
9—左转向信号灯和转向指示灯；10—右转向信号灯和转向指示灯；11—点火开关

3）翼片式闪光器

翼片式闪光器分直热式和旁热式两种，其原理与转向灯电路如图 5.25 所示。其中，直热式闪光器电路如图 5.25（a）所示，当汽车转弯时，接通转向灯开关（6），电流从蓄电池"+"极→接线柱 B→支架（1）→翼片（2）→热胀条（3）→活动触点（4）→静触点（5）→支架（9）→接线柱 L→ 转向灯开关（6）→转向信号灯→搭铁→蓄电池"−"极，构成回路，此时转向灯点亮。同时热胀条通电发热，受热伸长，翼片（2）绷直，触点断开，切断电路，转向信熄灭。电路断开后，热胀条（3）冷却收缩，又拉紧翼片，使动触点（4）与静触点（5）再次接触，转向信号灯再次点亮，如此反复，转向灯明暗交替，以一定的频率闪烁，标示车辆的行驶方向。

旁热式闪光器电路如图 5.25（b）所示，当汽车转弯时，接通转向灯开关（6），电流从蓄电池"+"极→接线柱 B→支架（1）→电热丝（10）→静触点（5）→接线柱 L→ 转向灯开关（6）→转向信号灯→搭铁→蓄电池"−"极，构成回路。此时电热丝（10）串入电路，电流小，转向灯暗。经过一段时间后，热胀条（3）受热伸长，触点闭合，此时电流经过弹性翼片（2）的触点构成回路，电流增大，转向灯亮。由于触点闭合，电热丝（10）被短路，使热胀条（3）冷却收缩，又拉紧弹性翼片（2），使触点分开，转向灯又暗。如此反复，转向灯就明暗交替，以一定的频率闪烁，标示车辆的行驶方向。

4）晶体管式闪光器

（1）带继电器的晶体管式闪光器（有触点）。

带继电器的晶体管式闪光器的工作原理如图 5.26 所示，它主要由三极管开关电路和

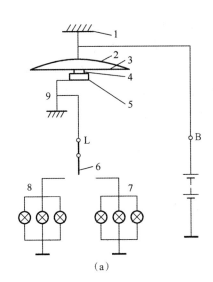
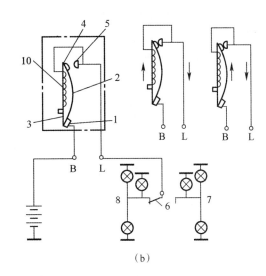

（a）　　　　　　　　　　　　　　　　　　（b）

图 5.25　翼片式闪光器

（a）直热式闪光器；（b）旁热式闪光器

1，9—支架；2—翼片；3—热胀条；4—活动触点；5—静触点；6—转向灯开关；

7—右转向灯；8—左转向灯；10—电热丝

小型继电器组成。

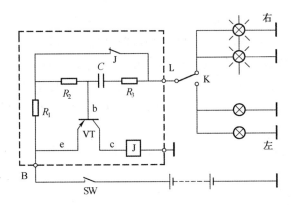

图 5.26　带继电器的晶体管闪光器的工作原理

接通转向灯开关，电流由蓄电池"＋"极→电源开关 SW→接线柱 B→电阻 R_1→继电器的常闭触点 J→接线柱 L→转向灯开关 K→右转向信号灯→搭铁→蓄电池"－"极，形成回路，右转向信号灯亮。当电流通过电阻 R_1 时，在电阻 R_1 上产生电压降，三极管 VT 因正向偏压而导通，集电极电流通过继电器线圈 J，使继电器的常闭触点立即打开，右转向信号灯随之熄灭。

三极管导通的同时，其基极电流向电容器 C 充电。电流由蓄电池"＋"极→电源开关 SW→接线柱 B→三极管的发射极 e→基极 b→电容器 C→电阻 R_3→接线柱 L→转向灯开关 K→转向灯→搭铁→蓄电池"－"极，形成回路。随着电容器电荷的积累，充电电流逐渐减小，三极管的集电极电流也随之减小，当电流减小到线圈中产生的电磁力不足以维持衔铁的吸合而释放时，继电器触点重又闭合，转向灯又再次发亮。这时电容器 C 通过电阻 R_2、继电器触点 J、电阻 R_3 放电。放电电流在 R_2 上产生的电压降为三极管提供反向偏压，加速三极管的截止。当放电电流接近零时，R_1 上的电压降为三极管 VT 提供正向偏压使其导通。这样，电容器不断地充电和放电，三极管也就不断地导通与截止，控制继电器触点反复地打开、闭合，使转向信号灯闪烁。

（2）无触点晶体管闪光器。

图 5.27 所示为简单的无触点晶体管闪光器的工作原理。

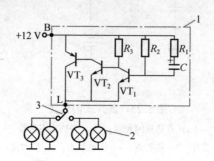

图 5.27　无触点晶体管闪光器的工作原理

1—闪光器；2—转向信号灯；3—转向灯开关

接通转向灯开关（3），VT_1 通过 R_2 得到正向偏置电压而导通饱和，VT_2、VT_3 则截止。由于 VT_1 的发射极电流很小，故转向信号灯 2 较暗。同时，电源通过 R_1 对 C 充电，使 VT_1 的基极电位下降，当低于其导通所需正向偏置电压时，VT_1 截止。VT_1 截止后，VT_2 通过 R_3 得到正向偏置电压而导通，VT_3 也随之导通饱和，转向信号灯 2 变亮。此时，C 经 R_1、R_2 放电，使 VT_1 仍保持截止，转向信号灯 2 继续发亮。随着 C 放电电流减小，VT_1 基极电位又逐渐升高，当高于其正向导通电压时，VT_1 又导通，VT_2、VT_3 又截止，转向信号灯 2 又变暗。随着电容 C 的充电、放电，VT_3 不断导通、截止，如此反复，使转向灯闪烁。

5）集成电路闪光器

集成电路闪光器与晶体管闪光器的不同之处就是用集成电路 IC 取代了晶体管振荡器，这类闪光器也分有触点式和无触点式两种。

图 5.28 所示为 SGF—141 型有触点式集成电路闪光器的工作原理。该闪光器由控制和监测发声两大部分组成。控制部分由 555 定时器、继电器 K_1、电阻 R_5、电容器 C_1 等组成，其作用是控制转向灯和发声部分工作。发声部分由晶体管 VT_1、VT_2 和压电晶体蜂鸣器组成，其作用是监测闪光器的工作情况。

当接通电源开关时，电源便通过继电器 K_1 的常闭触点、继电器 K_2 的线圈和 R_5、C_1、R_4、VD_2 搭铁向 C_1 充电，使引脚（6、2）逐渐升至高电平（约 8.6 V）。由 555 定时器的逻辑功能得知，当引脚（6、2）端为高电平时，输出端（3）为低电平，而引脚（6、2）为低电平时，输出端（3）为高电平。因而此时继电器 K_1 的线圈中有电流通过，其常闭触

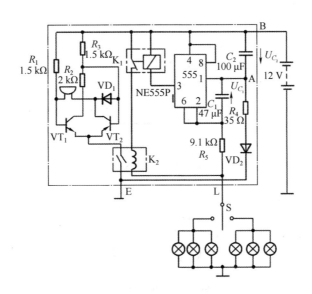

图 5.28　SGF−141 型有触点式集成电路闪光器的工作原理

点断开，对 C_1 的充电终止，舌簧管式继电器 K_2 线圈不带电，发声电路不工作。

当接通转向灯开关 S 时，电容器 C_1 便通过 R_5，转向灯迅速放电，使引脚（6、2）的电位迅速下降。当引脚（6、2）的电位下降至低电平（3.4 V）时，555 定时器翻转，使输出端（3）由低电平转为高电平，继电器 K_1 的线圈失去电流，其常闭触点恢复闭合，接通转向灯的电路，转向灯亮。同时，舌簧管式继电器线圈内有大的电流通过使常开触点闭合，监测发声部分工作，发出声音表示转向灯工作正常。在转向灯亮的同时，电源又通过继电器 K_1 的触点、继电器 K_2 的线圈、R_5 向 C_1 充电。当电容器 C_1 充电致使引脚（6、2）为高电平时，555 重新翻转，使输出端（3）变为低电平，继电器 K_1 线圈得到电流，常闭触点断开，转向灯又熄灭。同时，舌簧管式继电器触点断开，发声部分也停止发声。闪光器不停地重复上述过程，使转向灯闪烁。

当转向灯有一个或两个灯泡损坏时，通过舌簧管式继电器线圈的电流减小，它的触点就不能闭合，使发声部分停止工作。当控制电路发生故障时，将使发声部分始终发声或不发声。所以发声部分可监测电路有无故障存在。

3. 危险报警灯控制电路

转向灯及危险报警灯控制电路一般由左右转向灯、闪光器、危险报警开关等组成，如图 5.29 所示。

危险报警灯开关一般装在汽车的仪表盘上，标有红色三角符号，为按钮式开关。当按下危险报警灯开关时，危险报警灯回路接通，汽车前、后、左、右四个转向灯同时闪烁，进行危险报警；再按一下后，切断危险报警灯回路，危险报警灯停止闪烁。

工作原理：危险报警灯开关按下或接通后，遇险报警开关同时接通 1−2 和 3−4 端子，相当于同时接通左右转向灯开关，左右转向灯同时闪烁，以示危险状况。

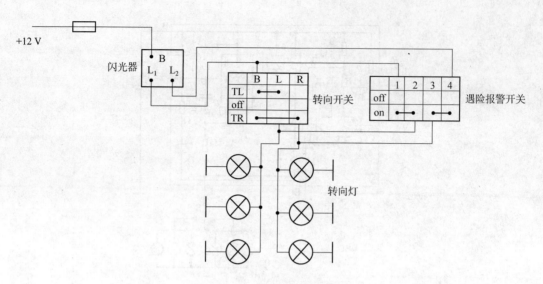

图 5.29 危险报警灯控制电路

4. 转向灯、危险报警灯常见故障诊断

（1）转向灯和危险报警灯均不工作。

诊断思路：首先接通点火开关或转向灯开关，检查转向灯灯座电压。若电压正常，则应检查转向灯灯泡是否良好，如有损坏则更换灯泡，如无损坏则继续检查接地线是否良好；若电压为零，则应检查熔断器及相应电路，如熔断器良好，最后检查闪光继电器。

（2）危险报警灯工作正常，转向灯不工作。

诊断思路：由于危险报警灯工作正常，因此可以判定闪光继电器、转向灯灯泡以及从闪光继电器到灯泡的连线无故障。首先检查转向灯熔断器，如果转向灯熔断器正常，则应检查转向灯专用线路或转向开关。

（3）转向灯工作正常，危险报警灯不工作。

诊断思路：首先检查熔断器是否断路，若良好，应检查报警灯开关是否正常，相关插接件是否松脱，报警灯开关接线柱接触是否良好，并酌情予以更换或修理。

（4）转向灯和危险报警灯工作均正常，仪表板指示灯不亮。

诊断思路：检查仪表板插接件导线电压，其值应随转向灯闪光频率变化而变化，否则应检查中央线路板；如果电压正常，则应检查发光二极管或仪表板，若有损坏，则应更换。

（5）灯光闪烁频率不一致。

诊断思路：检查闪光频率较高的一侧灯泡是否损坏，灯泡型号是否符合规定；检查搭铁线接触是否良好，插接件连接是否牢固。

5.2.3 制动信号系统

制动信号灯简称制动灯，装在汽车尾部的两侧，在汽车制动时发出较强的红光，以表示汽车紧急减速，提醒后面的车辆与行人注意。为避免大型车对轿车碰撞的危险，经常在轿车后窗内加装由发光二极管成排显示的高位刹车灯。制动停车灯在汽车制动时自动点亮，开关装置在制动踏板下，在踩下踏板时开关连通，制动灯亮。松开制动踏板时，开关断电，制动灯熄灭。在一些老式汽车中也有把开关安置于制动液压系统中的，制动时液压系统较高的压力接通开关，使制动灯亮。

1. 制动灯开关的类型

制动灯电路一般不受点火开关控制，直接由电源、熔断丝到制动灯开关。因此，制动灯由制动信号开关控制。常见的制动灯开关有以下几种类型。

（1）液压式制动灯开关。

图5.30所示为液压式制动灯开关，用于采用液压制动系统的汽车，装在液压制动主缸的前端或制动管路中。当踩下制动踏板时，由于制动系统的压力增大，膜片（2）向上弯曲，接触桥（3）同时接通接线柱6和接线柱7，使制动灯通电发亮。松开制动踏板时，制动系统压力降低，接触桥（3）在回位弹簧（4）的作用下复位，制动灯电路被切断。

（2）气压式制动灯开关。

图5.31所示为气压式制动灯开关，用于采用气压制动系统的汽车，通常被安装在制动系统的气压管路上。制动时，制动压缩空气推动橡胶膜片向上弯曲，使触点闭合，接通制动灯电路。

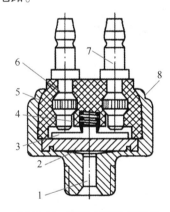

图5.30　液压式制动灯开关

1—通制动液；2—膜片；3—接触桥；4—回位弹簧；
5—胶木底座；6、7—接线柱；8—壳体

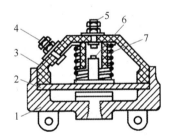

图5.31　气压式制动灯开关

1—壳体；2—膜片；3—胶木盖；4、5—接线柱；
6—触点；7—弹簧

（3）弹簧式制动灯开关。

弹簧式制动灯开关是一种轿车较为常用的制动开关，装在制动踏板的后面，如图5.32所示。当踏下制动踏板时，开关闭合，将两接线柱（4、7）接通，使制动灯点亮；当松开制动踏板后，回位弹簧使接触片（5）离开两接线柱（4、7），制动灯电路断开。

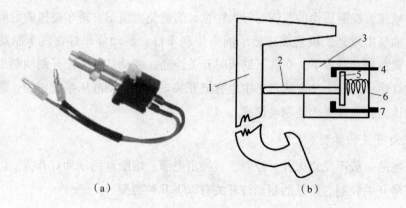

（a）　　　　　　　　　　　　　　　　（b）

图 5.32　弹簧式制动灯开关

（a）外形；（b）结构

1—制动踏板；2—推杆；3—制动灯开关；4, 7—接线柱；5—接触片；6—回位弹簧

2. 制动灯常见故障诊断

（1）一侧制动灯不亮。

诊断思路：首先检查不亮侧制动灯灯泡是否断路，灯座处黑/红导线上的电压是否正常。若均良好，则再检查搭铁线接触是否良好，灯泡与灯座接触是否良好。

（2）两侧制动灯均不亮。

诊断思路：应首先检查熔断器是否断路。若良好，则再检查制动灯开关处黑/红导线电压是否正常。若电压正常，则拆下制动灯开关处的两导线并连接在一起，此时若制动灯亮，则说明制动灯开关损坏，应更换；若制动灯仍不亮，则应检查制动灯灯泡是否断路，连接导线是否断路等。

5.2.4　倒车信号系统

汽车倒车时，为了警示车后的行人和其他车辆注意避让，也为了给驾驶员提供额外照明，使其能够在夜间倒车时看清车的后部，在汽车的后部常装有倒车灯、倒车蜂鸣器（或倒车语音报警器），由装在变速器上的倒挡开关控制。当变速杆挂入倒挡时，在拨叉轴的作用下，倒挡开关接通倒车报警器和倒车灯电路，从而发出声光倒车信号。

1. 倒车灯开关

汽车的倒车灯一般装于汽车尾部，为白色，左右各一只，近年生产的车辆一般仅安装一只。其作用是照亮车后路面并警告车后行人和车辆，表示该车正在倒车。倒车信号电路一般由倒车开关、倒车灯和保险组成。

倒车灯开关控制倒车信号装置，倒车灯开关结构如图 5.33 所示。车辆未挂入倒挡时，钢球（1）处于顶起位置，当车辆挂入倒挡时，钢球（1）落入倒挡轴的凹坑内，借助弹簧力使触点（4）闭合，将倒车信号电路接通。

2. 倒车蜂鸣器

倒车蜂鸣器是一种间歇发声的音响装置，图 5.34 所示为 CA1090 型汽车装用的倒车蜂

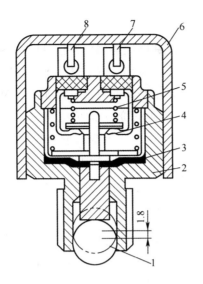

图 5.33　倒车开关结构

1—钢球；2—壳体；3—膜片；4—触点；5—弹簧；6—保护罩；7,8—接线柱

鸣器电路，其发音部分是一只功率较小的电喇叭，控制电路是一个由无稳态电路（即多谐振荡器）和反相器组成的开关电路。

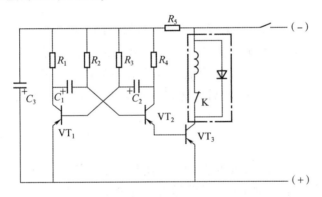

图 5.34　倒车蜂鸣器电路

三极管 VT$_1$、VT$_2$ 组成一个无稳态电路，由于 VT$_1$ 和 VT$_2$ 之间采用电容器耦合，因此 VT$_1$ 与 VT$_2$ 只有两个暂时的稳定状态，或 VT$_1$ 导通、VT$_2$ 截止；或 VT$_1$ 截止，VT$_2$ 导通，这两个状态周期地自动翻转。VT$_3$ 在电路中起开关作用，它与 VT$_2$ 直接耦合，VT$_2$ 的发射极电流就是 VT$_3$ 的基极电流。当 VT$_2$ 导通时，VT$_3$ 基极有足够大的基极电流，电流便从电源"+"极，经 VT$_3$ 蜂鸣器的常闭触点 K、线圈流回电源"−"极。线圈通电后，线圈中的铁芯磁化，吸动衔铁，带动膜片变形，产生声音。当 VT$_2$ 截止时，VT$_3$ 无基极电流也截止，于是线圈断电，铁芯退磁，衔铁与膜片回位。如此周而复始，VT$_3$ 按照无稳态电路的翻转频率不断地导通、截止，从而使得倒车蜂鸣器发出"嘀嘀嘀"的间歇鸣叫声。

3. 倒车语音报警器

随着集成电路技术的发展，现在已经能将语音信号压缩存储于集成电路中，制成倒车语音报警器。在汽车倒车时，能重复发出"请注意，倒车!"等声音，以提醒车后行人避开车辆而确保安全倒车。倒车语音报警器的典型电路如图 5.35 所示。集成块 IC_1 是储存有语音信号的集成电路，集成块 IC_2 是功率放大集成电路，稳压管 VD 用于稳定语音集成块 IC_1 的工作电压。为防止电源电压接反，在电源的输入端使用了由 4 个二极管组成的桥式整流电路，这样无论它怎样接入 12 V 电源，均可保证电子电路可正常工作。

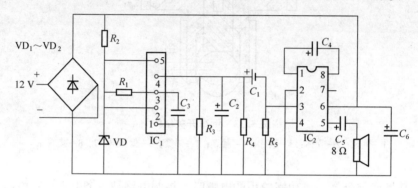

图 5.35 倒车语音报警器的典型电路

当汽车挂入倒挡时，倒车开关接通了倒挡报警电路，电源便由桥式整流电路输入语音倒车报警器，语音集成电路 IC_1 的输出端便输出一定幅度的语音电压信号。此语音电压信号经 C_2、C_3、R_3、R_4、R_5 组成的阻容电路消除杂音，改善音质，并耦合到集成电路 IC_2 的输入端，经 IC_2 功率放大后，通过喇叭输出，即可发出清晰的"请注意，倒车!"等声音。

4. 倒车雷达装置

倒车雷达装置在倒车时起辅助报警功能，使倒车更加安全。

当驾驶员挂入倒挡后，倒车雷达侦测器进入自我检测；当自我检测通过后，就开始检测汽车后部障碍物。例如，风神Ⅱ号轿车的倒车雷达装置，在汽车后部 50 cm 处检测到物体表面为 25 cm^2 以上的障碍物，就会发出报警声，以提醒驾驶员注意。

倒车雷达装置由倒车雷达侦测器、控制器、蜂鸣器等组成。倒车雷达侦测器安装在车辆后部保险杠上，如图 5.36 所示。它向汽车后部发射超声波，并接收反射回来的超声波。控制器接收从侦测器传来的信号，经计算判断障碍物离车尾的距离，若达到报警位置，就传送信号给蜂鸣器。

倒车雷达装置是利用声呐原理工作的，如图 5.37 所示。发射的超声波频率达到 40 kHz，当超声波遇到障碍物时，会有反射波产生，被传感器接收后，控制器就会利用发射波与反射波计算出障碍物与雷达发射器之间的距离，并据此采取相应的报警提示。

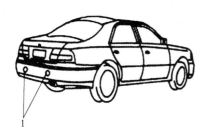

图 5.36　倒车雷达装置安装位置

1—倒车雷达侦测器

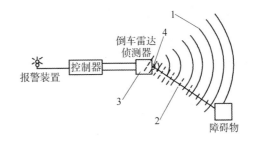

图 5.37　倒车雷达装置的工作原理

1—发射波；2—反射波；3—接收器；4—发射器

5. 倒车灯常见故障诊断

如果两侧倒车灯均不亮，则应首先检查熔断器是否断路；若熔断器良好，则应挂入倒挡，检测灯座处电压是否正常；若电压正常，则应检测倒车灯灯泡是否损坏，搭铁线接触是否良好，如果电压为零，则应检测倒车灯开关处电压是否正常；若正常，则可将倒车灯开关断路，如倒车灯点亮，则说明倒车灯开关损坏，应更换。

5.2.5　汽车喇叭

汽车上都装有喇叭，它的用途是在行车过程中根据需要和规定，发出必需的音响信号，警告行人与其他车辆，以保证行车安全，同时可用于催行与传递信号。

1. 喇叭的分类

喇叭按发声动力可分为气喇叭和电喇叭；按外形可分为螺旋形、筒形、盆形；按声频可分为高音和低音；按接线方式可分为单线制和双线制。

气喇叭是利用气流使金属膜片振动产生音响，外形一般为筒形，多用在具有空气制动装置的重型载重汽车上。电喇叭是利用电磁力使金属膜片振动产生音响，其声音悦耳，广泛应用于各种类型的汽车上。

电喇叭按有无触点可分为普通电喇叭和电子电喇叭。普通电喇叭主要是靠触点的闭合和断开来控制电磁线圈激励膜片振动，进而产生音响；电子电喇叭中无触点，它是利用晶体管电路激励膜片振动产生音响。

在中小型汽车上，由于安装的位置限制，多采用螺旋形及盆形电喇叭，如图 5.38 所示。盆形电喇叭具有体积小、质量小、指向好、噪声小等优点。

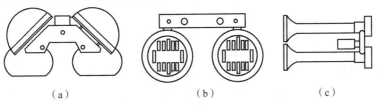

（a）　　　　　　（b）　　　　　　（c）

图 5.38　喇叭的种类

（a）螺旋形；（b）盆形；（c）筒形

2. 电喇叭的结构及工作原理

1）筒形、螺旋形电喇叭

筒形、螺旋形电喇叭的构造如图 5.39 所示，其主要机件由山形铁芯、线圈、衔铁、膜片、共鸣板、扬声器、触点及电容器等组成。膜片和共鸣板借中心杆与衔铁、调整螺母、锁紧螺母连成一体。

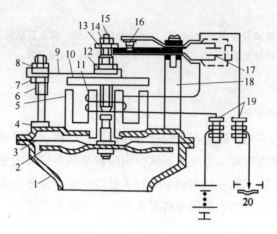

图 5.39 筒形、螺旋形电喇叭的构造

1—扬声器；2—共鸣板；3—膜片；4—底板；5—山形铁芯；6—线螺柱；7，13—调整螺钉；
8，12，14—锁紧螺母；9—弹簧片；10—衔铁；11—线圈；15—中心杆；
16—触点；17—电容器；18—导线；19—接线柱；20—按钮

当按下按钮时，电流由蓄电池 "+" 极→线圈（11）→触点（16）→按钮（20）→搭铁→蓄电池 "-" 极。当电流通过线圈（11）时，产生电磁吸力，吸下衔铁（10），中心杆上的调整螺钉（13）压下活动触点臂，使触点（16）分开而切断电路。此时线圈（11）电流中断，电磁吸力消失，在弹簧片（9）和膜片（3）的弹力作用下，衔铁又返回原位，触点闭合，电路重又接通。此后，上述过程反复进行，膜片不断振动，从而发出一定音调的音波，由扬声器加强后传出。共鸣板与膜片刚性连接，在振动时发出乐音，使声音更加悦耳。

为了减小触点火花，保护触点，在触点（16）间并联了一个电容器（或消弧电阻）。

2）盆形电喇叭

盆形电喇叭结构如图 5.40 所示。电喇叭初始状态为触点闭合状态，按下电喇叭按钮，电喇叭线圈电路接通，电流流向为：蓄电池 "+" 极→线圈（2）→触点（7）→喇叭按钮（10）→搭铁→蓄电池 "-" 极。线圈通电产生磁力后，吸动上铁芯（3）及衔铁（6）下移，使膜片（4）下拱，上铁芯（3）及下铁芯（9）接近，衔铁（6）下移过程中将触点（7）顶开，线圈（2）电路被切断，磁力消失，由于膜片（4）自身弹性带动上铁芯（3）及衔铁（6）一起回位，触点（7）又闭合。于是，线圈（2）中又有电流流过而产生磁力，上铁芯（3）和衔铁（9）又被吸下，膜片（4）下拱，上铁芯（3）及下铁芯（9）再次接近。如此循环，膜片因振动发出声音，同时，共鸣板（5）与膜片（4）发生谐振，把声音放大，并使声音变得悦耳。为了保护触点，有的盆形喇叭在触点之间并联了灭弧电容器。

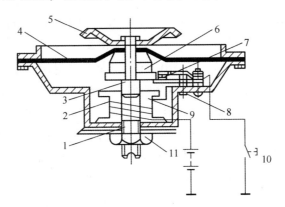

图5.40 盆形电喇叭结构

1—底座；2—线圈；3—上铁芯；4—膜片；5—共鸣板；6—衔铁；7—触点；

8—调整螺钉；9—下铁芯；10—按钮；11—锁紧螺母

3）电子电喇叭

普通电喇叭由于触点易烧蚀、氧化，影响电喇叭的工作可靠性，故障率高。而电子电喇叭无触点，它利用晶体管控制电路来激励膜片振动产生声响。图5.41所示为电子电喇叭的结构，图5.42所示为电子电喇叭的电路原理图。

当喇叭电路接通电源后，由于晶体管VT加正向偏压而导通，线圈中便有电流通过，产生电磁力，吸引上衔铁，连同绝缘膜片和共鸣板一起动作，当上衔铁与下衔铁接触而直接搭铁时，晶体管VT失去偏压而截止，切断线圈中的电流，电磁力消失，膜片与共鸣板在弹力作用下复位，上、下衔铁又恢复为断开状态，晶体管VT重又导通，如此周而复始地动作，膜片不断振动便发出响声。

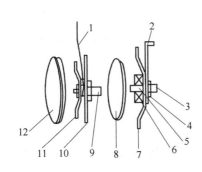

图5.41 电子电喇叭的结构

1—导线；2—托架；3—调整螺钉；4—锁紧螺母；5—下衔铁；

6—线圈；7—喇叭体；8—线张垫圈；9—上衔铁；10—绝

缘膜片；11—共鸣板；12—罩盖

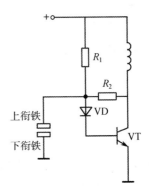

图5.42 电子电喇叭电路原理图

3. 喇叭继电器

为了得到较为和谐悦耳的声音，在汽车上常装有两个不同音调（高、低音）的电喇叭。其中高音喇叭膜片厚、扬声简短，低音喇叭则相反。

装用单只螺旋形电喇叭或两只盆形喇叭时，电喇叭总电流较小（小于 8 A），一般直接由方向盘上的喇叭按钮控制。当装用双喇叭时，电喇叭耗用电流较大（大于 15~20 A），用按钮直接控制，易烧蚀按钮触点。为避免这一缺点，可采用喇叭继电器控制双音电喇叭。喇叭继电器结构和接线如图 5.43 所示。按下方向盘上喇叭按钮时，喇叭继电器线圈通电（因线圈电阻较大，流过线圈及按钮的电流不大），继电器铁芯产生电磁吸力，将继电器触点闭合，接通了双音电喇叭，喇叭发音。松开喇叭按钮时，继电器线圈断电，铁芯电磁吸力消失，触点在自身弹力作用下张开，切断了电喇叭电路，电喇叭停止发音。

喇叭继电器的作用就是利用铁芯线圈的小电流控制触点的大电流，从而保护方向盘按钮触点。

4. 电喇叭的调整

电喇叭的调整一般有触点预压力和铁芯气隙调整两项，前者调整喇叭的音量，后者调整喇叭的音调。如图 5.44 为盆形电喇叭的调整示意图。

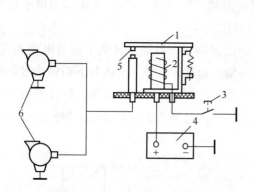

图 5.43　喇叭继电器结构和接线

1—衔铁；2—铁芯线圈；3—喇叭按钮；4—蓄电池；
5—继电器触点；6—电喇叭

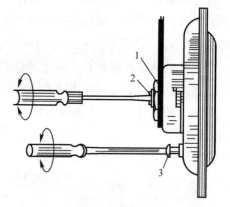

图 5.44　盆形电喇叭的调整示意图

1—锁紧螺母；2—音调调整铁芯；3—音量调整螺钉

1）音量的调整

音量的大小与通过线圈的电流大小有关，通过线圈的工作电流越大，喇叭发出的音量也就越大。线圈通过电流的大小，可以通过改变喇叭触点的接触压力来调整（压力增大，通过线圈的电流增大；喇叭的音量增大，反之，音量减小）。旋转音量调整螺钉（逆时针方向转动时，音量增大）。调整时不可过急，一般每次转动调整螺钉不多于 1/10 圈。触点压力是否正常，可通过检查喇叭工作电流与额定电流是否相符来判断。如工作电流等于额定电流，则说明触点压力正常；如工作电流大于或小于额定电流，则说明触点压力过大或过小，应予以调整。

2）音调的调整

音调的高低取决于膜片振动的频率，改变铁芯间隙可以改变膜片的振动频率，从而改变音调，有的在制造时已经调好，工作中不用调整。调整时松开锁紧螺母旋转铁芯，间隙减小时音调提高，间隙增大时音调降低，铁芯气隙值（一般为 0.7~1.5 mm）视喇叭的高、低音及规格型号而定，如 DL34G 为 0.7~0.9 mm，DL34D 为 0.9~1.05 mm。其中，DL 代表电喇叭；G 代表高音；D 代表低音。

电喇叭音量和音质调整并不是完全独立的，它们两者实际上是相互关联的，因此两者需反复调试才会获得最佳效果。汽车喇叭声级在距车前 2 m、离地面 1.2 m 处测量时，其值应为 90~115 dB。

5. 电喇叭常见故障诊断

1）喇叭不响

诊断思路：先检查熔丝断、电喇叭搭铁情况及线路连接是否正常。若正常，则需进行下列检查。

（1）将继电器 S 接线柱（图 5.45）直接搭铁，若电喇叭响，则说明电喇叭按钮有故障，可能是电喇叭搭铁不良，需处理；处理后电喇叭若仍不响，进行下一步。

（2）将继电器上的 B 与 H 接线柱（图 5.45）短接，若电喇叭响，则说明继电器有故障，更换继电器；若仍不响，则可能是继电器到电喇叭之间的线路有故障。

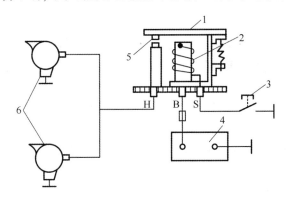

图 5.45　电喇叭的控制电路

1—触点臂；2—线圈；3—电喇叭按钮；4—蓄电池；5—触点；6—电喇叭

2）喇叭响声不正常

诊断思路：首先检查蓄电池存电是否充足。接通前照灯开关，如果灯光暗弱，或者在发动机未起动前喇叭声音沙哑，但发动机起动并加速到中速以上运转时，喇叭声音恢复正常，则是蓄电池亏电所致。若蓄电池技术状况正常或发动机中速以上运转时，喇叭声音仍沙哑，则应检查安装情况，若有松动应紧固，若无松动应检查各部紧固情况，必要时检查喇叭膜片和调整音量与音调。若膜片破裂，更换时应使用同型号、同音量喇叭的膜片。

3）喇叭长鸣

诊断思路：遇到这种情况，应迅速将接在继电器"电池"接线柱上的火线头拆下悬空，使喇叭停响。拆除继电器"按钮"接线柱上的接头，然后用前面拆下的电池接线柱上的火线碰划"电池"接线柱。若喇叭响，则可能是继电器触点烧蚀、弹簧弹力过弱或继电器"喇叭""电池"接线柱短路。若喇叭不响，则可能是继电器"按钮"接线柱至按钮之间的连线破损搭铁、线头搭铁或按钮回位弹簧折断或弹簧弹力过弱等。

4）一只喇叭不响（喇叭响声过小）

诊断思路：首先用万用表、试灯或对调两个喇叭连接线，检查导线有无断路。若导线良好，应检查喇叭的调整是否变动，喇叭线圈是否断开，喇叭搭铁是否良好等。

5.2.6 信号报警装置

为了确保行车安全，现代机动车辆都安装有各种报警装置。报警装置一般由传感器和红色报警灯组成。报警信号系统通常由报警灯和报警自动开关组成，当被监测的系统不正常时，开关自动接通，指示灯自动发亮，提醒驾驶员注意，如机油压力过高或过低报警、制动压力不足报警、真空度过低报警、水温过高报警、燃油不足报警等。

报警灯一般安装在驾驶室内仪表盘上，在灯泡前有滤光片，以使灯泡发出黄光或红光，滤光片上一般标有符号，以示报警项目。报警灯一般与报警开关串联后接在电路中。报警开关有很多种，其共同特点是一对受工作物质操纵的触点开关。

1. 制动系统低气压报警灯

气压制动的汽车上，当制动系统气压过低时，制动系统低气压报警灯即发亮，引起汽车驾驶员注意。低气压报警传感器装在制动系统储气筒或制动阀压缩空气输入管路中，红色报警灯装在仪表板上。制动系统低气压报警灯线路较为简单，主要由保险、指示灯和低气压报警传感器串联组成。低气压报警传感器的结构如图5.46所示。

电源接通后，当制动系统储气筒内的气压下降到340~370 kPa时，由于作用在报警传感器膜片（4）上的压力减小，于是膜片（4）在回位弹簧（3）的作用下向下移动而使触点闭合，电路接通，低气压报警灯发亮。当储气筒中的气压升高到400 kPa以上时，传感器中的膜片（4）所受的气压增大，使回位弹簧（3）压缩，触点打开，于是电路断开。

2. 机油压力报警灯

在多数现代汽车上，除机油压力表之外，还配有一个红色报警灯，用来表示机油压力安全值的情况。当润滑系统机油压力降低或升高到允许限度时，报警灯即亮，以便引起汽车驾驶员注意。通常有薄膜式和弹簧管式两种。

1）薄膜式机油压力报警装置

薄膜式机油压力过低报警灯组成示意图如图5.47所示。当机油压力正常时，机油压力推动薄膜向上拱曲，推杆将触点打开，报警灯不亮；当机油压力过低时，薄膜在弹簧压力作用下下移，从而触点闭合，红色报警灯亮，以示警告。

2）弹簧管式机油压力报警装置

弹簧管式机油压力报警装置由装在发动机主油道上的弹簧管式传感器和装在仪表板上

的报警灯两部分组成，如图 5.48 所示。传感器内的管形弹簧的一端与发动机主油道连接，另一端与活动触点连接，静触点经导电片与接线柱连接。

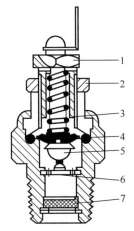

图 5.46　低气压报警传感器的结构

1—调整螺钉；2—锁紧螺母；3—回位弹簧；4—膜片；

5—活动触点；6—静触点；7—滤清器

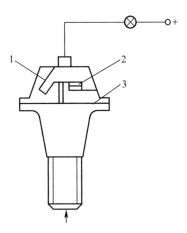

图 5.47　薄膜式机油压力过低报警灯组成示意图

1—推杆；2—触点；3—薄膜

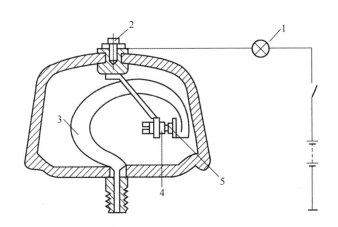

图 5.48　弹簧管式机油压力报警装置的结构原理图

1—机油压力报警灯；2—弹簧管式机油压力报警开关接线柱；3—管形弹簧；4—静触点；5—活动触点

当润滑系统机油压力低于允许值（如 EQ1090 汽车为 50～90 kPa）时，管形弹簧几乎无变形，触点处于闭合状态，报警灯中有电流通过，报警灯发亮，提醒驾驶员注意。当润滑系统机油压力达到允许值时，管形弹簧变形程度增大，使触点分开，报警灯中无电流通过，报警灯熄灭。

现代轿车的机油压力报警系统比以上更完善，它由低压开关、高压开关、控制模块及机油压力报警灯组成。低压油压开关为常闭型，其额定压力值为 0.03 MPa。当油压低于此值时，开关闭合；反之，则打开。高压油压开关为常开型，其额定压力值为 0.18 MPa，当油压高于此值时，开关闭合；反之，则打开。

控制模块利用油压开关信号以及转速信号进行控制。当发生故障时，油压报警灯亮，同时蜂鸣器发出报警声。当发动机怠速时，若油压小于 0.03 MPa，报警灯会亮；当发动机转速超过 2 050 r/min 时，如果油压小于 0.18 MPa，报警灯亮 3 s 后，蜂鸣器报警；转速下降到 2 050 r/min 以下时，蜂鸣器也保持报警，直到油压达到 0.18 MPa 以上或关掉点火开关为止。

3. 冷却液温度报警灯

冷却液温度报警灯用来监控冷却系统，当冷却液温度不正常时，发出灯光信号，以示警告。其传感器由双金属片作为温度敏感元件，冷却液温度报警灯的电路如图 5.49 所示。在传感器的密封套管（1）内装有条形双金属片（2），双金属片（2）自由端焊有活动触点，而静触点（4）直接搭铁。当温度升高到 95～98 ℃时，双金属片（2）向静触点方向弯曲，使两触点接触，红色报警灯便接通发亮。当发动机冷却液的温度正常时，传感器内的双金属片受热温度较低，变形程度小，触点断开，报警灯中无电流通过，报警灯熄灭。

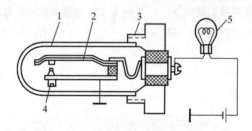

图 5.49　冷却液温度报警灯的电路

1—密封套管；2—双金属片；3—螺纹接头；4—静触点；5—指示灯

4. 燃油油面报警灯

当燃油箱内燃油减少到某一规定值时，燃油油面报警灯亮，以警告驾驶员注意。如图 5.50 所示，它由热敏电阻式燃油油量报警传感器和报警灯组成。当燃油箱内燃油量多时，负温度系数的热敏电阻元件（3）浸没在燃油中，散热快，其温度较低，电阻值大，所以电路中电流很小，报警灯处于熄灭状态。当燃油减少到规定值以下时，热敏电阻元件（3）露出油面以上，散热慢，温度升高，电阻值减少，电流增大，则报警灯发亮。

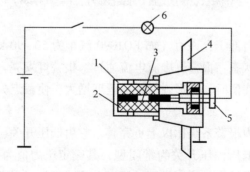

图 5.50　燃油油面报警灯

1—外壳；2—防爆金属网；3—热敏电阻元件；4—油箱外壳；5—接线柱；6—指示灯

5. 制动液液面报警灯

制动液液面报警灯用来在制动液液面降到规定值时，报警灯亮，警告驾驶员进行维护。结构如图 5.51 所示，它的传感器，装在制动液储液罐中。外壳（1）内装有舌簧管继电器，接线柱与液面报警灯相连，浮子（4）上固定着永久磁铁。制动液面下降到规定值时，通过浮子带动永久磁铁（3）使舌簧管触点闭合，接通报警灯，发出警告，当制动液面上升时，浮子上升，吸力减弱，舌簧管触点靠自身弹力张开，报警灯熄灭。

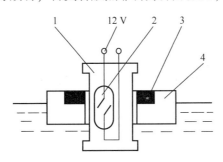

图 5.51　制动液液面报警灯
1—外壳；2—舌簧管；3—永久磁铁；4—浮子

6. 蓄电池液面报警灯

当蓄电池液面下降时蓄电池液面报警灯用来向驾驶员警告，以便维护。蓄电池液面报警系统利用电极式液面高度传感器测量液面高度，如图 5.52 所示，该传感器由装在蓄电池盖板上作为电极的铅棒构成。蓄电池液量低于规定量时报警灯点亮，从而向驾驶者发出蓄电池液量不足的报警信号。

当把传感器的电极置于蓄电池电槽中时，该电槽中具有与蓄电池阴极板相同的作用，也将发生电动势。如使其电极长度与规定液面位置下限处吻合，实际液面高于该位置则发生电动势，低于该位置不产生电动势。这种电极式液面位置传感器在蓄电池液量正常时可产生电压信号，异常时不产生电压信号。

蓄电池液量正常时电路如图 5.53 所示。传感器浸入蓄电池液中产生电动势，晶体管 VT_{r1} 处于 ON 导通状态。蓄电池电流按图中箭头方向从正极经过点火开关、晶体管 VT_{r1} 流向蓄电池负极。A 点电位接近于零，晶体管 VT_{r2} 处于 OFF 截断状态，报警灯不亮。

蓄电池液量不足时电路如图 5.54 所示。由于此时传感器未浸入蓄电池液中，不能产生电动势，晶体管 VT_{r1} 处于 OFF 状态。同时，A 点电位升高，电流按箭头方向流过晶体管 VT_{r2} 基极，从而使 VT_{r2} 处于 ON 状态，报警灯亮，警告驾驶者蓄电池液量不足。

7. 制动灯断线报警灯

为了提高行车安全，在汽车上安装制动灯断线报警灯。其线路原理如图 5.55 所示，由电磁线圈（4、6）、舌簧开关（5）、报警灯（3）等组成。

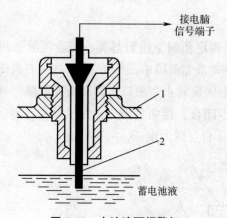

图 5.52 电池液面报警灯

1—蓄电池上盖板；2—电极

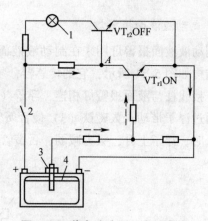

图 5.53 蓄电池液面正常时电路

1—报警灯；2—开关；3—传感器；4—液面

在正常情况下制动时，踩下制动踏板，制动灯开关接通，电流分别经电磁线圈 4 和 6，左右制动信号灯亮。此时，两线圈所产生的磁场互相抵消，舌簧开关（5）在自身弹力作用下断开触点，报警灯不亮。若左（或右）制动信号灯灯线断路（或灯丝烧断），则电磁线圈 4（或 6）无电流通过，而通电的线圈产生的磁场吸力吸动舌簧开关（5）的触点闭合，与舌簧开关（5）串联的报警灯（3）亮。

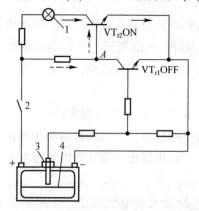

图 5.54 蓄电池液面不足时电路

1—报警灯；2—开关；3—传感器；4—液面

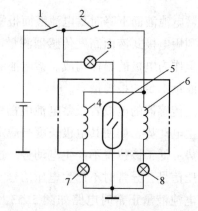

图 5.55 制动灯断线报警灯线路原理

1—点火开关；2—制动开关；3—报警灯；4，6—电磁线圈；5—舌簧开关；7，8—制动信号灯

8. 空气滤清器堵塞报警灯

进气管的进气畅通与否，直接影响充气效率。当进气管堵塞时，点亮空气滤清器堵塞报警灯，以示警告，其主要用在货车上。如图 5.56 所示，为东风汽车的空气滤清器堵塞报警传感器内部结构。外壳的前部装有感受压力差的膜片（7），并靠底板（8）压固，底板上开有三个小孔与大气相通，外壳的后部设有通气管，通过输气管与空气滤清器的下部相通，从而使其壳内成为一个气盒。

空气滤清器堵塞时，气盒内产生真空，当气盒内的真空度达到 51 kPa 时，在大气压

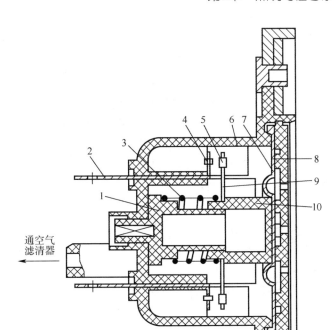

图 5.56 空气滤清器堵塞报警传感器内部结构

1—螺栓；2—导电插片；3—弹簧；4、5—触点；6—外壳；7—膜片；8—底板；9—导电片；10—弹簧座

力的作用下，膜片推动弹簧座移动，使触点闭合，点亮报警灯。

9. 轮胎气压报警灯

在车辆行驶中，轮胎气压报警系统用来检测轮胎的气压状态，当轮胎气压降低时，使仪表板的报警信号灯点亮，向驾驶员发出警告。

轮胎气压报警系统的组成如图 5.57 所示，即用来提供进气温度信号的发动机控制系统电脑（1）；检测制动信号的驻车灯开关（2）；车轮速度传感器（4、8）和速度传感器转盘（5、9）检出各车轮运行速度，并将检出结果输入电脑；设定开关（6）在交换轮胎等情况下进行系统初始设定；轮胎气压报警系统电脑（7）接收车轮速度传感器信号，运算出轮胎气压，并控制气压报警灯工作。轮胎气压报警信号灯的位置如图 5.58 所示。

轮胎气压报警系统根据轮胎气压与轮胎弹性的相关性，从制动防抱死系统的车轮传感器输出的轮胎信号来计算出轮胎弹性，从而实现轮胎气压的正常监测。再从轮胎弹性变化计算出共振频率的变化，以此作为轮胎气压变化，向驾驶者发出低压警告。

把车轮速度传感器输出的信号输给中央处理器进行波形整形处理，用以计算轮胎的共振频率，再从该共振频率推算出轮胎扭转常数即可检测出轮胎气压。

10. 制动系真空度报警

为了减轻驾驶员的劳动强度，实现紧急制动，保障行车安全，有的汽车上采用了真空增压器。所谓增压，就是利用发动真空度来提高制动时的压力差。为了监视真空增压器的工作状态，在灯光信号系统中，专门设置了制动系真空度报警装置。

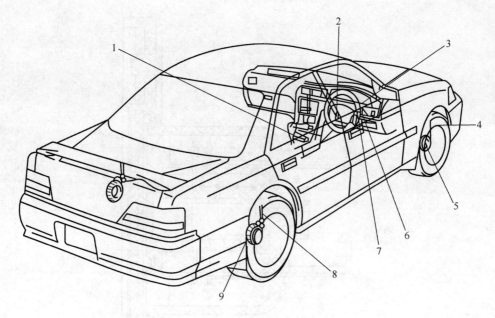

图 5.57 轮胎气压报警系统的组成

1—发动机控制系统电脑；2—驻车灯开关；3—轮胎气压报警灯；4,8 车轮速度传感器；
5,9—速度传感器转盘；6—设定开关；7—轮胎气压报警系统电脑

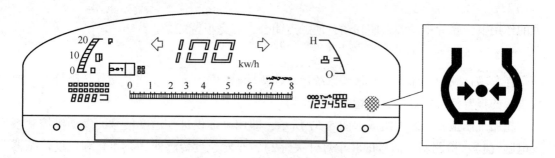

图 5.58 轮胎气压报警信号灯的位置

真空度报警灯是红色的，点亮时说明制动系统的真空度过低。它是由装在真空缸上的制动系统真空传感器控制的，其电路与制动气压报警装置的电路相同。

在电源开关接通的情况下，当真空度下降到（350±30）mmHg（1 mmHg = 133.32 Pa）时，传感器触点接通，警报灯显示红色信号，表示真空度过低；当真空缸中的真空度高于（350±30 mm）Hg 即（46 663±40 000）Pa 时，传感器触点打开，报警灯熄灭。制动系统真空度传感器的结构示意图如图 5.59 所示。

11. 座椅安全带报警系统

座椅安全带报警系统如图 5.60 所示。当接通点火开关而没有扣紧座椅安全带时，座椅安全带报警系统蜂鸣器发出报警声响并点亮报警灯约 8 s。座椅安全带扣环开关是一端搭铁的常闭式开关，当座椅安全带被扣紧时，开关才张开，蓄电池电压随点火钥匙置于点

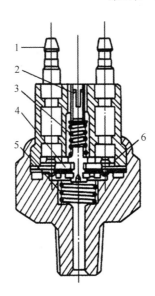

图 5.59　制动系统真空度传感器的结构示意图

1—接线柱；2—调整螺钉；3—调整弹簧；4—触点；5—压力弹簧；6—膜片

火位时加至定时器，如果此时安全带未扣好，电路便通过常闭开关搭铁，接通蜂鸣器及报警灯电路；如果在安全带扣好的状态下接通点火开关，那么来自蓄电池的电流便会通过加热器，使得双金属带发热，达到一定程度后，使触点张开从而切断电路。

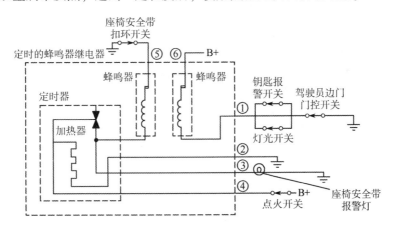

图 5.60　座椅安全带报警系统

12. 前照灯未关及点火钥匙未拔报警系统

如果驾驶员在打开车门离开车辆时没有关闭前照灯，蜂鸣器或发音器便发出鸣叫提示。驾驶员门控制开关为常闭式，其中一端直接搭铁，只有当车门关闭时，开关才断开。如果前照灯开关在前照灯或停车挡，蓄电池电压经蜂鸣器和灯光开关加至驾驶员门控制开关，此时若驾驶员打开车门，蜂鸣器电路即被接通，于是发出鸣叫提示，直到前照灯关闭或驾驶员边门关闭才停止。

5.3 汽车仪表显示系统

5.3.1 系统概述

汽车仪表是为驾驶员提供汽车运行重要信息的装置，用来指示汽车运行与发动机的运转状况，以便及时发现问题、采取措施、避免事故，保证车辆正常运行，同时是维修人员发现和排除故障的重要工具。对仪表的要求除结构简单、工作可靠、耐震、抗冲击性好外，仪表的示数还必须准确，在电源电压波动时所引起的变化应尽可能小，且不随周围温度的变化而变化。

按工作原理划分，汽车仪表可分为机械式仪表、电气式仪表、模拟电路电子式仪表、数字式仪表。其中机械式仪表、电气式仪表和模拟电路电子式仪表统称传统仪表。机械式仪表就是基于机械作用力工作的仪表；电气式仪表就是基于电测原理，通过各类传感器将被测的非电量变换成电信号（模拟量）加以测量的仪表；模拟电路电子式仪表的工作原理与电气式仪表基本相同，只不过是用电子器件（分立元件和集成电路）取代原来的电气器件，现在均采用各种专用集成电路（为汽车仪表专门设计的集成电路）；数字式仪表是先由 ECU 采集传感器的信号，再将模拟量转换为数字量，经分析处理后控制显示装置。数字仪表性能完善，必将在汽车上普及使用。

按安装方式划分，汽车仪表可分为组合式和分装式。组合式仪表就是将各仪表组合安装在一起，主要由仪表、指示灯、报警灯、照明灯、报警蜂鸣器等组成；分装式仪表就是将各仪表单独安装。组合式仪表又分为可拆式（如桑塔纳 2000）和整体不可拆式（如别克）两种。可拆式仪表的仪表、指示灯、报警灯和照明灯等部件可单独更换。整体不可拆式仪表需整体更换。

5.3.2 传统仪表

目前国产汽车仍广泛使用模拟电路电子式仪表，并且大多为组合式仪表，常用的仪表有机油压力表、冷却液温度表、燃油表、车速里程表、发动机转速表、仪表稳压器等。图 5.61 所示为桑塔纳 2000 轿车的组合仪表。

1. 机油压力表

机油压力表用来检测和显示发动机主油道的机油压力的大小，以防因缺机油而造成拉缸、烧瓦的重大故障发生。它由机油压力传感器和机油压力指示表两部分组成。机油压力传感器安装在发动机主油道上，机油压力指示表安装在仪表板上。

按工作原理划分，机油压力传感器可分为双金属片式和可变电阻式两种，机油压力指

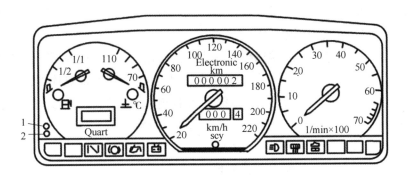

图 5.61　桑塔纳 2000 轿车的组合仪表

1—分调整钮；2—时调整钮

示表可分为电热式、电磁式和弹簧式三种。常用的是电热式机油压力指示表配双金属片式机油压力传感器和电磁式机油压力指示表配可变电阻式机油压力传感器。

　　1）电热式机油压力指示表的结构组成和工作原理

　　电热式机油压力传感器也称为双金属片式机油压力表，双金属片是由两种热膨胀系数不同的金属制成的。当加热线圈通过电流时，产生的热量就会使双金属片产生弯曲变形。

　　（1）电热式机油压力传感器的结构。

　　其由装在发动机主油道上的机油压力传感器和仪表板上的机油压力指示表组成，如图 5.62 所示。

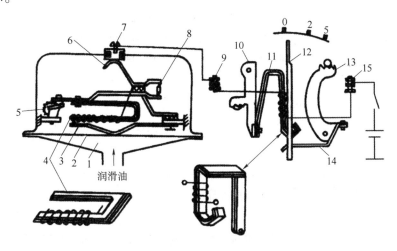

图 5.62　电热式机油压力传感器

1—油腔；2—膜片；3，14—弹簧片；4，11—双金属片；5—调节齿轮；6—接触片；7—传感器接线柱；8—校正电阻；9—机油压力表传感器接线柱；10，13—调节齿扇；12—指针；15—机油压力表电源接线柱

　　传感器一般做成盒子形，外部有一个接线柱（7）与机油压力指示表相连。内部中间有金属膜片（2），膜片的下方油腔（1）经管接头与润滑系统主油道相通，膜片上方压有弯曲的弹簧片（3），弹簧片的一端焊有触点，另一端与外壳固定并搭铁。双金属片（4）

上绕有加热线圈，它的一端焊在双金属片端的触点上，另一端焊在接触片（6）上。调节齿轮（5）可以调节触点的接触压力。

机油压力指示表外部有两个接线柱，传感器接线柱（9）与机油压力传感器相连，电源接线柱（15）与电源相连。内装有双金属片（11），其上绕有加热线圈，线圈两端分别与两接线柱相连。双金属片（11）一端弯成钩形扣在指针（12）上，指针在双金属片（11）和弹簧片（14）作用下保持在某一位置。调节齿扇（10）和（13）可以调节指针的位置。

（2）电热式机油压力传感器的工作原理。

当点火开关置 ON 时，电流就由蓄电池"+"极→点火开关→机油压力表电源接线柱（15）→加热线圈→机油压力表传感器接线柱（9）→传感器接线柱（7）→接触片（6）→双金属片（4）的加热线圈（校正电阻 8 与加热线圈并联）→触点→弹簧片（3）→搭铁→蓄电池"–"极。由于电流流过双金属片（4）的加热线圈，双金属片（4）受热变形，使触点分开，切断电路。经过一段时间后，双金属片（4）冷却伸直，触点重又闭合，接通电路。如此反复，电路中形成一脉冲电流。该脉冲电流平均值取决于机油压力的大小，其波形如图 5.63 所示。

图 5.63　电热式机油压力传感器加热线圈中电流的波形

（a）油压为 0，$f=15$ 次/min，$I=0.06$ A；（b）油压为 0.2 MPa，$f=70$ 次/min，$I=0.17$ A；
（c）油压为 0.5 MPa，$f=125$ 次/min，$I=0.24$ A

当油压降低时，传感器膜片（2）变形小，触点压力小，闭合时间短，打开时间长，变化频率低，电路中平均电流小，双金属片（11）温度低，弯曲变形小，指针偏摆角度小，指向低油压。

当油压升高时，膜片（2）向上拱曲变形大，触点压力大，闭合时间长，打开时间短，变化频率高，电路中平均电流大，双金属片（11）温度高，弯曲变形大，指针偏摆角度大，指向高油压。

为使油压的指示值不受外界温度的影响，双金属片（4）制成"Π"字形。其上绕有加热线圈的一边称为工作臂，另一边称为补偿臂。当外界温度变化时，工作臂的附加变形被补偿臂的相应变形所补偿，使指示表的指示值保持不变。在安装传感器时，必须使传感器外壳上的箭头（安装记号）向上，不应偏出垂直位置30°，从而保证"Π"字形双金属片的工作臂位于补偿臂之上，以避免工作臂产生的热气上升对补偿臂产生影响而造成指示值失准。

当发动机低速运转时，机油压力不应小于 0.15 MPa，当发动机高速运转时，机油压力不应超过 0.5 MPa；正常时压力应为 0.2~0.4 MPa。

2）电磁式机油压力指示表的结构组成和工作原理

（1）电磁式机油压力指示表的结构如图 5.64 所示。可变电阻式机油压力传感器利用油压大小推动滑臂来改变可变电阻的阻值，当油压升高时，电阻值减小；当油压降低时，电阻值增大。电磁式机油压力指示表内部有两个线圈（L_1 和 L_2），中间置有铁磁转子，转子上连有指针。

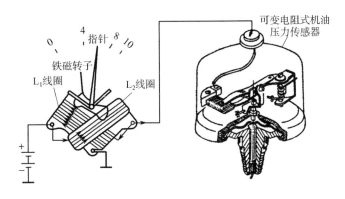

图 5.64　电磁式机油压力指示表与可变电阻式机油压力传感器

（2）电磁式机油压力表的工作原理如图 5.65 所示。

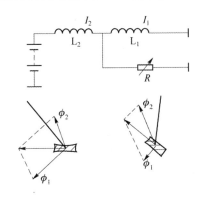

图 5.65　电磁式机油压力表的等效电路

当油压降低时，传感器的电阻值增大，线圈 L_1 中的电流减小，线圈 L_2 中的电流增大，转子带动指针随合成磁场的方向逆时针转动，指向低油压；当油压升高时，传感器的电阻值减小，线圈 L_1 中的电流增大，线圈 L_2 中的电流减小，转子带动指针随合成磁场的方向顺时针转动，指向高油压。

2. 冷却液温度表

冷却液温度表用来指示发动机冷却液工作温度。其工作电路由冷却液温度表和冷却液温度传感器两部分组成，水温表安装在组合仪表内，水温传感器安装在发动机气缸盖的冷却水套上。电热式水温表又称双金属片式水温表，可与电热式水温传感器或热敏电阻式水温传感器配套使用。电热式水温表与电热式水温传感器的结构与工作电路如图 5.66所示。

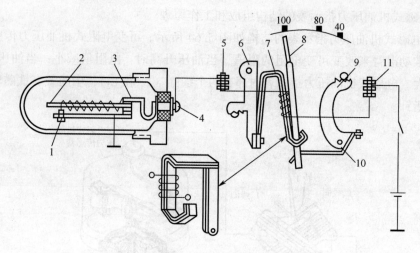

图 5.66　电热式水温表与电热式水温传感器的结构与工作电路

1—静触点；2，7—双金属片；3—连接片；4—水温传感器接线柱；5，11—水温表接线柱；
6，9—调节齿扇；8—指针；10—弹簧片

3. 燃油表

燃油表用来指示汽车燃油箱的油量。电热式燃油表称为双金属片燃油表，其结构与电路如图 5.67 所示。

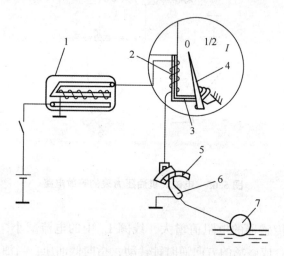

图 5.67　电热式燃油表的结构与电路

1—温压器；2—加热线圈；3—双金属片；4—指针；5—可变电阻；6—滑片；7—传感器浮子

当油箱无油时，传感器浮子（7）在最低位置，将可变电阻（5）全部接入电路，加热线圈中的电流最小，所以双金属片（3）没有变形，指针（4）指示"0"的位置；当油箱中的油量增加时，传感器浮子（7）上浮，带动滑片（6）移动，可变电阻的阻值减小，加热线圈中的电流增大，双金属片（3）受热变形，带动指针（4）向右偏转。

由于流经加热线圈中的电流除与可变电阻的阻值有关外，还与电源电压有关，因此该电路中需配有电源稳压器。

电源稳压器主要由双金属片、加热线圈、触点和调节片组成，与水温表、燃油表连接。一端铆有活动触点，调节片连接电源，另一端铆有静触点。触点之间的压力可通过调整螺钉调节，从而调整仪表电路中电流的平均值。加热线圈的一端焊在双金属片带触点的一端，另一端搭铁。

电源稳压器的原理如图 5.68 所示。接通点火开关，稳压器通电，触电为常闭触点，此时输出电压等于输入电压。同时，由于电流通过加热线圈，双金属片被加热变形而拱曲，使触点打开。当触点打开后，输出电压为 0。这时，双金属片因不再加热而逐渐冷却复位，触点又闭合。如此反复，触点不断开闭，使稳压器输出脉冲电压，其电压波形如图 5.69 的 AB 段所示。

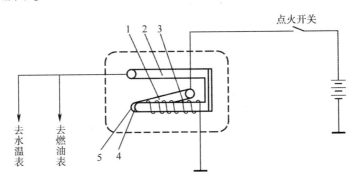

图 5.68 电源稳压器的原理

1—调节片；2—双金属片；3—加热线圈；4—活动触点；5—静触点

当输入电压升高时，流过稳压器加热线圈的电流加大，产生的热量多，双金属片变形快，因此只需较短时间，触点就打开。这样，触点的闭合时间短，打开时间相对较长，输出脉冲虽高但窄，见图 5.69 中的 CD 段，使其平均值，即输出电压，基本上不增加。

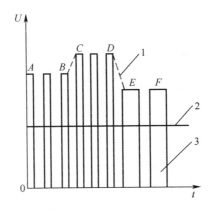

图 5.69 电源稳压器的电压波形

1—电源电压的变动波形；2—经稳压后的恒定脉冲电压平均值；3—稳压器工作时的脉冲电压波形

当输入电压降低时，流过稳压器加热线圈的电流小，产生的热量少，双金属片热变形慢，所以触点的闭合时间长，打开时间相对较短，输出脉冲虽低但宽，见图 5.69 中的 *EF* 段，使其平均值（即输出电压）基本上不减少。由图 5.69 可知，稳压器的输出电压低于电源电压，因此凡使用电源稳压器的仪表，不允许直接与电源相接，否则有可能损坏指示器。

4. 车速里程表

车速里程表是用来指示汽车行驶速度和累计行驶里程数的仪表，由车速表和里程表两部分组成。常用的有磁感应式与电子式两种。

1）磁感应式车速里程表

磁感应式车速里程表也称永磁式车速里程表，其结构如图 5.70 所示。磁感应式仪表没有电路连接，它是由变速器输出轴上的一套蜗轮蜗杆以及挠性软轴来驱动的，该车速里程表由永久磁铁（1）、带有轴及指针（6）的铝碗（2）、罩壳（3）和紧固在车速里程外壳上的刻度盘（5）等组成。

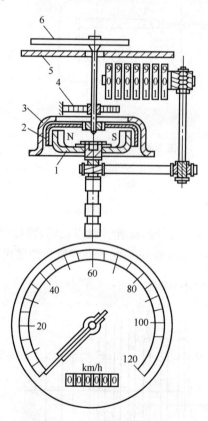

图 5.70　磁感应式车速里程表

1—永久磁铁；2—铝碗；3—罩壳；4—盘形弹簧；5—刻度盘；6—指针

罩壳（3）是固定的，铝碗（2）是杯形的，与永久磁铁（1）及罩壳（3）间具有一定的间隙，没有机械连接。铝碗（2）是与指针（6）一起转动的，在静态时，盘形弹簧

（4）的作用使指针指在刻度盘0的位置上。

当汽车行驶时，变速器输出轴上的蜗轮蜗杆以及软轴等带动永久磁铁转动，同时在铝碗上感应出涡流，产生转矩，使铝碗反抗游丝向永久磁铁转动方向转动，带动指针同转一个角度，因为涡流的强弱与车速成正比（车速越高，磁场切割速度越高），所以指针指示的速度也必与汽车的行驶速度成正比。

该车速里程表是由蜗轮蜗杆和计数轮组成的，蜗轮蜗杆和汽车的传动轴之间具有一定的传动比。在汽车行驶时，软轴驱动车速里程表的小轴，经三对蜗轮蜗杆带动里程表的第一计数轮转动。第一计数轮上的数字为十分之一千米，每两个相临的计数轮之间，又通过本身的内齿和进位计数轮的传动齿轮，形成1∶10的传动比。这样汽车行驶时，就可以将其行驶里程不断累计起来。

2）电子式车速里程表

电子式车速里程表主要由车速传感器、电子电路、车速表和里程表四部分组成。奥迪100型轿车的组合仪表中装有指针式电子车速里程表。

车速传感器的作用是产生正比于车速的电信号。常用的车速传感器主要有光电式、磁感应式、磁性电阻式和霍尔式等。图5.71所示为奥迪100型轿车组合仪表的车速传感器的基本结构，它由一个舌簧开关和一个含有4对磁极的转子组成。变速器驱动转子旋转，转子每转一周，舌簧开关中的触点闭合、打开8次，产生8个脉冲信号，该脉冲信号频率与车速成正比。当车速为20 km/h时，车速传感器的信号频率为17.5~22.9 Hz；当车速为200 km/h时，车速传感器的信号频率为213.3~225.2 Hz。

电子电路的作用是将车速传感器送来的电信号整形、触发，输出一个电流大小与车速成正比的电流信号。其基本组成主要包括稳压电路、单稳态触发电路、恒流源驱动电路、64分频电路和功率放大电路。

车速表实际上是一个电磁式电流表，当汽车以不同车速行驶时，从电子电路接线端6输出的与车速成正比的电流信号便驱动车速表指针偏转，即可指示相应的车速。

里程表由一个步进电动机和六位数字的十进位数字轮组成。车速传感器输出的信号，经64分频后，再经功率放大器放大到足够的功率，驱动步进电动机，带动数字轮转动，从而记录行驶的里程。

有的汽车还带有日行程计数器，它由4只数字轮组成，最大读数为999.9 km，其传动机构及工作原理与上述里程计数相同，不同的是日行程计数器装有一个人工复位机构，以便根据需要将日行程计数器复位到0。

5. 发动机转速表

为了检查并监视发动机的工作状况，更好地掌握换挡时机，大多数汽车均安装发动机转速表。发动机转速表用于指示发动机的运转速度。其中，电子式转速表由于结构简单、指示精确和安装方便，因此被广泛应用。电子转速表获取转速信号的方式一般有两种，即从点火系统获取脉冲电压信号和从发动机曲轴获取转速信号。发动机转速表的电路类型很多，现主要介绍两种。

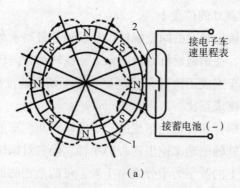

（a）

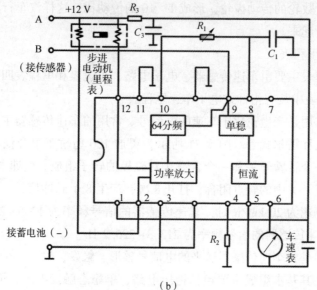

（b）

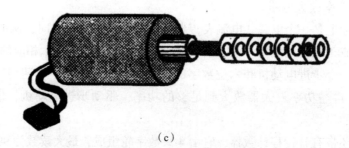

（c）

图 5.71 奥迪 100 型轿车组合仪表的车速传感器的基本结构

（a）车速传感器；（b）电子电路；（c）里程表

1—塑料环；2—舌簧开关

1）电容充放电式转速表

图 5.72 所示为桑塔纳轿车转速表电路原理图。它利用电容器充放电脉冲式电子转速表电路，其转速信号来自点火系统初级电路，工作原理如下：

当点火控制器使初级电路导通时，三极管 VT 处于截止状态，电容 C_2 被充电。其充电电路为：蓄电池"+"极→R_3→C_2→VD_2→蓄电池"−"极，构成回路。

当点火控制器使初级电路截止时，三极管 VT 的基极得正电位而导通，此时 C_2 便通过导通的三极管 VT、电流表 A 和 VD_1 构成放电回路，从而驱动电流表。

当发动机工作时，初级电路不断地导通、截止，其导通、截止的次数与发动机转速成正比。所以当初级电路不断地导通、截止时，对电容 C_2 不断地进行充放电，其放电电流平均值与发动机转速成正比，于是将电流平均值标定成发动机转速即可。

稳压管 VS 起稳压作用，使 C_2 再次充电电压不变，以提高测量精度。

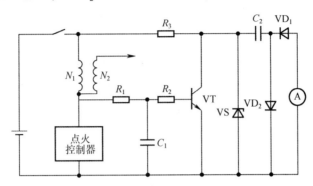

图 5.72　桑塔纳轿车转速表电路原理图

2）电磁感应式转速表

电磁感应式转速表由装在飞轮壳上的转速传感器和装在仪表板上的转速表表头（包括电子线路）组成。图 5.73 所示为磁感应式转速传感器的结构示意图，它由永久磁铁、感应线圈、心轴、外壳等组成。

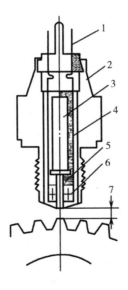

图 5.73　磁感应式转速传感器的结构示意图

1—接线片；2—外壳；3—永久磁铁；4—连接线；5—心轴；6—感应线圈；7—空气隙

当飞轮转动时，齿顶与齿底不断地通过心轴，空气隙的大小发生周期性变化，使穿过心轴的磁通也随之发生周期性的变化，于是在感应线圈中感应出交变电动势。该交变电动势的频率与心轴中磁通变化的频率成正比，也与通过心轴端面的飞轮齿数成正比。

磁感应式转速传感器输出的近似正弦波频率信号加在转速表线路，经电路处理后，输出具有一定的幅值和宽度的矩形波，用来驱动毫安表。由于输入的信号频率与通过心轴的飞轮齿数成正比，信号的频率和幅值与发动机转速成正比，故当转速升高时频率升高，幅值增大，这会使通过毫安表中的平均电流增大，指针摆动角度也相应增大，于是转速表指示的转速就高。

6. 仪表稳压器

双金属片式冷却温度表和燃油表配用可变电阻式传感器时，流经加热线圈的电流除与可变电阻值的大小有关外，还与供电电压有关。发电机输出端电压虽经调节器调整，但仍受负载电流的影响。电源电压变化必然影响双金属片式仪表的测量精度。稳压器的作用是当电源电压变化时稳定仪表的平均电压，减小仪表的指示误差。

1）电热式仪表稳压器

电热式仪表稳压器是由带触点的双金属片元件和电热丝组成，其工作过程如图 5.74 所示，当电流经过稳压器中触点及双金属片元件，再流至燃油表和水温表时，电热丝使双金属片发热弯曲，触点随之断开，电流停止流向燃油表和水温表，同时，电流不会再流过稳压器电热丝。当电流停止流过电热丝时，双金属片元件冷却，触点再次接通。如果蓄电池电压低，流过发热丝的电流量小，双金属片元件的加热速度也会减慢，触点就会推迟断开，也就是说，触点要长时间接通。反之，如果蓄电池电压高，电流量也大，使触点的接通时间变得很短。通过这种方法，即使在蓄电池电压波动时，电流量也保持在实际上恒定的水平，如图 5.75 所示。

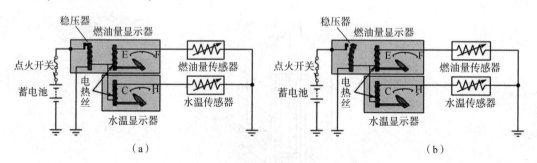

图 5.74 电热式仪表稳压器的工作过程

（a）稳压器各触点闭合；（b）稳压器各触点断开

电热式仪表稳压器在使用中应注意以下几点：

（1）安装仪表稳压器时，两接线柱的接线不得接错。

（2）凡使用仪表稳压器的燃油表及冷却液温度表，不允许直接与电源相连接。

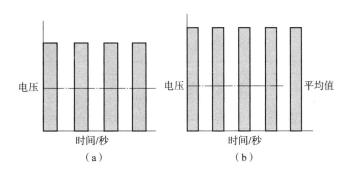

图 5.75　稳压器的工作原理

（a）电压低；（b）电压高

2）电子式仪表稳压器

桑塔纳、奥迪轿车仪表板采用了专用的三端式电子式仪表稳压器，其结构如图 5.76 所示。图中 A 脚为输出脚，"−"脚为搭铁脚，E 脚为电源输入端。稳压器的输出电压为 9.5~10.5 V。

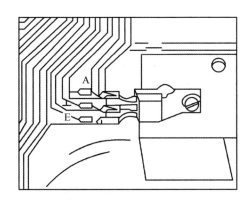

图 5.76　电子式仪表稳压器

采用三端式电子式仪表稳压器可简化仪表结构，降低仪表成本，提高稳压精度，延长仪表寿命。

5.3.3　数字仪表

由于数字仪表性能完善，更能适应现代汽车的需要，所以正日趋普及，掌握数字仪表的结构、工作原理和检测方法尤为重要。

数字仪表大多提供英制和米制两种显示，以供驾驶员选择使用。并且可以一表多用，可根据需要选择仪表的显示内容。大多数数字仪表都有自诊断功能，可以进行自检和存储故障码，便于维修人员迅速诊断故障。

数字仪表主要由传感器、控制单元和显示装置构成。传感器的作用是检测信号；控制单元的作用是采集传感器的信号，将模拟量转换为数字量，经分析处理后控制显示装置；

显示装置的作用是接收控制单元的指令，显示各种信息。数字仪表结构框图如图 5.77 所示。

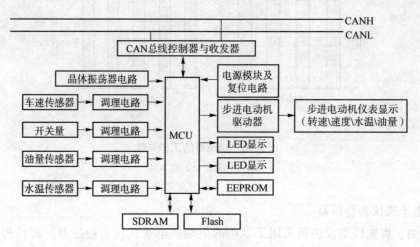

图 5.77 数字仪表结构框图

1. 常用电子显示器件

汽车数字仪表的电子显示器件可分为发光型和非发光型两大类。发光型显示器自身发光，容易获得鲜艳的流行色，非发光型显示器靠反射环境光显示。发光型显示器主要有真空荧光管（VFD）、发光二极管（LED）、阴极射线管（CRT）、等离子显示器件（PDP）和电致发光显示器件（ELD）等，非发光型显示器有液晶显示器（LCD）和电致变色显示器（ECD）等。其中用得最多的是真空荧光管（VFD）和液晶显示器（LCD）。

1）真空荧光管（VFD）

真空荧光管（VFD）是最常用的数字显示器，如图 5.78 所示，它由钨灯丝（4）、栅格（3）、涂有荧光物质的屏幕（2）和玻璃罩（5）构成。其中，钨灯丝为阴极，接电源负极；涂有荧光物质的屏幕为阳极，接电源正极，其上制有若干字符段图形（一般为 7、14 或 20 字符段），每个字符段由电子开关单独控制通电状态；栅格置于灯丝和屏幕之间；整个装置密封在被抽真空的玻璃罩内。

真空荧光管（VFD）的工作原理如图 5.79 所示，当阴极灯丝（1）通电时，灯丝发热，释放电子，电子被电位较高的栅格（2）吸引，并穿过栅格，均匀地打在电位最高的屏幕字符段（3）上。凡是由电子开关控制通电的字符段受电子轰击后发亮，而未通电的字符段发暗。这样通过控制字符段通电状态，就可形成不同的显示数字。

真空荧光管（VFD）的优点是可靠性高，抵抗恶劣环境的能力强，操作电压低，并且色彩鲜艳、可见度高、立体感强。其缺点是玻璃外壳较厚，体积和质量较大。

2）液晶显示器（LCD）

液晶是一种有机化合物，其分子呈长形杆状。在一定温度条件下，它既具有液体的流动性，又具有晶体的某些特征，其光学性质随分子排列方向的变化而变化。当在液晶上加

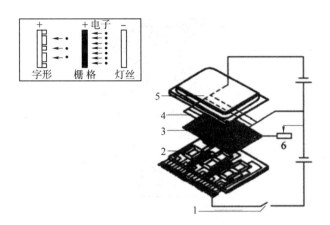

图 5.78 真空荧光管（VFD）的结构

1—电子开关；2—涂有荧光物质的屏幕（阳极）；3—栅格；4—钨灯丝（阴极）；5—玻璃罩；6—电位器（亮度调节）

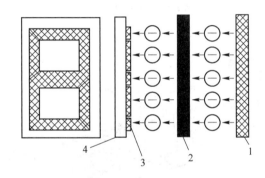

图 5.79 真空荧光管（VFD）的工作原理

1—钨灯丝（阴极）；2—栅格；3—字符段（阳极）；4—屏幕

一电场时，液晶分子排列方向发生变化，光学性质也随之变化。

图 5.80 所示为液晶显示器的结构。前玻璃板和玻璃背板上涂有透明的导电材料，以形成电极图形，二者之间注入主层 5~20 μm 厚的液晶，再在两玻璃板的外表面分别贴上起偏振片和检偏振片，并将整个显示板完全密封。

如图 5.81 所示，当液晶不加电场时，液晶的分子排列方式可将来自垂直偏光镜的垂直方向的光波旋转 90°，再经水平偏光镜后射到反光镜上，经反射后按原路回去，这时透过垂直偏光镜看液晶时，液晶呈亮的状态。

如图 5.82 所示，当液晶加电场时，液晶的分子排列方式改变，不能将来自垂直偏光镜的垂直方向的光波旋转，不能通过水平偏光镜达到反光镜，这时透过垂直偏光镜看液晶时，液晶呈暗的状态。将液晶制成字符段，通过控制每个字符段的通电状态，就可使液晶显示不同的字符。

液晶显示器（LCD）的优点是工作电压低，功耗小；显示面积大，示值清晰；通过滤光镜

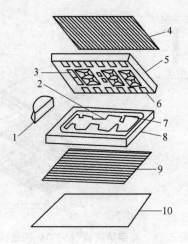

图 5.80　液晶显示器的结构

1—反射光；2—背板；3—笔划电极；4—前偏振片；5—前玻璃片；

6—接线端；7—密封面；8—玻璃背板；9—后偏振片；10—反光镜

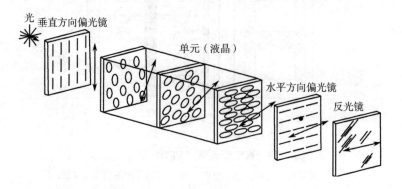

图 5.81　当液晶不加电场时，液晶显示器（LCD）的工作原理

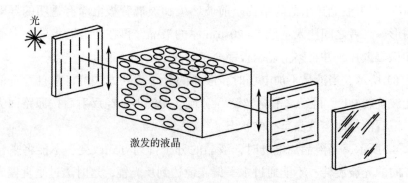

图 5.82　当液晶加电场时，液晶显示器（LCD）的工作原理

可显示不同的颜色；工艺简单。缺点是液晶为发光型物质，白天靠日光显示，夜间必须使用照明光源；低温条件下灵敏度较低，甚至不能正常工作，需要附加加热电路，改进驱动方式。

3）发光二极管（LED）

发光二极管是一种把电能转换成光能的固态发光器件，实际上也是一种晶体管，它是应用最广泛的低压显示器件，如图5.83所示。

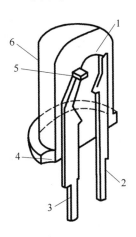

图5.83 发光二极管的结构

1—导线；2—阳极引线；3—阴极射线；4—阴极缺口标记；5—二极管芯片；6—塑料外壳

发光二极管一般都是用半导体材料，如砷化镓（GaAs）、磷化镓（GaP）、磷砷化镓（GaAsP）和砷铝化镓（GaAlAs）等制成。当在正、负极引线间加上适当正向电压后，二极管导通，半导体晶片便发光，通过透明或半透明的塑料外壳显示出来。发光的强度与通过管芯的电流成正比。外壳起透镜作用，可利用它来改变发光形式和发光颜色以适应不同的用途。当反向电压加到二极管上时，二极管截止，管芯无电流通过便不再发光。

发光二极管发出的颜色有红、绿、黄、橙，可单独使用，也可用来组成数字。在使用中，常把它焊接到印制电路板，以形成数字显示或带色光杆显示。图5.84所示为用七只发光二极管组成的数码显示装置。有些仪表则用发光二极管所组成的光点矩阵型显示器。LED（发光二极管显示）较适用于作汽车指示等数字符号段或点数不太多的光杆图形显示。

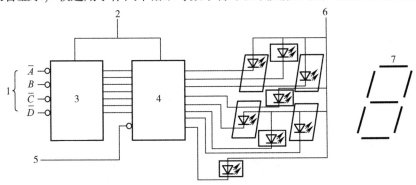

图5.84 发光二极管数码显示

1—输入；2—逻辑电路；3—译码器；4—恒流源；5—小数点；6—电源；7—"8"字形

4）阴极射线管（CRT）

阴极射线管（CRT）也称为显像管或电子束管，它是一种特殊的真空管。其结构与原理与家用及办公用电脑彩色显示器相同。

CRT 具有全彩色显示、图像显示的灵活性大、分辨率和对比度高等特点，且具有 50~100 ℃的工作温度范围，有微秒级以下的响应速度，是目前显示图像质量最高的一种显示器件。但其作为汽车仪表盘显示用器件体积太大，即便扁平型的 CRT 作为汽车用，也还存在一些缺点。随着现代汽车向高度信息化显示的方向发展，CRT 已进一步小型化，一些大汽车公司已推出了彩色阴极射线管（CRT）的汽车信息中心。

2. 显示器显示方法

真空荧光管发光二极管、液晶显示器等均可采用以下几种显示方法。

1）字符段显示法

字符段显示法通常是真空荧光管、发光二极管或液晶显示器采用的方法。它是一种利用七段、十四段或十七段小线段组成数字或字符显示的方法。七段小线段可组成数字 0~9，十四段或十六段小线段可组成数字 0~9 或字母 A~Z。每段可以单独点亮或成组点亮，以便组成任何一个数字、字符或一组数字、字符。每段都有一个独立的控制荧屏，由作用于荧屏的电压来控制每段的照明。为显示特定的数位，电子电路选择出代表该数位的各段，并进行照明。图 5.85 所示为七字符段和十四字符段及七字符段和十四字符段显示的数字和字母。

（a）　　　　　（b）　　　　　（c）　　　　　（d）

图 5.85　字符段显示法

（a）七字符段；（b）十四字符段；（c）七字符段显示的数字；（d）十四字符段显示的数字和字母

2）点阵显示法

点阵显示法就是一种利用成行列排列的点阵元素组成数字或字符显示的方法。各点阵元素都是由电子电路选择并控制明暗的，从而组成数字或字符。图 5.86 所示为发光二极管组成的 5×7 点阵显示板和 5×7 点阵显示的一些数字和字母。

3）特殊符号显示法

特殊符号显示法就是利用一些形象直观的国际标准 ISO 符号显示的方法。图 5.87 所示为数字仪表常用的 ISO 符号。

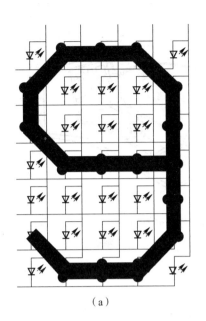
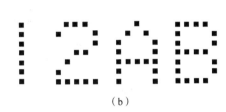

（a）　　　　　　　　　　　　　　　　（b）

图 5.86　点阵显示法

（a）5×7 点阵显示板；（b）5×7 点阵显示的数字和字母

图 5.87　数字仪表常用的 ISO 符号

4）图形显示法

图形显示法就是利用图形显示的方法。图 5.88 所示为用图形显示大灯、小灯与制动灯故障及清洗液与燃油量存量的方法。在汽车顶视外观图的某些部位装有发光二极管显示装置，当某个部位出现故障时，传感器即向电子控制组件提供信息，控制发光二极管上的电压，使其闪光。

图 5.89 所示为利用杆图显示燃油量等的方法。用 32 条亮杆代表燃油量，当满油时，32 条亮杆都亮；当燃油量减少时，发亮亮杆数量减少；当燃油量减至 3 条发亮亮杆时，燃

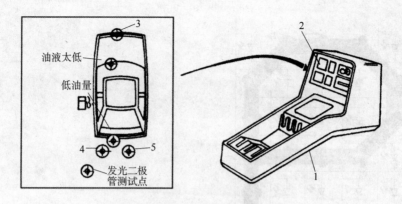

图5.88 利用发光二极管作图形显示

1—座架；2—图形显示警告器；3—大灯；4—尾灯；5—制动灯

油量不足符号闪烁，提醒应该加油了。

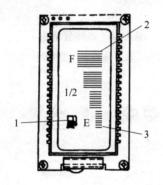

图5.89 利用杆图显示燃油量

1—符号；2—第32条杆；3—第1条杆

图5.90所示为利用光条图显示燃油量等的方法。

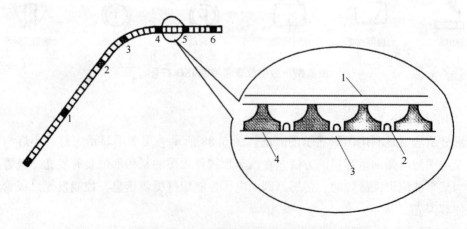

图5.90 利用光条图显示燃油量

1—漫射器；2—发光二极管；3—印制电路板；4—分隔器

3. 数字仪表控制电路

1）分装式数字仪表

分装式数字仪表具有各自独立的控制电路，图 5.91 所示为一数字燃油表的控制电路。R_X 为浮子式滑线电阻传感器，显示器件主要由两块集成电路 LM324 和 $VD_1 \sim VD_7$ 发光二极管组成。R_{15} 和 VD_8 组成串联稳压电路，为电压比较器反向输入端提供稳定的基准电压。为了消除燃油晃动的影响，R_X 输出端 A 点电位经 R_{16} 和 C 组成的延时电路加到电压比较器的同向输入端，与反向输入端的基准电压比较并加以放大。

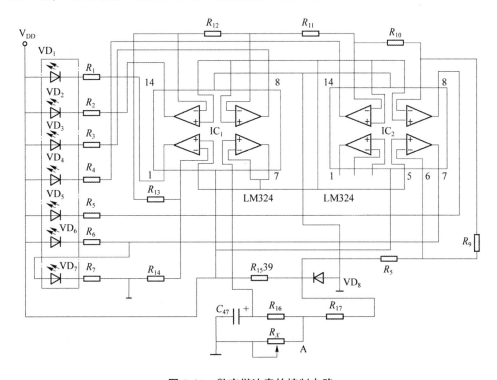

图 5.91　数字燃油表的控制电路

当燃油箱中加满燃油时，传感器 R_X 的阻值最小，A 点电位最低，电压比较器输出低电平，6 只绿色发光二极管均亮；红色发光二极管 VD_1 熄灭。当燃油量减少时，绿色发光二极管按 VD_7、VD_6、VD_5……次序依次熄灭。燃油量越少，绿色发光二极管亮的个数越少。当燃油量减少到下限时，传感器 R_X 的阻值最大，A 点电位最高，集成块 IC_2 的第 5 脚电位高于第 6 脚基准电位，6 只绿色发光二极管全部熄灭，红色发光二极管 VD_1 点亮，提醒驾驶员补充燃油。

图 5.92 所示为微机控制的燃油表系统。微机给燃油传感器提供一固定的 +5 V 电压，燃油传感器输出的信号电压通过 A/D 转换后送至微机进行处理，并将其转换为操作显示器的电压信号，以杆图方式显示燃油量。

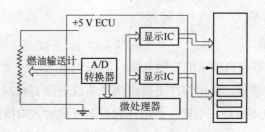

图 5.92　微机控制的燃油表系统

2）组合式数字仪表

上述分装式仪表具有各自独立的电路，不便采用先进的结构工艺，所有仪表加在一起体积过大，安装不方便。现代汽车通常采用数字组合仪表，其结构紧凑，便于安装和接线，但各仪表间磁效应和热效应相互影响，易引起附加误差，所以要采取一定的磁屏蔽和热隔离措施，还要进行相应的补偿。

图 5.93 所示为单片机控制的汽车智能组合仪表，它由汽车工况采集、单片机控制及信号处理、显示器等系统组成。

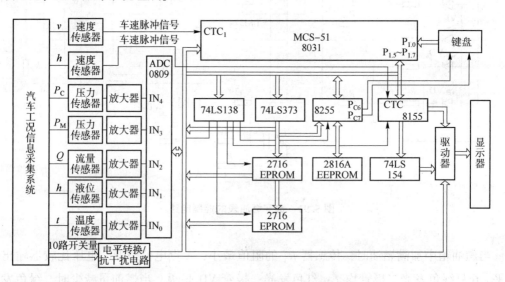

图 5.93　单片机控制的汽车智能组合仪表

（1）汽车工况信息采集。

汽车工况信息通常分为模拟量、频率量和开关量三类。

①模拟量。发动机冷却液温度、油箱燃油量、润滑油压力等，经过各自的传感器转换成模拟电压量，经放大处理后，再由模/数转换器转换成单片机能够处理的二进制数字量，输入单片机进行处理。

②频率量。发动机转速和汽车行驶速度等经过各自的传感器转换成脉冲信号，再经单

片机相应接口输入单片机进行处理。

③开关量。由开关控制的汽车左转、右转、制动、倒车，各种灯光控制，各车门开关情况等，经电平转换和抗干扰处理后，根据需要，一部分输入单片机进行处理，另一部分直接输送至显示器进行显示。

（2）信息处理。

汽车工况信息经采集系统采集并转换后，按各自的现实要求输入单片机进行处理。如汽车速度信号除了要由车速显示器显示外，还要根据里程显示的要求处理后输出里程量的显示。车速信息在单片机系统中按一定算法处理后送2816A存储器累计并存储。汽车其他工况信息，都可以用相应的配置和软件来处理。

（3）信息显示。

信息显示可采用前述汽车电子仪表的显示方式介绍的方式显示，如指针指示、数字显示、声光和图形辅助显示等。

除了显示装置外，汽车仪表系统还设有功能选择键盘，微机与汽车电气系统的接头和显示装置连接。当点火开关接通时，输入信号有蓄电池电压、燃油箱传感器、温度传感器、行驶里程传感器、喷油脉冲以及键盘的信号，微机即按相应汽车动态方式进行计算与处理，除了发出时间脉冲以外，尚可用程序按钮选择显示出瞬时燃油消耗、平均燃油消耗、平均车速、距离和外界温度等信息。

3）综合信息系统

综合信息系统就是将各种仪表、报警装置和舒适性控制器组合到一起而形成的系统。该系统可以是简单的组合（如图5.94所示的燃油数据中心），也可以是对各种信息进行分析计算处理，具有更多功能的一体式信息系统，所监控的车辆信息如图5.95所示。

图5.94　燃油数据中心

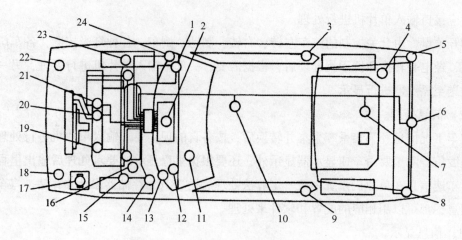

图 5.95　综合信息系统所监控的车辆信息

1—电子声音报警器；2—监控器；3，9—关门信息；4—后洗涤器液量；5，8—尾灯、制动灯；6—后舱关闭信号；
7—燃油量信号；10—安全带信号；11—车钥匙信号；12—喷洗器液量；13—驻车制动；14—制动液量；
15，23—制动踏板信号；16—机油温度；17—发动机冷却液量；18，22—前照灯；
19—变速器压力；20—冷却液温度；21—机油量；24—蓄电池报警

本章小结

　　汽车照明与信号系统可以保证汽车夜间行驶的安全性，减少交通事故的发生，同时检测车辆运行状况并通过仪表进行信号报警，为车辆检修提供便利性。本章具体介绍了前照灯、制动灯、倒车灯、转向信号灯、电喇叭、信号报警装置、汽车仪表显示系统的作用、组成、基本工作原理、常见故障诊断与排除方法等。通过本章的学习，学生可以熟悉汽车照明与信号系统的结构组成和工作原理，掌握基本的检修技能。

习　题

1. 照明系统的作用是什么？汽车上一般都有哪些照明装置？

2. 简述两种以上前照灯的类型并分析其优劣。

3. 画出一般汽车照明系统的基本控制电路。

4. 信号系统的作用是什么？

5. 闪光继电器在转向信号电路中装在什么位置？

6. 喇叭继电器起什么作用？说出各接线柱的名称和接线。

7. 简述盆形电喇叭的优点，以及结构和工作原理。

8. 说出 1~2 种闪光器结构与工作原理。

9. 总结汽车上安装报警装置的意义及其作用原理。

10. 汽车仪表的作用是什么？数字仪表都有哪些显示装置？

参考文献

王慧君，于明进，吴芷红. 汽车电气设备 [M]. 北京：人民交通出版社，2014.

刘文国，张士江，郭法宽. 汽车电气设备构造与维修 [M]. 北京：电子工业出版社，2009.

吴芷红，胡福祥. 汽车电气设备 [M]. 北京：中国水利水电出版社，2010.

黄勤龙，罗早发. 汽车电器设备构造与维修 [M]. 北京：航空工业出版社，2015.

章后思维导图

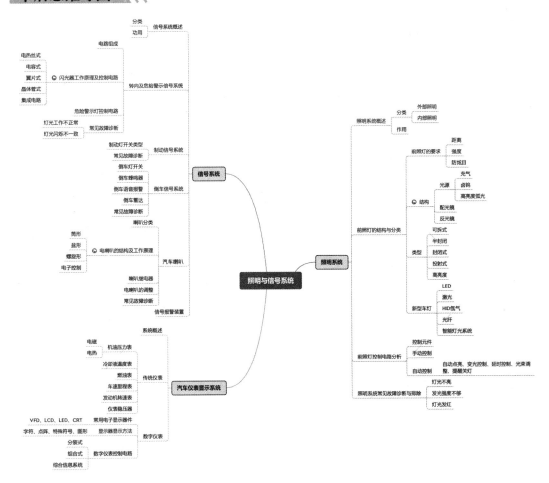

第6章
舒适与安全系统

随着人类物质生活水平的提高，人们对汽车的舒适性与安全性的要求也越来越高。汽车的舒适与安全系统是指为驾乘人员提供舒适性控制、保障行驶安全的装置，具体包括风窗刮水清洗设备、电动车窗、中控门锁、安全气囊、胎压监测系统、智能空调等。

6.1 舒适系统

6.1.1 电动刮水器

1. 作用

为了提高汽车在雨天和雪天行驶时道路的能见度，保证在各种使用条件下挡风玻璃表面干净、清洁，许多汽车都安装有电动挡风玻璃刮水器，它具有一个或两个以上橡皮刷，由驱动装置带动往复摆动，以除去玻璃上的水、雪和灰尘等。

2. 电动刮水器的基本结构

电动刮水器主要由电动机、减速机构、自动复位机构、刮水器开关和传动机构及刮片等组成，其机械传动关系如图 6.1 所示。减速机构采用蜗轮蜗杆，它和自动复位机构、电动机组装在一起，使结构紧凑。

刮水器的电动机为微型直流电动机，由磁场、电枢、电刷等组成，其工作电压为 12 V 或 24 V。按磁场结构来分，电动机有绕线式（励磁式）和永磁式两种，永磁式电动刮水器具有体积小、重量轻、结构简单等特点，被广泛地应用在汽车上。永磁式电动机及减速机构和自动复位机构如图 6.2 所示。

刮水器的变速原理是利用直流电动机的变速原理实现的，由直流电动机电压平衡方程式可得转速公式为

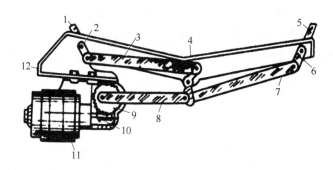

图 6.1　电动刮水器机械传动关系

1，5—刮片架；2，4，6—摆杆；3，7，8—连杆；9—减速蜗轮；10—蜗杆；11—电动机；12—底板

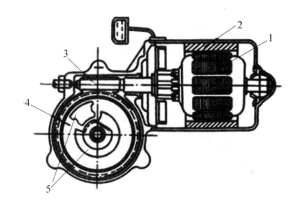

图 6.2　永磁式电动刮水器

1—电枢；2—永久磁铁；3—蜗杆；4—蜗轮；5—自动复位滑片

$$n = \frac{U - I_a R_a}{KZ\varphi} \quad (r/\min) \tag{6.1}$$

式中，U——电动机端电压，单位为 V；

$\quad\quad I_a$——过电枢绕组中的电流，单位为 A；

$\quad\quad R_a$——电枢绕组的电阻，单位为 Ω；

$\quad\quad K$——常数；

$\quad\quad Z$——正、负电刷间串联的电枢绕组数；

$\quad\quad \varphi$——磁极磁通，单位为 Wb。

永磁式电动机的磁场由铁氧体永久磁铁产生，磁场的强弱不能改变。为了改变工作速度，可采用三刷式电动机，利用三个电刷改变正负电刷之间串联的电枢线圈个来数实现变速。因为直流电动机旋转时，在电枢绕组内同时产生反电动势，其方向与电枢电流的方向相反，当电枢转速上升时，反电动势也相应上升，电枢电流产生的电磁力矩与运转阻力矩平衡时，电枢转速趋于稳定。当运转阻力矩一定时，电枢稳定运转所需要的电枢电流一定，对应的电枢绕组反向电动势高低就一定。而电枢绕组反向电动势与转速和正负电刷之间串联的电枢线圈个数的乘积成正比。当电枢绕组反向电动势高低一定时，转速和正负电刷之间串联的电枢线圈个数成反比，正负电刷之间串联的电枢线圈个数越多，转速越低；反之，正负电刷之间串联的电枢线圈个数越少，转速越高。所以，利用三个电刷改变正负电刷之间串联的电枢线圈个数可以实现变速，变速原理如图 6.3 所示。

当刮水器开关拨至低速挡时，电枢电路如图 6.3（a）所示，电源电压加在"+"与"-"电刷之间，使其内部形成两条对称的并联支路，一条由线圈 4、3、2、1 串联组成，另一条由线圈 8、7、6、5 串联组成。由于各线圈反向电动势方向相同，互相叠加，相当于 4 对线圈串联，电动机以较低转速稳定旋转。当刮水器开关拨至高速挡时，电枢电路如图 6.3（b）所示，电源电压加在"-"电刷与偏置电刷之间，从图中可以看出电枢绕组的一条支路由五个线圈 8、4、3、2、1 串联，另一条支路由三个线圈 7、6、5 串联，使并联后总电阻比低速时减小，总功率增大；线圈 8 与线圈 4、3、2、1 的反电动势方向相反，互相抵消后，相当于只有三对线圈串联，因而只有转速升高，才能使反电动势达到与运转阻力矩相应的值，形成新的平衡，故此时转速较高。

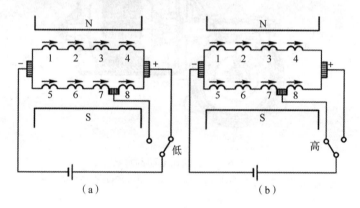

图 6.3　三刷电动机变速原理

（a）低速挡；（b）高速挡

为了不影响驾驶员的视线，要求刮水片能够自动复位，即关闭刮水器开关时不论刮水片在什么位置，都使刮水片自动停止在风窗玻璃底部。自动复位机构组成和电路连接如图 6.4 所示，它由装在减速机构端盖上的自动复位触片（6、7）和嵌在减速蜗轮上的自动复位滑片（8、9）组成，滑片 8 与壳体绝缘，滑片 9 则直接搭铁；触片 6、7 靠自身弹力保持与自动复位滑片 8、9 接触。能与滑片 9 接触的自动复位触片 7，叫自动复位触点，它与刮水器开关连接，在开关置于断开位置（0 挡）时与电动机低速电刷 10 接通；能与滑片 8 接触的自动复位触片 6，叫自动复位电源触点，它始终与电源电刷 4 接通。减速蜗轮运转时，两弹片触点与两组滑片处于时通时断状态。

3. 电动刮水器的工作原理

由图 6.4 可知，刮水器开关（12）有 0、Ⅰ、Ⅱ三个挡位，其中Ⅰ挡为低速挡、Ⅱ挡为高速挡，0 挡为复位挡。通过将刮水器开关 12 置于不同的挡位，可实现刮水器的低速运

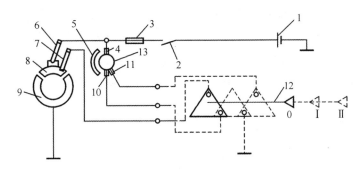

图 6.4　永磁式双速刮水器控制电路

1—蓄电池；2—电源开关；3—熔断丝；4、10、11—电刷；5—永久磁铁；
6、7—自动复位触片；8、9—自动复位滑片；12—刮水器开关；13—电枢

转、高速运转及停机复位等功能。

电源开关（2）接通，当刮水器开关（12）置于"Ⅰ"挡时，电刷（4、10）工作，电动机通电，因电刷（4、10）间串联的电枢线圈较多，电枢在永久磁场作用下低速运转。电路为：蓄电池"+"极→电源开关（2）→熔断丝（3）→电刷（4）→电枢绕组→电刷（10）→刮水器开关（12）→搭铁→蓄电池"–"极。

当刮水器开关（12）置于"Ⅱ"挡时，电刷（4、11）工作，电动机通电，电流从蓄电池"+"极→电源开关（2）→熔断丝（3）→电刷（4）→电枢绕组→电刷（11）→刮水器开关（12）→搭铁→蓄电池"–"极，形成回路。此时由于电刷（4、11）间串联的电枢线圈减少，电枢在永久磁场作用下高速运转。

当刮水器开关（12）置于"0"挡时，如果刮水片没有停到规定的位置，此时自动复位触片（7）与滑片（9）接触，维持刮水器电动机电路接通，以低速运行，此时电流从蓄电池正极→电源开关（2）→熔断丝（3）→电刷（4）→电枢绕组→电刷（10）→刮水器开关（12）→触片（7）→滑片（9）→搭铁→蓄电池"–"极，形成回路。当刮水片摆到规定位置后，触片（7）与滑片（9）脱开，切断电动机的搭铁线，电动机断电当作发电机减速运行，为了使其尽快停止，通过滑片（8）将触片（6、7）短接，使电枢通过滑片（8）、触片（6、7）构成回路形成电流，产生制动作用，使刮水片停到适当位置，电路为：电枢绕组"+"→电刷（4）→触片（6）→滑片（8）→触片（7）→刮水器开关（12）→电刷（10）→电枢绕组"–"。

4. 间歇式电动刮水器

汽车在毛毛细雨或雾天、小雪天气中行驶时，风窗玻璃表面形成的是不连续水滴，如按上述刮水器速度进行刮拭，风窗玻璃上的微量水分和灰尘会形成一个发黏的表面，不仅不能将风窗玻璃刮拭干净，相反会使玻璃模糊不清，留下污斑，影响驾驶员的视线。为此，现代汽车上一般都增设了电子间歇刮水系统。在碰到上面提及行驶条件时，只需将刮水开关拨至间歇工作挡位，刮水器便在间歇继电器的控制下，按一定周期自动停止和刮拭，即每刮水一次停止 2~12 s，从而使风窗洁净，使驾驶员获得良好的视野。间歇继电器

有机械式和电子式两大类，原理各不相同。

图 6.5 所示为用机械式间歇继电器控制的刮水器电路示意图，刮水器开关有 0、Ⅰ、Ⅱ、Ⅲ 4 个挡位，其中 0 挡为停止挡、Ⅰ 挡为间歇挡、Ⅱ 挡为低速挡、Ⅲ 挡为高速挡；间歇继电器由时间继电器、一对常开触点 A 和一对常闭触点 B 组成。

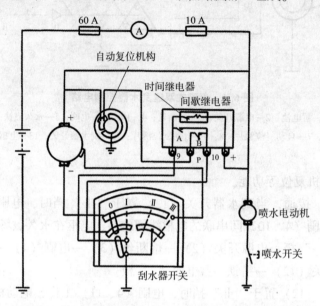

图 6.5　采用机械式间歇继电器控制的刮水器电路示意图

其工作原理如下：

当刮水器开关拨至Ⅰ挡时，刮水器间歇继电器中的时间继电器通电，电路为：蓄电池"+"极→60 A 熔断器→电流表→10 A 熔断器→间歇继电器"+"接线柱→时间继电器线圈、触点→间歇继电器"9"接线柱→刮水器开关内部触点→搭铁→蓄电池"-"极，时间继电器线圈产生吸力，将常开触点 A 闭合，常闭触点 B 打开，此时电动机通过间歇继电器构成回路，电路为：蓄电池"+"极→60 A 熔断器→电流表→10 A 熔断器→刮水电动机电刷"+"→电枢绕组→电刷"-"→刮水器开关内部触点→间歇继电器接线柱（10）→常开触点 A→刮水器开关→搭铁→蓄电池"-"极。电动机低速运转，带动刮水片工作。

间歇继电器中的时间继电器线圈很快自动断电，在弹簧的作用下，常开触点 A 被打开，常闭触点 B 又闭合。如果此时自动复位触点处于自动复位机构的搭铁铜片上，电动机不因继电器线圈断电而停止工作，此时电路为：蓄电池"+"极→60 A 熔断器→电流表→10 A 熔断器→刮水电动机电刷"+"→电枢绕组→电刷"-"→刮水器开关内部触点→间歇继电器接线柱 10→常闭触点 B→间歇继电器接线柱 P→自动复位机构搭铁片→搭铁→蓄电池"-"极；当电动机转到图示所在位置（即自动复位机构的电源触点和自动复位触点处于同一滑片上）时，间歇继电器接线柱 P 的搭铁电路断开，刮水电动机电路被切断、停止工作。但由于机械惯性，电动机瞬间还会转动，因而电动机以发电机运行而产生制动，迫使电动机立即停止转动，使刮水片正好处于玻璃下方。

间歇继电器经几秒钟间歇后又重新接通，刮水电动机又开始工作。如此反复循环，构成了刮水电动机的间歇工作。当刮水器拨至Ⅱ、Ⅲ挡时，电动机的转速直接由刮水开关控制，刮水开关内部Ⅰ挡的触点与搭铁断开。只有将刮水开关拨至0、Ⅰ挡时，自动复位机构才起作用。

由于驾驶员可以方便设定间歇周期长短，故电子式间歇继电器应用越来越广。

6.1.2 风窗玻璃洗涤器

为了更好地消除附在风窗玻璃上的尘土和污物，在车辆上设置了风窗玻璃洗涤器，与刮水器配合工作，保证驾驶员有良好的视野。

1. 作用

汽车在灰尘较多的环境中行驶时，会造成一些灰尘飘落在风窗上而影响驾驶员的视线。为此，汽车刮水系统中增设了清洗装置，在需要时向风窗表面喷洒专用清洗液或水，在刮水片配合工作下，保持风窗表面洁净。

2. 组成与工作原理

风窗清洗装置的组成如图6.6所示，由储液罐、清洗泵、输液管、喷嘴、清洗开关等组成。基本工作原理：工作时，开动清洗泵，将储液罐的洗涤液通过软管、喷嘴而喷向风窗玻璃上，将尘污湿润，然后通过刮水器的刮水片来回运动，将风窗玻璃洗刷干净。

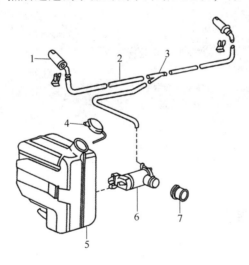

图6.6 风窗清洗装置的组成

1—喷嘴；2—输液管；3—三通接头；4—箱盖；5—储液罐；6—清洗泵；7—衬垫

储液罐由塑料制成，其内储有水、酒精或洗涤剂等配制的清洗液。有些储液罐上装有液面传感器，用以监视清洗液的数量。

清洗泵一般由永磁直流电动机和离心叶片泵组装成为一体。喷射压力可达70～88 kPa。清洗泵一般直接安装在储液罐上，但也有安装在管路内的。在离心泵的进口处设置有滤清器。

喷嘴安装在风窗玻璃下面。其喷嘴方向可以调整，使水喷射在风窗玻璃的适当位置，喷嘴直径一般为 0.8~1 mm。喷嘴的安装有两种形式：一种是在前围板总成的左右两面各安装一个喷嘴，各自冲洗规定区域；另一种是将喷嘴安装在刮水器臂内，当刮水器臂作弧形刮水运动时，喷嘴即刻向挡风玻璃上喷射清洗液。

清洗泵连续工作一般不超过 1 min，对刮水和洗涤分别控制的汽车，应开动清洗泵后接通刮水器，喷水停止后，刮水器应继续刮动 3~5 次，经过这样的配合，可以达到良好的清洁效果。

风窗清洗装置电路比较简单，一般和电动刮水器共用一个熔断丝，有的车清洗开关单独设置安装，有的则和刮水器开关组合在一起。当清洗开关接通时，清洗电动机带动液压泵转动，将清洗液加压，通过输液管和喷嘴喷洒到挡风玻璃表面。有的车型在清洗开关接通时自动使刮水器低速运行，改善清洗效果。

有些高档汽车还配有前照灯自动清洗装置，平时隐藏在保险杠里，使用时喷头自动伸出并向前照灯喷出强劲的清洗液，如图 6.7 所示，以确保前照灯光线良好，驾驶员视野清晰。

图 6.7　前照灯自动清洗装置

6.1.3　风窗除霜装置

1. 作用

在较冷的季节，有雨、雪或雾的天气，空气中的水分会在冷的风窗玻璃上凝结成细小的水滴甚至结冰，从而影响驾驶员的视线。为了防止水蒸气在风窗玻璃上凝结，设置风窗除霜装置，需要时可以对风窗玻璃加热。轿车的后风窗玻璃一般利用电热丝组成的电栅加热除霜，即电热式除霜。

2. 组成与工作原理

后窗玻璃除霜装置的构造如图 6.8 所示。后窗玻璃除霜装置一般是在玻璃成型过程中，将一组平行的含银陶瓷细电热丝烧结在玻璃表面上。在玻璃两侧有汇流条，各焊有一个接线柱，一个用以供电，另一个作为搭铁接线柱。这种除霜器的工作电流较大，因此电路中除设有开关外，有的还设有一个定时继电器。这种继电器在通电 10 min 后即能自动断电，如霜还没有除净，驾驶员可再次接通开关，但在这之后每次只能通电 5 min。这种后窗玻璃除霜装置耗电量为 50~100 W，在乘用车上广泛应用。

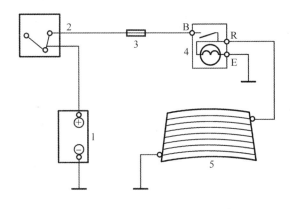

图 6.8　后窗玻璃除霜装置的构造

1—蓄电池；2—点火开关；3—熔断丝；4—除霜器开关及指示灯；5—除霜器（电热丝）

除霜器的电阻随温度的变化而变化，具有正温度系数，温度低时，阻值减小，电流增大；温度高时，阻值增大，电流减小。因此，除霜器自身具有一定的调节功能。

6.1.4　电动车窗和天窗

1. 电动车窗的作用

为了方便驾乘人员，减轻劳动强度，许多轿车采用电动车窗（又称自动车窗），利用电动机驱动玻璃升降器（又称换向器）来实现车窗玻璃升降。

2. 电动车窗的组成

电动车窗主要由车窗升降器、电动机、开关等组成。有些汽车上的电动车窗由电动机直接作用于升降器，有些则是通过驱动机构作用于升降器，从而把电动机的转动转换成车窗的上下移动。

车窗升降器有两种形式。一种用齿扇来实现换向作用，如图 6.9 所示。齿扇上连有螺旋弹簧。当车窗玻璃上升时，弹簧伸展，放出能量，以减轻电动机负荷；当车窗玻璃下降时，弹簧压缩，吸收能量，从而使车窗玻璃无论是上升还是下降，电动机的负荷基本相同。另一种换向器使用柔性齿条和小齿轮，车窗玻璃连在齿条的一端，电动机带动轴端小齿轮转动，使齿条移动，以带动车窗玻璃升降，其结构如图 6.10 所示。

3. 电动车窗的工作原理

不同汽车所采用的电动车窗的控制电路不同，按电动机是否直接搭铁分为电动机不搭铁和电动机搭铁两种。

电动机不搭铁的控制电路是指电动机不直接搭铁，电动机的搭铁受开关控制，通过改变电动机的电流方向来改变电动机的转向，从而实现车窗的升降，控制电路如图 6.11 所示。

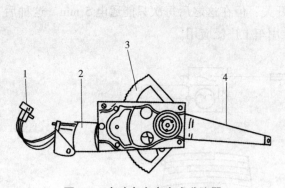

图 6.9　电动车窗齿扇式升降器

1—电缆接头；2—电动机；3—齿扇；4—推力杆

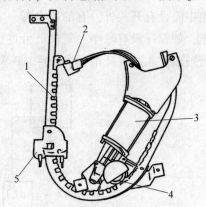

图 6.10　电动车窗齿条升降器

1—齿条；2—电线接头；3—电动机；

4—小齿轮；5—定位架

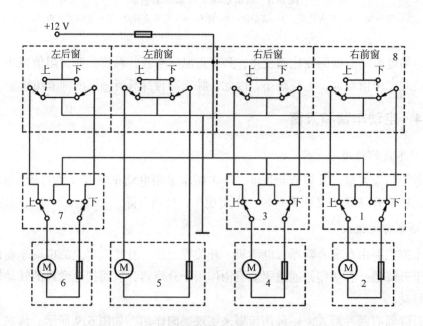

图 6.11　电动机不搭铁的电动车窗控制电路

1—右前车窗开关；2—右前车窗电动机；3—右后车窗开关；4—右后车窗电动机；5—左前车窗电动机；
8—左后车窗电动机；7—左后车窗开关；8—驾驶员主控开关组件

　　电动机搭铁的控制电路是指电动机一端直接搭铁，而电动机有两组磁场绕组，两组磁场绕组产生的磁场使电动机转向相反，通过接通不同的磁场绕组，使电动机的转向不同，实现车窗的升降。电动机搭铁的电动车窗控制电路如图 6.12 所示。

　　可见，在电动车窗控制电路中，一般都设有驾驶员集中控制的主控开关和每一个车窗的独立操作开关，每个车窗的操作开关可由乘客自己操作。但是，有些汽车的主控开关备

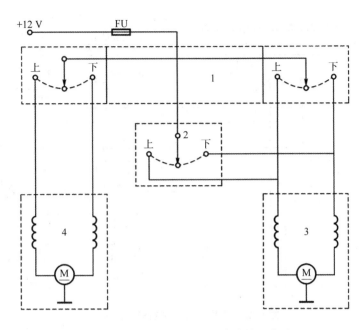

图 6.12　电动机搭铁的电动车窗控制电路

1—驾驶员主控开关组件；2—右前车窗开关；3—右前车窗电动机；4—左前车窗电动机

有安全开关，可以切断其他各车窗的电源，使每个车窗的操作开关不起作用，这个开关只能由驾驶员一人操作。

对于电动机搭铁的控制方式，因为开关既控制电动机的电源线，又控制电动机的搭铁线，所以开关结构和线路比较复杂。但是电动机结构简单，应用比较广泛。

如图 6.13 和图 6.14 所示以电机不搭铁电动车窗系统为例，驾驶员和乘客分别操作使右前车窗下降时的电流方向。驾驶员操作的主控开关中的右前车窗开关，使其在"下"的位置时，右前车窗电动机的一端通过主控开关与搭铁断开后接电源而通电转动，进而使右前车窗向下运动，电流方向如图 6.13 中箭头所指。乘客操作右前车窗的独立操作开关，使其在"下"的位置时，右前车窗电动机的一端通过独立操作开关与搭铁断开后接电源而通电转动，进而使右前车窗向下运动，电流方向如图 6.14 中箭头所指。

图 6.15 所示为具有自动控制（也称为点动控制）功能的电动车窗控制电路。自动控制是指按下自动按钮（点动即可），松开手后车窗玻璃会一直上升至最高或下降至最低。自动控制过程如下：

当按钮按下到 UP 侧时，电动机与电源的连接电路接通，电动机按 UP 箭头方向通过电流，车窗玻璃上升，同时电阻 R 上的电压降作为比较器 1 的一个输入信号。由于参考电压 Def. 1 对应于电动机锁止时的电压，如果电动机没有锁止，则 R 上的电压降小于参考电压 Def. 1，比较器 1 输出为负电位，小于参考电压 Def. 2（设定的正电位），使比较器 2 输出正电压，晶体管导通，自动按钮内的电磁线圈通过较大电流产生磁力，克服弹簧弹力维持按钮的接通状态。当车窗玻璃上升到终点位置，电动机锁止，R 上的电压降升高，高于

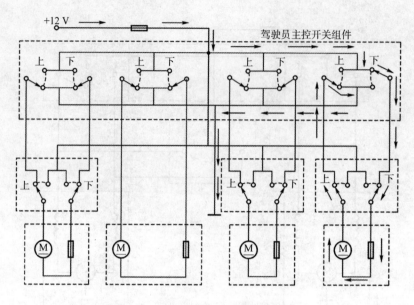

图 6.13　主控开关控制右前车窗下降

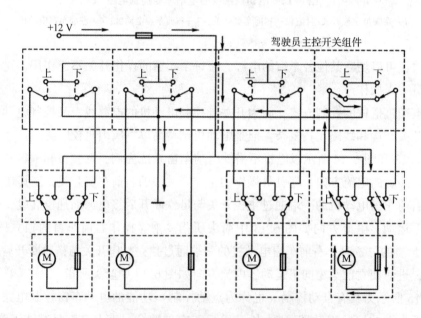

图 6.14　独立操作开关控制右前车窗下降

参考电压 Def.1 后，比较器 1 输出为正电位，给电容器 C 充电，当 C 两端电压高于参考电压 Def.2 时，比较器 2 输出负电压，晶体管截止，自动按钮内的电磁线圈断电，弹簧弹力使按钮回复到中立位置，电动机与电源的连接电路断开，停止转动。

车窗玻璃自动下降的工作情况与上述情况类似，只是需将按钮按下到 DOWN 侧，电动机按 DOWN 箭头方向通过电流而已。

在车窗玻璃自动升降过程中，若想中途停止，只要向反方向扳动按钮再立刻松开，使

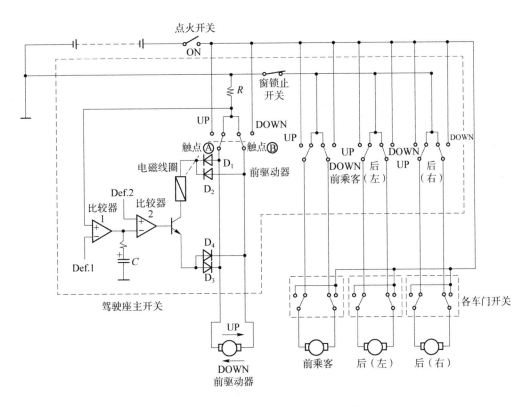

图 6.15 有点动控制功能的电动车窗电路

电动机和电磁线圈同时断电即可。

在玻璃自动升降过程中，只要某种原因（如外界阻力）使电动机电流增大超过一定值，自动按钮就会使电动机停止运转、玻璃停止升降，防夹手功能就是这样实现的。

4. 汽车天窗的分类和作用

汽车天窗按驱动方式的不同可分为手动式和电动式，按开启方向不同可分为内藏式、外倾式和敞篷式等。

汽车天窗的主要作用如下：

（1）通风换气。换气是汽车加装天窗的最主要目的。天窗是利用负压换气的原理，依靠汽车在行驶时气流在车顶快速流动形成负压，将车内污浊的空气抽出，由于不是直接进风，而是将污浊的空气抽出，以及新鲜空气从进气口补充的方式进行通风换气，故车内气流极其柔和，没有风直接刮在身上的不适感觉，也不会有尘土卷入。

（2）节能。在炎热的夏天，只需打开天窗，利用车辆行驶过程中车顶形成的负压抽出燥热的空气就可达到快速换气降温的目的，使用这种方法比使用汽车空调降温的速度快 2~3 倍，而且节约汽油。

（3）除雾。用天窗除雾是一种快捷除雾的方法。特别是在夏秋两季，雨水多、湿度大，前挡风玻璃容易形成雾气。驾驶员只需要打开车顶天窗至后翘通风位置，便可轻易消除前挡风玻璃的雾气，保证行车安全。

5. 电动天窗的工作原理

电动天窗的控制电路如图 6.16 所示，其工作原理如下。

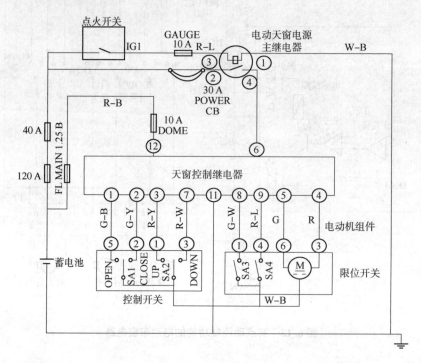

图 6.16　电动天窗的控制电路

1）电源电路

电动天窗控制继电器的⑫端子供电来自蓄电池正极，经过 FLMAIN1.25B 易熔线、DOME 10 A 熔断丝后接通，这是一组常通供电电路。当将点火开关转至 ON 位置（IG1）时，就形成了以下电流通路：

蓄电池正极→120 A 熔断丝→40 A 熔断丝→点火开关闭合的 IG1 触点→GAUGE 10 A 熔断丝→电动天窗主继电器线圈→接地→蓄电池负极。

此时电动天窗主继电器线圈通电吸合，其常开开关触点闭合，从而又形成了以下电流通路：

蓄电池正极→120 A 熔断丝→40 A 熔断丝→POWER CB 30 A 熔断器→电动天窗电源主继电器②与④端子闭合的触点→天窗控制继电器⑥端子，使天窗的直流供电形成回路，只要进一步操作相应开关，就可对天窗进行调节。

2）天窗打开过程

如果按下天窗控制开关 SA1 至 OPEN 侧，等效于将天窗控制继电器①端子接地，这时天窗控制继电器⑥端子与⑤端子、④端子与⑪端子接通，于是形成了以下电流通路：

蓄电池正极→120 A 熔断丝→40 A 熔断丝→POWER CB 30 A 熔断器→电动天窗电源主继电器②与④端子闭合的触点→天窗控制继电器⑥与⑤端子间接通的电路→电动机组件

⑥端子→天窗电动机 M→电动机组件③端子→天窗控制继电器④端子和⑪端子间接通的电路→接地→蓄电池负极。

此时电动天窗电动机 M 中有从左到右流过的电流。电动机 M 起动正向运转，从而使天窗打开。

3）天窗关闭过程

接下天窗控制开关 SA1 至 CLOSE 侧等效于将天窗控制继电器的②端子接地，这时天窗继电器的⑥端子与④端子、⑤端子与⑪端子接通，由此就形成了以下电流通路：

蓄电池正极—120A 熔断丝→40 A 熔断丝→POWER CB 30 A 熔断器→电动天窗电源主继电器②与④闭合的触点→天窗控制继电器⑥端子与④端子间接通的电路→电动机组件③端子→天窗电动机 M→电动机组件⑥端子→天窗控制继电器⑤端子与⑪端子间接通的电路→接地→蓄电池负极。

此时，电动天窗电动机 M 中有从右到左的电流流过，电动机 M 起动反向运转，从而使天窗向关闭的方向滑移。

当天窗滑移 200 mm 左右，但不到全关位置时，限位开关 SA3 由 ON 转为 OFF，使天窗控制继电器⑧端子与地间断开，随即停止天窗滑移。

6.1.5　电动座椅

1. 电动座椅的作用

为了提高驾驶员和乘客的舒适和便利，许多汽车安装了电动座椅（又称自动座椅），即用电动机实现位置调整的座椅。它可以满足驾驶员多种姿势情况下的操作和安全要求，当然也包括对乘客的舒适性和安全性的要求。这里介绍电动座椅控制装置的组成和工作原理。

2. 电动座椅控制装置的组成

电动座椅控制装置由座椅开关、电动机、传动和执行机构、控制电路等组成。

3. 电动座椅工作原理

1）基本原理

电动座椅最普通的形式是使用 3 个电动机实现座椅 6 个不同方向的位置调整：上、下、前、后、前倾、后倾。3 个电动机分别是前高度调整电动机、后高度调整电动机与前后移动电动机，它们分别控制座椅的前部高度、后部高度以及座椅前后位置，基本控制电路如图 6.17 所示。

座椅开关通过控制电动机搭铁和电源电路，使 3 个电动机按所需的方向旋转。

当座椅控制开关置于上或下的位置时，前与后高度调整电动机同时旋转；当开关位于前倾或后倾位置时，只有一个高度电动机旋转；当座椅控制开关位于前移或后退的位置时，需前进后退电动机旋转。

图 6.18 所示为电动座椅控制开关在使座椅前方上升时的电流方向示意图。控制座椅的后方上升和下降的操作方法与控制座椅的前方上升和下降的方法相同。

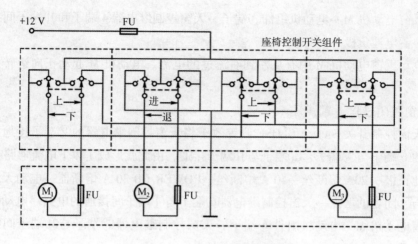

图 6.17 电动座椅电路原理图

M₁—前高度电动机；M₂—前进后退电动机；M₃—后高度电动机；FU—熔断器

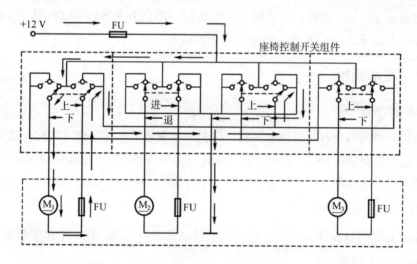

图 6.18 电动座椅前方上升时的电流方向示意图

2) 有储存功能的控制原理

有些电动座椅控制系统具有储存功能，通过每个座椅的位置传感器来反映座椅位置，座椅位置固定后，驾驶员按下存储器相应的按钮，存储器就保存位置传感器的信息，作为自动调整的依据。需要时，只要按相应的存储按钮，就能自动调整座椅到对应的位置。图 6.19 所示为装有 4 个电动机和单独存储器的电动座椅系统。

有的汽车在驾驶座席旁安装的独立乘客座椅也具有上述相似的控制系统，一般有 4 个移动方向，不像驾驶座椅那样有 6 个移动方向。这 4 个移动方向通常是前进、后退、座椅的前方上升与下降，通过两个电动机就可以实现调整。

图 6.20 所示为带储存功能的 6 电动机电动座椅控制电路，电动座位电动机不仅包括后

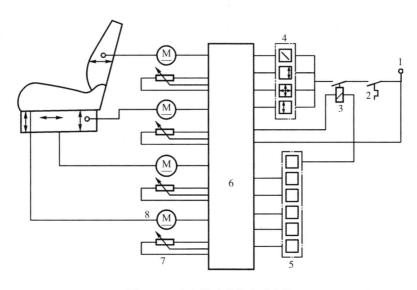

图 6.19 有存储功能的电动座椅

1—接蓄电池；2—热过载保护；3—主继电器；4—手动调整开关；

5—存储器操作开关；6—控制单元；7—位置传感器；8—电动机

移动电动机（滑动电动机）、前升高电动机（前垂直电动机）和后升高电动机（后垂直电动机），而且增加了调节椅背倾斜角度的倾斜电动机、头枕电动机和调节椅垫位置的腰垫电动机，进一步改善椅背的舒适性，每个电动机内部都设有热保护触头，以防电动机过载损坏；由电动座椅 ECU 根据电动座位开关储存和复位开关以及电动座椅位置传感器信息进行控制。

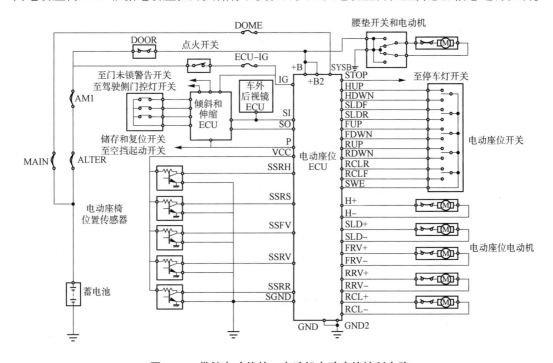

图 6.20 带储存功能的 6 电动机电动座椅控制电路

6.1.6　电动后视镜及防炫目后视镜

1. 电动后视镜的作用、组成及基本工作原理

1) 作用

后视镜是驾驶员坐在驾驶室座位上直接获取汽车后方、侧方等外部信息的工具。为了驾驶员操作方便，防止行车安全事故的发生，保障人身安全，各国均规定汽车上必须安装后视镜，且所有后视镜都必须能调整方向。由于后视镜的位置直接关系到驾驶员能否观察到车后的情况，而驾驶员调整它的位置又比较困难，尤其是前排乘客车门一侧的后视镜。因此现代汽车的后视镜都改为电动的，由电气控制系统来操纵。

2) 组成及基本工作原理

电动后视镜由调整开关、电动机、传动和执行机构等组成。电动后视镜的背后装有两套电动机和驱动器，可操纵反光镜上下及左右转动。通常上下方向的转动用一个电动机控制，左右方向的转动用另一个电动机控制。通过改变电动机的电流方向，即可完成后视镜的上下及左右调整。有的电动后视镜还带有伸缩功能，由伸缩开关控制伸缩电动机工作，使整个后视镜回转伸出或缩回。

3) 电动后视镜举例

图 6.21 所示为丰田皇冠轿车可伸缩式电动后视镜控制系统电路。电动后视镜控制开关的工作状态见表 6.1。

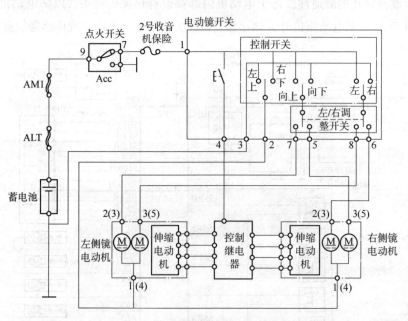

图 6.21　丰田皇冠轿车可伸缩式电动后视镜控制系统电路

表 6.1　电动后视镜控制开关的工作状态

调整状态 ＼ 触点	左上	右下	向上	向下	左	右
向左调整	●				●	
向右调整		●				●
向上调整	●		●			
向下调整		●		●		

说明：●表示开关与该触点接通。

在进行调整时，首先通过左/右调整开关选择好要调整的后视镜，如果调整左镜，则开关打向左侧，此时开关分别与 7、8 接点接通，再通过控制开关即可进行该镜的上下或左右调整。如果进行向上调整，则可将控制开关推向上侧，此时控制开关分别与向上接点、左上接点结合。电流由蓄电池正极→熔断器→点火开关→控制开关向上接点→左/右调整开关→7 接点→左侧镜上下调整电动机→1 接点→电动镜开关 2 接点→控制开关左上接点→电动镜开关 3 接点→蓄电池负极，形成回路，左镜上下调整电动机运转，完成调整过程。

电动后视镜的伸缩是通过电动镜开关上的伸缩开关控制的，该开关控制继电器动作，使左右两镜伸缩电动机工作，来完成伸缩功能。

2. 防炫目后视镜

防炫目后视镜，如图 6.22 所示，一般安装在车厢内，由一面特殊镜子和两个光敏二极管及电子控制器组成。

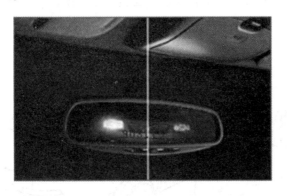

图 6.22　防炫目后视镜效果（左侧无防炫目功能）

在普通反光平面镜的镜面上敷设一层液晶导电层，利用液晶通电改变透光率（变色）的原理，就可以降低反射率，实现防炫目的。

两个光敏二极管分别设置在后视镜的前面及背面，分别接收汽车前面及后面射来的光线。当车后面跟随车辆的大灯照射在车内后视镜上时，此时后面的光强于前面的光，此反差被两个光敏二极管感知并向电子控制器输出一个电信号到后视镜导电层上，使后视镜镜面电化层颜色变深，此时再强的光照射在车内后视镜上也不会反射到驾驶员眼睛上，不会晃眼。

6.1.7　汽车中控门锁

中控门锁是指利用控制单元（ECU）对汽车锁门、开门进行控制和完成一些其他功能的系统。驾驶员可以锁住或打开所有车门，乘客还可以利用各车门的机械式弹簧锁来锁住或打开车门。

1. 汽车中控门锁的主要功能

（1）根据汽车的状态等控制车门，同时打开门锁或锁定。

（2）控制、打开后行李厢盖。

（3）控制、打开顶灯、中控台各操作键照明灯及门锁照明灯。

有的中控门锁还具有自动锁门（当行车速度超过某一限值而驾驶员忘记锁门时，中控门锁系统就会自动把车门锁紧，以策安全）、防盗锁定、防止钥匙锁入车内和遥控门锁等功能。

2. 汽车中控门锁的作用和组成

（1）主要功能。

中控门锁利用微机对汽车锁门、开门进行控制，可以用不同方法及根据汽车的状态等控制车门同时开锁或锁定、控制打开后行李厢盖等。

（2）组成。

中控门锁主要由门锁总成、门锁控制开关、钥匙开关、控制单元、门锁电动机和位置开关等组成，如图 6.23 所示。有遥控功能的还包括遥控器。

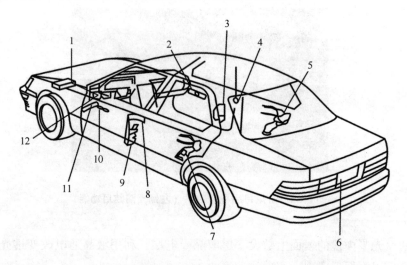

图 6.23　中控门锁的组成

1—2 号接线盒；2—右前门锁控制开关；3—右前门锁电动机及位置开关；4—右前车门钥匙开关；5—右后门锁电动机和位置开关；6—行李厢门锁；7—左后门锁电动机及位置开关；8—左前车门钥匙开关；9—左前门锁电动机及开关；10—左前门锁控制开关；11—1 号接线盒；12—门锁 ECU 及门锁继电器

3. 汽车中控门锁的基本原理

控制单元根据钥匙开关、门锁控制开关的位置及车速传感器的信号发出锁门或开锁指令,通过电动机或电磁铁来实现锁门或开锁。

若驾驶员未从点火开关中拔出钥匙便锁车门,则控制单元可根据钥匙开关提供的信号自动实现开锁,使所有车门门锁打开。

最简单的中控门锁遥控器就是一个发射器,它以电磁波的形式发出开锁、锁门等指令。汽车天线接收到遥控器电波后,输送到控制单元,控制单元首先确定执行器,再做出指令,通过执行器实现相应操作。

6.1.8 舒适系统常见故障诊断与排除

1. 电动刮水器常见故障诊断与排除

刮水器常见故障有刮水器各挡位都不工作、个别挡位不工作、不能自动复位。

1)各挡位都不工作

(1)故障现象:接通点火开关后,刮水器开关置各挡位,刮水器均不工作。

(2)主要原因:熔断器断路;刮水电动机或开关有故障;机械传动部分锈蚀或与电动机脱开;连接线路断路或插接件松脱。

(3)诊断与排除。

可参照下列步骤进行诊断检查并视情维修:首先检查熔断器有无断路,线路有无松脱;检查刮水器电动机及开关的电源线和搭铁线是否连接良好;其次检查开关各个接线柱在相应挡位能否正常接通;最后检查电动机和机械连接情况。

2)个别挡位不工作

(1)故障现象:接通点火开关后,刮水器个别挡位(低速、高速或间歇挡)不工作。

(2)主要原因:刮水电动机或开关有故障;间歇继电器有故障;连接线路断路或插接件松脱。

(3)诊断与排除。

如果刮水器是高速挡或低速挡不工作,则可参照下列步骤进行诊断检查并视情维修:首先检查刮水器电动机及开关对应故障挡位的线路是否正常;再检查开关接线柱在相应挡位能否正常接通;最后检查电动机是否个别电刷接触不良。

如果刮水器在间歇挡不工作,则应顺序检查间歇开关(或刮水器开关的间歇挡)、线路和间歇继电器。

3)不能自动复位

(1)故障现象:刮水器开关断开或在间歇挡工作时,刮水器不能自动停止在设定的停放位置。

(2)主要原因:刮水电动机自动复位机构损坏;刮水器开关损坏;刮水臂调整不当;线路连接错误。

（3）诊断与排除。

可参照下列步骤进行诊断检查并视情况维修：首先检查刮水臂的安装及刮水器开关线路连接是否正确；再检查刮水器开关在相应挡位的接线柱能否正常接通；最后检查电动机自动复位机构触点能否正常闭合和接触良好。

2. 风窗玻璃洗涤器常见故障诊断与排除

风窗清洗装置常见故障：喷嘴不工作。

主要故障原因：清洗电动机或开关损坏；线路断路；清洗液液面过低或连接管脱落；喷嘴堵塞。

诊断步骤：如果所有喷嘴都不工作，则应先检查清洗液液面和连接管是否正常；然后检查清洗电动机搭铁线和电源线有无断路、松脱，开关和电动机是否正常。如果个别喷嘴不工作，则一般是喷嘴堵塞所致。

有些轿车还有前照灯清洗装置，原理和常见故障及诊断方法与风窗清洗装置相同。

3. 风窗除霜装置常见故障诊断与排除

风窗除霜装置常见故障：不工作。

主要故障原因：熔断器或控制线路断路；加热丝或开关损坏。

诊断步骤：首先检查熔断器是否正常，再将开关接通后检查加热丝火线端电压是否正常，如果电压为零，则应检查开关和电源线路；否则检查电热丝是否断路。若电热丝断路，则可用润滑脂清理加热丝端部，并用蜡和硅脱膜剂清理加热丝断头，再用专用修理剂进行修补，将断点处连接起来，保持适当时间后即可使用。

4. 电动车窗常见故障诊断与排除

电动车窗常见故障：所有车窗玻璃均不能升降、某车窗玻璃不能升降或只能一个方向运动等。

1）所有车窗玻璃均不能升降

（1）主要故障原因：熔断器断路，连接导线断路；有关继电器、开关损坏；电动机损坏；搭铁点锈蚀、松动。

（2）诊断步骤：首先检查熔断器是否断路，若熔断器良好，则应将点火开关接通，检查有关继电器和开关火线接线柱上的电压是否正常：若电压为零，则应检查电源线路；若电压正常，则应检查搭铁线是否良好。搭铁不良时，应清洁、紧固搭铁线；搭铁良好时，应对继电器、开关和电动机进行检测。

2）某车窗玻璃不能升降或只能一个方向运动

（1）主要故障原因：该车窗按键开关损坏；该车窗电动机损坏；连接导线断路；安全开关故障。

（2）诊断步骤：如果车窗玻璃不能升降，则应首先检查安全开关是否工作，该车窗的按键开关工作是否正常，再通电检查该车窗的电动机正反转是否运转稳定。若有故障，则应检修或更换新件；若正常，则应检修连接导线。如果车窗只能一个方向运动，那么一般是按键开关故障或部分线路断路或接错所致，可以先检查线路连接是否正常，再检修开关。

5. 电动座椅常见故障诊断与排除

电动座椅常见故障：完全不动作或某个方向不能工作。

电动座椅完全不动作的主要原因：熔断器断路；线路断路；座椅开关有故障等。此时，可以首先检查熔断器是否断路；若熔断器良好，则应检查线路连接是否正常，最后检查开关。对于有存储功能的电动座椅系统，还应检查电动座椅 ECU 的电源电路和搭铁线是否正常，若开关、线路等都正常，则应检查控制单元。

电动座椅某个方向不能工作的主要原因：该方向对应的电动机损坏，开关、连接导线断路。可以先检查线路是否正常，再检查开关和电动机。

6. 电动后视镜故障诊断与排除

电动后视镜的常见故障：电动后视镜调节全部失灵和电动后视镜部分功能不正常。

故障主要原因：保险装置及线路断路、开关及电动机有故障等。

如果电动后视镜调节都不工作，往往是由于保险装置或电源线路、搭铁线路断路引起，也可能是控制开关有故障。可以先检查保险装置是否正常；然后检查控制装置开关线头有无脱落、松动，电源线路或搭铁线路是否正常；最后检修控制开关。

如果电动后视镜部分功能不正常，通常是由于个别电动机及控制开关对应部分有故障、对应线路断路或接触不良。可以先检查线路连接情况，再检查开关和电动机。

7. 汽车中控门锁常见故障诊断与排除

中控门锁常见故障：所有门锁均不工作、某个门锁不能工作。

全部门锁均不工作主要原因：熔断器断路；继电器故障；门控开关触点烧蚀；搭铁点锈蚀或松动；连接线路断路。此时，可以先检查熔断器是否断路，若熔断器良好，则应将门控开关接通，检查电动机接线柱上的电压是否正常。若电压为零，则应检查继电器和电源线路；若电压正常，则应检查搭铁线是否良好。搭铁不良时，应清洁、紧固搭铁线；若搭铁良好，应对开关和电动机进行检测。

某个门锁不能工作主要原因：该门锁电动机损坏或对应开关、连接导线断路。此时，可以先检查线路是否正常，再检查开关和电动机。

6.2　安全气囊

6.2.1　安全气囊概述

安全气囊（Supplemental Restraint System，SRS），也称辅助乘员保护系统。当汽车遭受一定碰撞力量以后，气囊系统会引发某种类似微量炸药爆炸的化学反应，隐藏在车内的安全气囊就在瞬间充气弹出，在乘员的身体与车内零部件碰撞之前及时到位。在人体接触到安全气囊时，安全气囊通过气囊表面的气孔开始排气，从而起到缓冲作用，减轻身体所受冲击力，最终达到减轻乘员伤害的效果。

汽车安全气囊系统是辅助安全系统，如果没有安全带，那么安全气囊的安全效果将大打折扣。据调查，单独使用安全气囊可使事故死亡率降低18%左右，单独使用安全带可使事故死亡率下降42%左右，而当安全气囊与安全带配合使用时可使事故死亡率降低47%左右。由此可见，只有二者相互配合才能最大可能地降低事故的死亡率，安全气囊系统必然作为安全带的辅助系统出现。

6.2.2 安全气囊的组成

安全气囊系统主要由控制装置、气体发生器和气袋组成，如图6.24所示。

```
        控制装置
传感器 电子控制系统 触发装置    气体发生器 气袋
```

图6.24 安全气囊的组成

安全气囊的工作过程：在发生碰撞事故时，传感器感受到汽车碰撞程度，电子系统接收并处理传感器的信号，当经计算分析后达到触发阈值时，即认为有必要打开气袋，于是触发装置立即发出点火信号触发气体发生器，气体发生器收到信号后，就会引发某种类似小剂量炸药爆炸的化学反应，隐藏在车内的安全气囊就在瞬间充气弹出，在乘员的身体与车内设备碰撞之前起到缓冲作用，减轻身体所受冲击力，当人体与气袋接触时，利用气囊本身的阻尼作用或气袋背面的排气孔排气节流作用来吸收乘员惯性力产生的动能，达到保护乘员的作用，如图6.25所示。

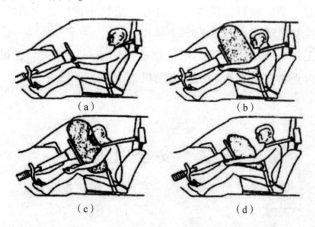

(a)   (b)

(c)   (d)

图6.25 安全气囊系统的工作过程

控制装置包括传感器、气囊组件，是安全气囊系统的核心，其功能是控制气囊系统的点火、诊断气囊系统的故障以及判定座位是否有乘员及乘员的类型等。

1. 传感器

传感器用来检测汽车发生碰撞事故的严重程度，它将感测到的信号传给电子控制系统。电子控制系统通过对传感器信号的计算和分析来决定是否要启动安全气囊，如果汽车碰撞足够强烈，达到了启动条件，电子控制系统就给触发装置发送触发信号。触发装置接到信号后便点爆气体发生器，使安全气囊进入工作状态。通常，从传感器检测到碰撞至触发器工作在几毫秒内完成。

传感器分为碰撞传感器、安全传感器（又称碰撞防护传感器、防护传感器或保险传感器）与中央传感器三类。

碰撞传感器相当于一只控制开关，其工作状态取决于汽车碰撞时减速度的大小。安装位置因车而异，一般在车身的前部和中部，如车身两侧的翼子板内侧、前照灯支架下面以及发动机散热器支架两侧等部位。随着碰撞传感器制造技术的发展，有些汽车将触发碰撞传感器安装在气囊系统 ECU 内，其功用是将汽车碰撞时的减速度输入 SRS ECU，用以判定是否发生碰撞。

安全传感器一般安装在 SRS ECU 内部，其功用是控制气囊点火器电源电路。

安全传感器和碰撞信号传感器的结构原理完全相同，唯一区别是所设的减速度阈值不同，安全传感器的减速度阈值比碰撞信号传感器的减速度阈值稍小。当汽车以 40 km/h 左右的速度撞到一辆静止的汽车上或以 20 km/h 左右的速度撞到一个不可变形的障碍物上时，减速度就会达到碰撞信号传感器设定的阈值，传感器就会动作。

碰撞传感器按结构可分为机电结合式、水银开关式和电子式三种。

1）机电结合式碰撞传感器

（1）滚球式碰撞传感器。

滚球式碰撞传感器又称偏压磁铁式传感器，如图 6.26（a）所示，两个触点分别与传感器引线端子连接。滚球用来检测减速度大小，在导缸内可移动或滚动。

当传感器处于静止状态或正常行驶时，在永久磁铁磁力作用下，钢球被吸向磁铁，离开触点使开关断开，如图 6.26（b）所示。当车辆遭受碰撞而且减速度达到设定阈值时，钢球产生的惯性力将大于磁铁吸力而从磁铁上释放，沿导缸向触点运动，结合触点，闭合开关，如图 6.26（c）所示。

当传感器用作碰撞信号传感器时，静触点接通则将碰撞信号输入 SRS ECU；当传感器用作碰撞防护传感器时，则将点火器电源电路接通。

（2）偏心锤式碰撞传感器。

这种传感器一般安装在保险杠与挡泥板之间，用来感知低速碰撞的信号。传感器安装在一个密封的防震保护盒内，如图 6.27 所示。

偏心锤式碰撞传感器的工作原理如图 6.28 所示，当传感器处于静止状态时，在回位弹簧的弹力作用下，偏心锤与挡块保持接触，转子总成处于静止状态，活动触点与静触点处于断开状态，如图 6.28（a）所示。

当汽车遭受碰撞使偏心锤的惯性力矩大于回位弹簧的弹力力矩时，惯性力矩就会克服弹簧力矩使转子总成转动，从而带动活动触点臂转动，使活动触点与静触点接触，如

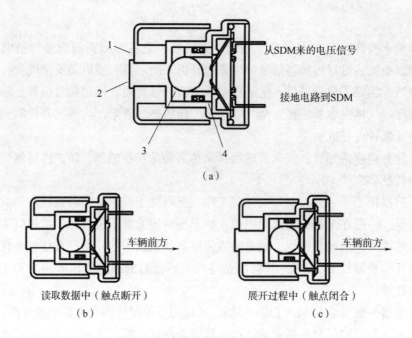

（a）

读取数据中（触点断开）　　　　　　展开过程中（触点闭合）
（b）　　　　　　　　　　　　　　　（c）

图 6.26　滚球式碰撞传感器的原理
1—永久磁铁；2—非磁性腔；3—圆（球）；4—非磁性套

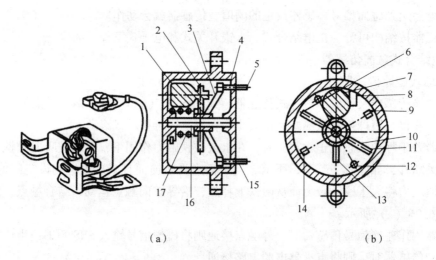

（a）　　　　　　　　　　　　　　　　　（b）

图 6.27　偏心锤式碰撞传感器的结构
1，7—偏心锤；2，13—锤臂；3—转动触点臂；4—壳体；5，12，15—静触点引线端子；6，11—活动触点；8—挡块；
9，14—静触点；10—活动触点臂；16—传感器轴；17—回位弹簧

图 6.28（b）所示，接通 SRS 气囊的搭铁回路。

（3）滚轴式传感器。

滚轴式传感器结构如图 6.29 所示。其主要由止动销、滚轴、活动触点、静触点、底座和片状弹簧组成。片状弹簧与传感器的一个引线端子连接，一端固定在底座上，另一端绕在滚轴上，活动触点固定在滚轴部分的片状弹簧上，并可随滚轴一起转动。静触点与片

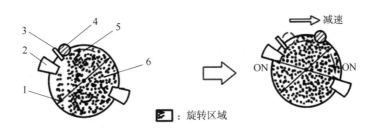

: 旋转区域

图 6.28　偏心锤式碰撞传感器的工作原理

(a) 静止状态；(b) 碰撞状态

1—活动触点；2—静触点；3—止动器；4—偏心重块；5—游丝加力；6—偏心转子

状弹簧绝缘固定在底座上，并与传感器的另一个引线端子连接。当传感器处于静止状态时，滚轴在片状弹簧的弹力作用下滚向止动销一侧，活动触点与静触点处于断开状态，如图 6.29 (a) 所示。

当汽车遭受碰撞，使滚轴的惯性力大于片状弹簧的弹力时，惯性力就会克服弹簧弹力使滚轴向前滚动，将活动触点与静触点接通，如图 6.29 (b) 所示，从而接通 SRS 气囊的搭铁回路。

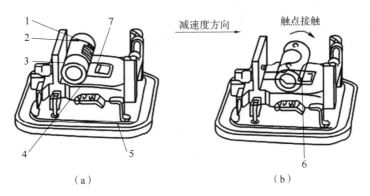

(a)　　　　　　　　　　　　　　　　(b)

图 6.29　滚轴式碰撞传感器工作原理

1, 6—活动触点；2—滚轴；3—止动销；4—片状弹簧；5—底座；7—静触点

2）水银开关式碰撞传感器

水银开关式碰撞传感器利用水银导电良好的特性制成。一般用作安全传感器，用来防止系统在非碰撞状况时引起气囊的误动作，通常安装在中央控制器内，结构如图 6.30 所示。

当汽车发生碰撞时，减速度将使水银产生惯性力。惯性力在水银运动方向上的分力会将水银抛向传感器电极，使两个电极接通，从而接通气囊点火器电路的电源。

3）电子式传感器（中央安全气囊传感器）

电子式传感器又称中央安全气囊传感器，是一个半导体压力传感器，结构如图 6.31所示。其悬臂架压在半导体应变片的两端。当汽车发生碰撞时，半导体应变片在悬臂减速惯性力的作用下发生弯曲应变，受压后的电阻发生变化，电阻的变化引起动态应变仪输出电压发生变化。

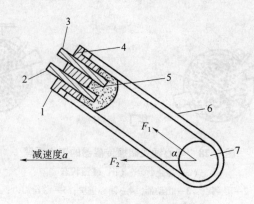

图 6.30　水银开关传感器结构

1—密封螺塞；2—电极（接点火器）；3—电极（接电源）；4—密封圈；5—水银动态位置；6—壳体；7—水银

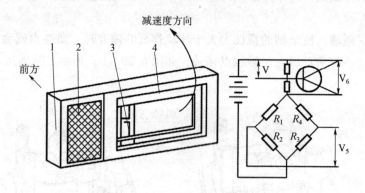

图 6.31　中央安全气囊传感器

1—传感器架；2—动态应变仪；3—半导体应片；4—悬臂架

中央传感器装在中央控制器内，用来感知高速碰撞的信息，并将其输送到 CPU，引爆气囊传爆管，使气囊打开。同时，前方另有一个传感器也引爆了预紧器的传爆管，即安全带预紧器和气囊同时起作用。有的前方传感器有两对动、静触头，在低速碰撞时，第一对触头闭合引爆安全带预紧器，在高速碰撞时第二对触头接通，安全带预紧器及气囊同时动作。中央安全气囊传感器的作用是增加可靠性。

2. 气囊组件

气囊组件由气囊、点火器和气体发生器组成，驾驶员席与乘员席气囊组件一般都用同一个 SRS ECU 控制。驾驶员席气囊组件安装在转向盘的中央，前排乘员席气囊组件安装在副驾驶员座椅下前方的仪表台下。气囊组件结构如图 6.32 所示。

气体发生器的功用是在点火器引爆点火剂时，产生气体向气囊充气，使气囊胀开。安全气囊系统要求气体发生器能够在较短的时间（30 ms 左右）内产生大量的气体充满气囊，产生的气体必须对人体无害，且不能温度太高，同时要求气体发生器有很高的可靠性和稳定性。

点火器外包铝箔，安装在气体发生器内部中央位置。其功用是在前碰撞传感器和防护

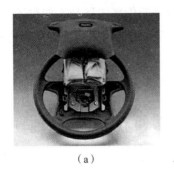

（a）

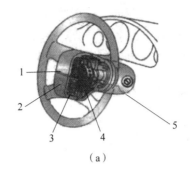

（a）

图 6.32　气囊组件结构

（a）外形；（b）结构

1—饰盖丝印；2—气囊饰盖；3—SRS 气囊；4—气体发生器；5—点火器引线

传感器将气囊电路接通时，引爆点火剂，产生热量使气体发生剂分解。

气袋是气囊系统的重要组成部分，在发生碰撞时，其会通过充气形成柔软的气垫，从而起到缓冲吸能作用。气袋由尼龙丝制成，完全充气后，驾驶员侧气袋约 65 L，乘员侧气囊为 120~150 L。气袋的后面有排气孔，这些孔在人的身体压向气囊时，可以使气囊均匀而缓慢地泄气，有效地保证在碰撞约 110 ms 后，吸收驾驶员与气囊碰撞的动能，使人体不致受到伤害。

3. SRS ECU

SRS ECU 一般集成在微机中。ECU 内部电路包括：内部碰撞传感器（包括中央气囊传感器和安全传感器）、CPU 诊断电路、点火控制和驱动电路、后备电源、记忆电路和安全电路，如图 6.33 所示。大多数控制模块都安装在车身中部靠近变速杆的位置。

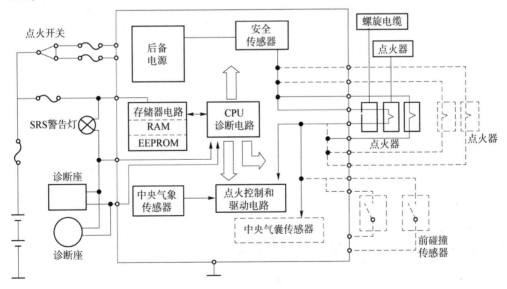

图 6.33　安全气囊控制单元

当汽车发生碰撞事故时，电控装置接收多个传感器传来的车身不同位置的减速信号，经过反复不断地分析、比较、计算，决定是否发出点火信号。要求控制装置能够在复杂的碰撞情况下做出非常准确的判断，点火时刻也必须精确控制。

6.2.3　安全气囊的工作原理

汽车遭受正面碰撞或侧面碰撞时，安全气囊系统的工作原理完全相同。以正面碰撞为例，说明安全气囊系统控制原理，如图 6.34 所示。

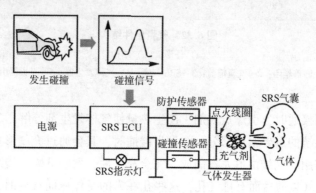

图 6.34　安全气囊系统控制原理

当汽车遭受前方一定角度范围内的碰撞时，安装在汽车前部和 SRS ECU 内部的碰撞传感器都会检测到汽车突然减速的信号，并将信号输入 SRS ECU，以便判断是否发生碰撞。当汽车遭受碰撞且减速度达到设定值时，SRS ECU 发出控制指令将气囊组件中的点火器（电雷管）电路接通，电雷管引爆使点火剂受热爆炸（即电热丝通电发热引爆炸药）。点火剂引爆时，迅速产生大量热量，使气体发生剂（叠氮化钠固体药片）受热分解并释放出大量氮气充入气囊，气囊便冲开气囊组件上的装饰盖板，使驾驶员和乘员面部和胸部压靠在充满气体的气囊上，在人体与车内构件之间铺垫一个气垫，将人体与车内构件之间的碰撞变为弹性碰撞，通过气囊产生变形和排气节流来吸收人体碰撞产生的动能，从而达到保护人体的目的。

6.2.4　安全气囊系统检修

1. 安全气囊系统检修注意事项

（1）安装与维修工作只能由专业人员来完成。

（2）为了防止气囊的意外引爆，在对气囊系统进行任何操作时，均应摘下蓄电池的负极导线，等 30 s 后方可进行操作。

（3）不要使安全气囊系统部件受到 85 ℃ 以上的高温。

（4）安全气囊主件及控制单元应避免受到磕碰和振动。

（5）检测时不可使用检测灯、电压表和欧姆表，以免造成气囊误爆。

（6）不得擅自改动安全气囊系统的线路和元件。

（7）气囊装置从车上拆下时，缓冲垫必须始终朝上放置。

（8）若在事故中气囊被引爆，那么安全起见，所有元件都需要更新。

（9）气囊装置不允许打开或修理，只允许更换新的元件。

（10）安全气囊不能沾油脂及清洁剂等。

（11）气囊装置有更换日期，即使不撞车，到期后也需更换。

2. 安全气囊系统检修方法

安全气囊系统的故障报警灯和故障代码是最重要的故障信息来源和故障诊断依据。安全气囊系统故障诊断方法如图6.35所示。

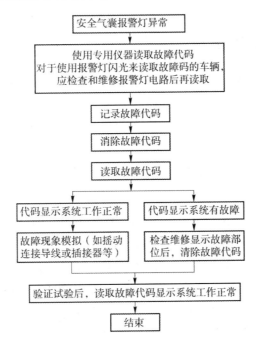

图 6.35　安全气囊系统故障诊断方法

6.3　轮胎压力监测系统

6.3.1　轮胎压力监测系统概述

轮胎是汽车的重要部件，它的性能对汽车的动力性、制动性、行驶稳定性、平顺性和燃油经济性等都有直接影响。汽车在高速行驶中，轮胎故障，尤其是轮胎压力异常，是导致交通事故频发的重要原因。如何防止爆胎已成为安全驾驶的一个重要课题。据国家橡胶轮胎质量监督中的专家分析，保持标准的车胎气压行驶和及时发现车胎漏气是防止爆胎的关键，而汽车轮胎压力监视系统毫无疑问将是理想的工具。

汽车轮胎压力监测系统（Tire Pressure Monitoring System，TPMS），主要用在汽车行驶过程中，实时监测轮胎内的压力和温度，对因轮胎漏气而导致的气压异常进行报警，以保障行驶安全。TPMS 属于事前主动型安保范畴，不同于事后被动型安保的安全气囊和防抱死制动系统（ABS），一旦轮胎出现故障的征兆，驾驶员就能根据警示采取相应的措施，避免事故的发生。TPMS 不仅能保障驾驶员的安全，还能减少因轮胎气压异常而产生的燃油消耗，避免车辆部件与轮胎不正常的磨损，从而延长轮胎的使用寿命。汽车轮胎压力监测系统发展至今，已与汽车安全气囊、ABS 成为汽车的三大安全系统，并被大众所重视。

6.3.2 轮胎压力监测系统的分类

汽车轮胎压力监测系统，在每轮胎上安装高灵敏度的传感器，于行车状态下对汽车轮胎气压、温度等进行动态监测，并透过传感器、智能单片机以无线方式发射到接收器，让驾驶员能随时掌握轮胎气压和温度状况，以确保汽车行驶中的安全，在出现危险状况时给予警报，从而有效预防爆胎，是保障行驶安全的高科技产品。

目前，轮胎压力监测系统分为间接式、直接式和复合式三种类型。

1. 间接式 TPMS

间接式 TPMS（Wheel-Speed Based TPMS，简称 WSB）通过汽车 ABS 系统的轮速传感器来比较轮胎之间的转速差别，以达到监测轮胎压力的目的。当轮胎压力降低时，车辆的重量会使轮胎直径变小，这就会导致车速发生变化，这种变化即可用于触发警报系统来向驾驶员发出警告。其优点是安装简单、价格便宜；缺点是汽车须在直道上行驶，且行驶距离必须超过 1 km 以上，ABS 才能够测试轮胎的气压情况，如果汽车进入转弯，ABS 就不能够进行测试，而且无法对两个以上的轮胎同时缺气的状况和速度超过100 km/h的情况进行判断。

间接式 TPMS 可以分为四类。第一类是借用现有的自动防抱死系统（Antilock Braking System，ABS），通过对汽车车轮速度的监测来实现轮胎压力异常时的报警。轮速传感器测量车轮转速的原理：当轮胎的压力下降时，滚动半径就会减小，从而导致车轮转速增大。由于轮速传感器在现在的大多数汽车上都已经安装，要达到监测轮胎气压的目的只需升级软件系统即可。第二类是建立轮胎、路面模型来采集车身震动信号，然后对所得震动信号进行处理，找出规律，发现异常，从而检测出轮胎压力异常。第三类是通过定义轮胎压力、温度及车辆速度为输入信号，定义速度补偿和压力补偿信号为输出信号来建立一个模糊逻辑控制器，研究并分析输入信号与输出信号之间的关系，从而达到实现轮胎压力和轮胎温度监控的目的。第四类是通过加速度传感器采集车辆前后轴加速度，建立其前后轴加速度的虚拟传递函数，通过计算函数幅度值监测出轮胎压力异常。这几类间接式 TPMS 的最大缺点是准确率较低，系统校准复杂，而且当两个以上轮胎同时出现气压异常情况或者时速超过100 km的情况时无法进行判断。

间接式 TPMS 的优势是造价相对较低，已经装备了 4 轮 ABS 的汽车只需对软件进行升级；不足是检测不够准确，不能确定故障轮胎，而且系统校准比较复杂。

2. 直接式 TPMS

直接式 TPMS（Pressure-Sensor Based TPMS，简称 PSB）是利用安装在每一个轮胎里的压力传感器来直接测量轮胎的气压，利用无线发射器将压力信息从轮胎内部发送到中央接收器模块上的系统，然后对各轮胎气压数据进行显示。当轮胎气压太低或漏气时，系统会自动报警。直接系统可以提供更高级的功能，随时测定每个轮胎内部的实际瞬压，很容易确定故障轮胎。

根据检测模块是否供电的工作方式，直接式汽车轮胎压力监测系统可分为主动直接式轮胎压力监测系统和被动直接式轮胎压力监测系统。

主动直接式 TPMS 测量轮胎的气压是通过安装在轮胎内压力传感器来实现的，传感器测量的压力数据通过无线发射器发射到驾驶室内监控模块并显示，驾驶员可以随时了解各个轮胎的气压状况。当轮胎气压出现异常时，系统就会自动报警以提示驾驶员注意。主动直接式 TPMS 主要由轮胎内的发射模块、驾驶室内的接收模块和显示部分组成。该系统轮胎模块需要电池供电，能耗大，存在电池使用寿命的问题，但是它的可靠性高，适用于各类型的轮胎。

被动直接式 TPMS 也叫无电池 TPMS，由中央收发器和安装在轮胎中的转发器构成。中央收发器既接收信号也发射信号，转发器接收来自中央收发器的信号，同时使用这个信号的能量来发射一个反馈信号到中央收发器上。该系统不用电池供电，而是需要将转发器整合至轮胎中，产品正逐步进入市场。

直接直接式 TPMS 可以提供更加高级的功能，随时测定每个轮胎内部的实际瞬压，容易确定故障轮胎，不足就是无线信号传输的稳定性和可靠性、传感器的使用寿命以及传感器的耐压性等性能不够高。

3. 复合式 TPMS

复合式 TPMS 兼有上述两个系统的优点，它在两个互相成对角的轮胎内装备直接传感器，并装备一个四轮间接系统。与全部使用直接系统相比，这种复合式系统可以降低成本，克服间接系统不能检测出多个轮胎同时出现气压过低的缺点。但是，它仍然不能像直接系统那样提供所有四个轮胎内实际压力的实时数据。

6.3.3　轮胎压力监测系统的组成与工作原理

1. 直接式轮胎压力监测系统的关键技术

1）可靠性

TPMS 是一种行车安全预警系统，所以系统的可靠性应该为系统设计时首要考虑的问题。而在设计中，首先涉及的是元器件的选型，特别是用于轮胎监测模块的元器件，元器件都要非常稳定，能适应胎内温度极高、极低，高压、低压，振动大等一系列恶劣环境；其次，无线通信中信号的发射和接收必须可靠。这主要包括系统的电子抗干扰的能力、汽车高速行驶时中央模块接收胎内监测模块信号的能力、信号免碰撞的能力和系统避免误报警的能力。为达到通信可靠性，除了要对硬件和软件做抗干扰处理，还须通过设计良好的天线提高通信的稳定性和可靠性。

2）电源

目前，TPMS 的胎内监测模块主要采用纽扣电池这一供电方式。然而纽扣电池的容量有限，因而现在有两个发展方向，一个是实现胎内监测模块的低功耗，增大电池容量，延长电池使用寿命，另一个是无源化方向。对于低功耗，现阶段主要通过选用低耗能的芯片、性能高的电池、唤醒技术和一些算法来实现。实现低功耗的研究发展过程时，先考虑车辆不是一直在公路上行驶的，所以并不需要让胎内监测系统一直处于打开的状态，尽量使系统大多数时间处于断电或者睡眠状态来节省能耗，以达到延长电池寿命的目的。以往所设计的 TPMS，通过在电池处串联一个加速度开关来实现监测轮胎的静止和运动状态，从而控制胎内监测模块电源的开关：汽车行驶时，当加速度大于加速度开关的动作门限时，加速度开关闭合，电源接通，TPMS 才开始工作，让系统在停车时处于断电状态，以达到低功耗的目的。这种方法虽然可以极大地降低功耗，但是当汽车处于低速且加速度变化较大时，轮胎监测模块会频繁启动，进而给系统带来不稳定的因素。现在的通用方法是让系统大部分时间进入睡眠状态以实现低功耗，其唤醒方式主要有定时唤醒和低频唤醒两种。

3）轮胎监测模块的定位

汽车轮胎压力监测系统中的轮胎定位是指中央控制模块对所接收到的信号进行识别，判断和分析所接收到的信号是否为本汽车的胎内监测模块所发出的信号，同时确定为哪个轮胎发出的过程。同时，汽车在行驶一段时间以后，可能有些因素，例如调换新的轮胎，或者因为汽车 4 个轮胎所受到的载荷不同导致 4 个轮胎的磨损程度不同，从而导致轮胎需要置换，而轮胎的置换导致安装在轮胎上的监测模块也随之换位，从而导致以前的一一对应关系被打破，这就要求对轮胎监测模块进行重新的位置定位；另外，当更换新的监测模块时，也需要进行模块的位置定位。因此，定位功能是直接式 TPMS 必须具备的功能。目前，国内外主要利用界面输入式、定编码形式、低频唤醒式、天线接收近发射场式和外置编码存储器式等技术来实现监测模块的定位。

4）胎内监测模块的安装

由于 TPMS 胎内监视模块安装在轮胎内部，为了保证安装后，TPMS 系统能够稳定、可靠工作的同时又不影响轮胎的正常使用，胎内监视模块的安装方式同样非常重要。现在通用的有气门嘴内置、安装在轮毂上以及气门嘴外置三种安装方式。当然，无论使用的是哪一种安装方式，设计中轮胎监测模块重量轻、强度好、体积小、抗振动能力强是前提。气门嘴内置和安装在轮毂上都是内置式安装，适用于无内胎的轮胎，便于装卸。安装在轮毂上的安装方式要求轮胎监测模块安装牢固，因为汽车行驶时振动非常剧烈，轮胎监测模块可能因剧烈振动而产生移位。气门嘴内置式安装方式是将监测模块安装于胎内的气门嘴附近，将传感器与气阀相结合，利用气阀伸出的一部分来作为无线数据发送的天线。

2. 典型汽车轮胎压力监测系统工作原理

图 6.36 所示为奥迪 A6 的新一代直接式 TPMS 的组成，主要由轮胎压力传感器、发射器、天线和控制单元组成。轮胎压力监控系统控制单元 J502 连接在 CAN 总线上，G431-G434 共 4 个发射器分别安装在 4 个轮胎的内部，用于检测轮胎的压力和温度数据，通过无线电波发射给显示仪，后部轮胎压力监控系统天线 R96 位于车顶上的车内灯和滑动车顶模块之间，发射器和天线通过 LIN 总线与控制单元相连，每个车轮还有一个轮胎压力传感器 G222-G226。

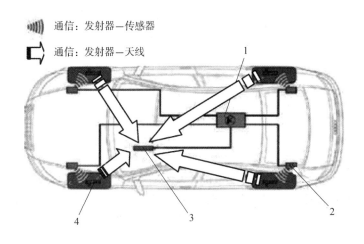

图 6.36 轮胎压力监控系统的结构

1—轮胎压力监控系统控制单元 J502；2—轮胎压力监控发射器 G431-G434；

3—轮胎压力监控系统天线 R96；4—轮胎压力传感器 G222-G226

TPMS 的工作原理流程如图 6.37 所示，当驾驶员打开主驾驶室车门时，系统就开始初始化过程，然后控制单元 J502 给轮胎压力监控发射器 G431-G434 和天线 R96 各分配一个 LIN 地址。初始化完成后，发射器发射出无线电信号，由于这种无线电信号的作用半径很小，因此它们只会分别被相应的轮胎压力传感器接收，传感器被这个无线电信号激活后，就会发射回测量到的当前压力和温度值，这些测量值由天线接收后再经 LIN 总线传送到控制单元。

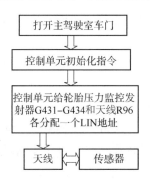

图 6.37 TPMS 的工作原理流程

轮胎压力传感器上装有离心力传感器，该传感器可以识别出车轮是否在转动，只要是车在停着，就不再进行任何通信联系了。

车辆起步时，传感器在约 2 min 后开始与车轮位置进行匹配。当车速超过约 20 km/h 时，每个传感器会自动发射当前的测量值，而不需等待来自各自发射器的信号。

发射出的无线电信号中包含有传感器的 ID，这样控制单元就可识别出是哪个传感器发出的信息及其位置。正常情况下，发射器每隔约 30 s 就发射一次信号。如果传感器发现压力变化较快（>0.2 bar/min，1 bar=1×10^{5}Pa），那么传感器会自动切换到快速发送模式，这时每隔 1 s 就发送一次当前测量值。

6.4　汽车空调系统

6.4.1　汽车空调系统的作用

汽车空调系统的作用是根据驾驶员的需要，调节车内空气的温度、相对湿度、清洁度、气流速度及方向等，使车内的空气处于比较理想的状态，保障驾乘环境舒适。

6.4.2　汽车空调系统的组成及分类

1. 汽车空调系统的基本组成

现代汽车全功能空调系统由通风系统、采暖系统、制冷系统、空气净化装置及控制系统等组成。

（1）通风系统。通风系统用于将车外的新鲜空气引进车内，达到通风、换气的目的。

（2）采暖系统。采暖系统用于对车内空气或车外进入车内的新鲜空气进行加热、除湿，使车内达到温暖舒适。

（3）制冷系统。制冷系统用于对车内空气或车外进入车内的新鲜空气进行降温、除湿，使车内达到凉爽舒适。

（4）空气净化装置。空气净化装置用于去除车内空气中的尘埃、异味，使车内空气变得清洁，目前只用于高级轿车上。

（5）控制系统。控制系统将通风、采暖、制冷、空气净化有机地组合，形成冷暖适宜的气流，并能对车内环境进行全季节、全方位、多功能的最佳控制和调节。

将上述装置全部或部分组合在一起，按照一定的布置形式安装在汽车上，便组成了汽车空调系统。在一般的客、货车上，通常只安装制冷系统和采暖系统，在一些高级轿车和高级大、中型客车上，还安装加湿装置、空气净化装置以及强制通风装置。

2. 汽车空调系统的分类

汽车空调系统按功能不同分为三类：第一类仅有通风装置，对车内进行强制性换气，保证车内空气清洁和对流；第二类是除了通风装置外还有采暖装置，用于提高车内空气的温度；第三类是不仅有通风装置、采暖装置，还有制冷系统，用于降低车内空气的温度与湿度。现代汽车空调系统多为第三类。

按控制方法不同，汽车空调系统分为两类：手动空调和自动空调。手动空调是指车内调节温度、气流方向和流速等完全依靠手动设定调节；自动空调是指车内调节温度、气流方向和流速等既可以手动设定调节，也可以根据车辆运行情况和车内外环境自动调节。

6.4.3 汽车空调系统的结构和工作原理

1. 汽车空调通风系统

汽车空调通风系统的主要功能是换气，即打开通风口，利用汽车迎面空气动压通风或利用空调系统中鼓风机进行强制通风换气。

车厢空间狭小，车内空气由于乘员呼出的二氧化碳、水蒸气、烟气等而受到污染，需经过通风换气来净化，同时调节车内的温度和湿度。另外，通风对于防止车窗玻璃起雾也很有益处。

通风方法有自然通风（动压通风）和强制通风两种。

1）自然通风（动压通风）方式

自然通风（动压通风）不需要什么设备，只需在汽车的有关部位开设通风口和通风窗，用阀门的启闭来控制进风。该方式是利用汽车行驶时，车外空气对汽车产生的风压，通过进风口和排风口来实现通风换气的。

进风口与排风口的位置如图 6.38 所示，要根据汽车行驶时发生于车身表面上的风压分布状况和车身结构来确定。一般车身大部分是负压区，仅前面风窗玻璃及前围上部等少部分为正压区。在设置时要求进风口必须装在正压区，排风口必须装在负压区，以便充分利用汽车行驶所产生的动压而引入大量的新鲜空气。

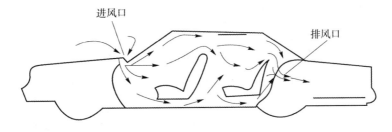

图 6.38 进风口与排风口的位置

同时，进风口应尽可能远离地面，以防止吸入地面附近的污染空气和灰尘。进入车内的空气流速最佳范围是 1.5~2.0 m/s。排风口的压力系数随着不同的安装位置而改变，要尽可能加大排风口的有效断面积，以提高排风效果，还必须注意防止尘埃、噪声以及雨水、洗车水的浸入。

自然通风方式不消耗动力，但空气在车内流过形成车辆行驶阻力。

2）强制通风方式

采用自然通风方式进行换气时，车辆在静止和在低速行驶时，通风量过小，故一些车辆采用强制通风方式。强制通风是在汽车的某一部位装鼓风机，用机械方法将环境空气引入车内，经处理后送至车内循环，调节鼓风机转速大小，实现风量控制。强制通风装置原理如图 6.39 所示。

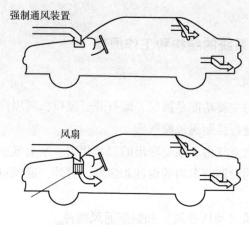

图 6.39　强制通风装置原理

在汽车行驶时，强制通风经常与自然通风配合使用。轿车均采用自然通风与强制通风相结合的方式，其通风系统与采暖系统、制冷系统等结合在一起而形成完整的空调系统，导入的外气既可经调节也可不经调节而进入车内。

2. 汽车空调采暖系统

采暖系统是一种将空气送入热交换器（又称为加热器），同时吸入某种热源的热量，以提高车内空气温度的装置。

根据供热热源的不同，采暖装置可分为非独立式和独立热源式两种。

1）非独立式采暖装置

非独立式采暖装置（又称发动机采热式），以发动机工作时的冷却液或废气为热源，通过一个热交换器和电动机组成的暖风机，加热流经暖风机的空气，使车内的温度上升。利用发动机废气作热源加热快，但是废气温度高、有毒，安全风险大，很少采用。以发动机冷却液为热源的非独立采暖装置组成原理如图 6.40 所示。采暖风道示意图如图 6.41 所示。

为了克服非独立式采暖装置供热能力的不足，改善发动机冷却液温度低时的采暖效果，可以对发动机冷却液进行加热。发动机冷却液加热方式有燃油燃烧加热、电热塞加热和 PTC 加热等。燃油燃烧加热和电热塞加热采暖装置组成分别如图 6.42 和图 6.43 所示。

2）独立热源式采暖系统

独立热源式采暖系统是专门利用汽油、煤油、柴油等来作为燃料，使其在燃烧装置中燃烧产生热量，利用空气与燃烧装置进行热交换，进而使空气升温。

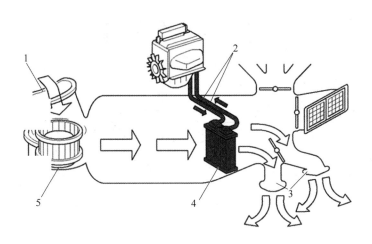

图6.40 非独立采暖装置组成原理（以发动机冷却液为热源）

1—进风口；2—发动机冷却液；3—出风口；4—采暖换热器；5—鼓风机

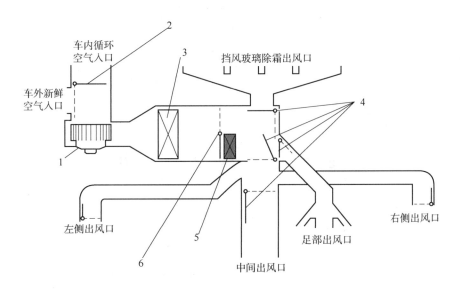

图6.41 采暖风道示意图

1—鼓风机；2—车内外循环控制板；3—蒸发器；4—出风口选择控制板；5—采暖换热器；6—混流控制板

这种采暖系统的优点是不受汽车使用情况的影响，而且采暖迅速；缺点是需要复杂的燃烧装置、送风装置，还要消耗燃料。

独立热源式采暖系统一般用于大、中型客车上，或用于严寒地区只靠冷却液热量还不足以采暖的轿车上。

3. 制冷系统

制冷系统用来降低车内空气的温度，它是利用制冷剂由液态转化为气态需要吸收热量和由气态转化为液态对外放出热量的原理工作的。车用空调制冷系统由制冷剂循环系统和电子控制系统组成。

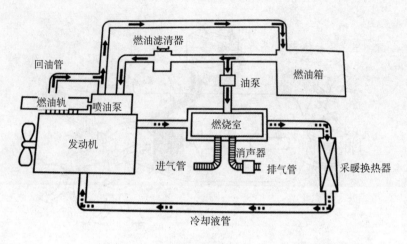

图 6.42　燃油燃烧加热采暖装置示意图

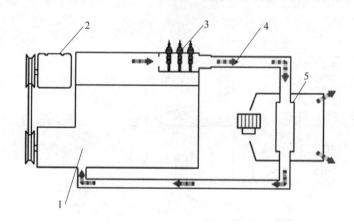

图 6.43　电热塞加热采暖装置示意图

1—发动机；2—交流发电机；3—电热塞；4—发动机冷却液；5—采暖换热器

制冷剂循环系统多采用以 R134a（早期采用氟利昂 R12）为制冷剂的蒸气压缩式封闭循环系统，分节流孔管（Fixed Orifice Tube，FOT）式和膨胀阀式（Thermostatic Expansion Valve，TXV）两种。

FOT 式制冷剂循环系统主要由压缩机、冷凝器、集液器、节流孔管、蒸发器和管路等组成，如图 6.44 所示。

压缩机将气态制冷剂加压升温后送入冷凝器；制冷剂通过冷凝器将热量散发到大气中，逐渐降温液化；液化后的制冷剂经过节流孔管节流进入蒸发器，由于蒸发器内压力低，制冷剂迅速汽化并通过蒸发器吸收车内空气的热量使车内降温；从蒸发器出来的制冷剂经过集液器进行气液分离，使气态制冷剂进入压缩机重复上述过程，液态制冷剂留在集液器，避免危害压缩机。由于节流孔管尺寸固定，制冷剂流量无法调节。

TXV 式制冷剂循环系统主要由压缩机、冷凝器、储液干燥器、膨胀阀、蒸发器等组成，如图 6.45 所示。其制冷原理与 FOT 式制冷剂循环系统基本相同，用膨胀阀取代了节

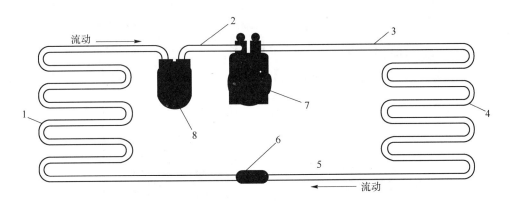

图6.44 FOT式制冷剂循环系统示意图

1—蒸发器；2—吸气管路；3—排气管路；4—冷凝器；5—液体管路；6—节流孔管；7—压缩机；8—集液器

流孔管以保证蒸发器出来的制冷剂全部为气态，取消了蒸发器和压缩机之间的集液器；而在冷凝器和膨胀阀之间增设了储液干燥器，一方面对冷凝器来的制冷剂进行过滤、去除水分，另一方面储存适量的制冷剂，以便在各种制冷负荷情况下为膨胀阀提供液态制冷剂。由于膨胀阀能够根据制冷负荷的大小自动调节制冷剂流量，因此TXV式制冷剂循环系统应用更多。

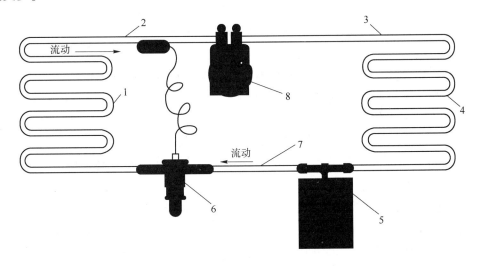

图6.45 TXV式制冷剂循环系统示意图

1—蒸发器；2—吸气管路；3—排气管路；4—冷凝器；5—储液干燥器；6—膨胀阀；7—液体管路；8—压缩机

压缩机的作用是提高气态制冷剂的压力和温度，维持制冷剂在系统中循环，便于气态制冷剂在冷凝器中凝结成液态、对外放出热量；膨胀阀或节流孔管的作用是通过节流作用降低液态制冷剂的压力，便于液态制冷剂在蒸发器中蒸发成气态、吸收热量；蒸发器则通过液态制冷剂的蒸发吸收车内气体的热量；冷凝器通过气态制冷剂凝结将制冷系统的热量放到车外。制冷剂循环过程和状态变化情况如图6.46所示。

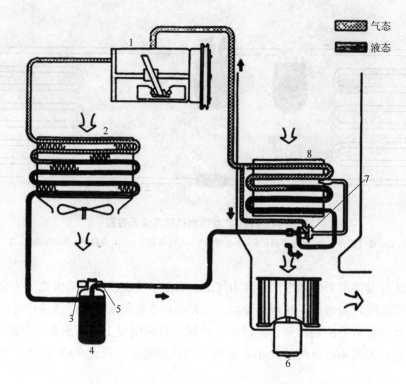

气态
液态

图 6.46　制冷剂循环过程和状态变化情况

1—压缩机；2—冷凝器；3-高压阀—；4—储液干燥器；5—低压开关；6—鼓风机；7—膨胀阀；8—蒸发器

　　压缩机（1）由发动机经皮带轮和电磁离合器带动旋转，吸入蒸发器（8）中的低温低压（约 5 ℃、0.15 MPa）制冷剂蒸气，将其压缩成为高温高压（70～80 ℃、1.3～2.0 MPa）的气体，然后经高压管路送入冷凝器（2）；进入冷凝器的高温高压制冷剂气体与环境空气进行热交换，释放热量，当温度下降至 50 ℃左右时，便冷凝为液态；冷凝为液态的高温高压制冷剂进入储液干燥器（4），除去水分和杂质，再经高压液管送至膨胀阀（7）；因为膨胀阀有节流作用，所以高温高压的液态制冷剂流经膨胀阀后，变为低温低压的雾状喷入蒸发器，在蒸发器中吸收周围空气的热量而蒸发、汽化，使周围空气温度降低；由于吸热，制冷剂气体到达蒸发器出口时温度升至 5 ℃左右；如果压缩机不停地运转，吸热汽化的制冷剂又被压缩机吸入，那么上述过程将连续不断地循环，蒸发器周围将始终保持较低的温度。鼓风机（6）将空气吹过蒸发器表面，空气被冷却变为凉气送进车厢，使车厢内空气变得凉爽；同时，当车厢内空气湿度较高、空气经过温度低的蒸发器表面时，其中的水分会在蒸发器表面凝结成液体流到车外，从而使车厢内空气中的水分减少、湿度降低。为了加强冷凝器散热，一般设有冷凝器散热风扇（或由发动机冷却液风扇承担）。

　　乘用车用 TXV 式制冷剂循环系统布置如图 6.47 所示。

　　由于通风装置、采暖装置结构比较简单，而制冷系统比较复杂，是空调系统的主要部分，因此习惯上将制冷系统称为空调系统。

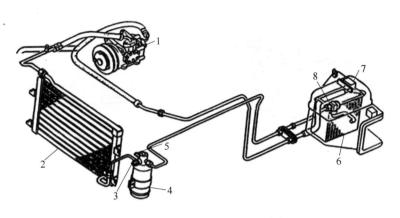

图 6.47 TXV 式制冷剂循环系统布置

1—压缩机；2—冷凝器；3—低压开关；4—储液干燥器；5—高压阀；6—蒸发器；7—热控开关；8—膨胀阀

6.4.4 汽车空调制冷系统主要总成

1. 压缩机

作为汽车空调制冷系统的核心部件，压缩机（Compressor）具有两个重要功能：压缩机吸气时相当于一个真空泵，使系统内部产生低压，吸入蒸发器中低温低压的气态制冷剂。然后，在压缩过程中将气态制冷剂压缩成高温高压状态并输入冷凝器，维持制冷剂在制冷系统管路中循环流动。

压缩机是蒸汽压缩制冷系统中低压和高压、低温和高温的转换装置，其正常工作是实现热交换的必要条件。

汽车空调采用的压缩机有多种类型，按不同结构分为斜盘式压缩机、摇板式压缩机、叶片式压缩机、曲柄连杆式压缩机和涡旋式压缩机等；按排量是否可调分为定排量压缩机和变排量压缩机，变排量压缩机可根据空调系统的制冷负荷自动改变排量，使空调系统运行更加经济。

1）斜盘式压缩机

斜盘式压缩机也称斜板式压缩机，是一种轴向往复活塞式压缩机。目前，斜盘式压缩机是汽车空调中使用最为广泛的一种压缩机。

斜盘式压缩机结构如图 6.48 所示，在气缸体中圆周布置有多个气缸，每个气缸都有进气阀和排气阀、中部安装有双向的活塞，可以旋转的斜盘驱动活塞；电磁离合器控制皮带轮和压缩机轴之间的接合和分离。

电磁离合器通电，皮带轮和压缩机轴之间接合，曲轴通过皮带传动装置、压缩机轴驱动斜盘转动，使所有活塞都做往复直线运动，斜盘旋转一周，每个活塞都往复运动一次，每个气缸分别完成一次吸入制冷剂和排出制冷剂的循环。活塞向左运动时，活塞左侧空间减小，制冷剂被压缩、升温，排气阀打开，高压高温的制冷剂向外排出；活塞右侧空间增大，压力减小，进气阀打开，制冷剂被吸入气缸。同理，活塞向右运动时，左侧气缸吸入

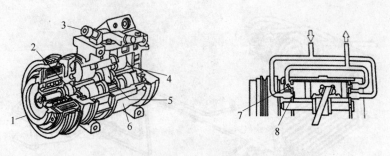

图 6.48　斜盘式压缩机

1—电磁离合器；2—轴；3—安全阀；4—活塞；5—斜盘；6—气缸体；7—排气阀；8—进气阀

制冷剂，右侧气缸排出高压高温的制冷剂。

2）摇板式压缩机

摇板式压缩机结构如图 6.49 所示，结构、原理与斜盘式压缩机类似，只是将双向活塞变为单向活塞，倾斜角度固定的斜盘变为倾斜角度可变的摇板，从而可以改变活塞的行程，实现压缩机的排量改变。

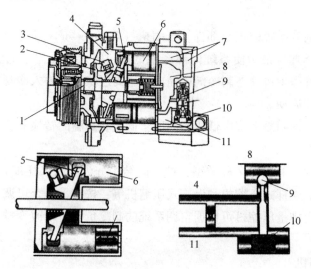

图 6.49　摇板式压缩机结构

1—轴；2—牵引盘；3—导向销钉；4—摇板腔；5—摇板；6—活塞；7，11—低压腔；
8—高压腔；9—控制阀；10—波纹管；12—活塞行程

压缩机轴旋转时，通过牵引盘、导向销钉再带动摇板转动使活塞做往复直线运动。它是根据制冷负荷大小调节排量的。制冷负荷减小时，压缩机低压腔压力降低使波纹管膨胀打开控制阀，高压腔的制冷剂便会通过控制阀进入摇板腔，使摇板腔压力增大，摇板倾斜角度减小，进而减小活塞行程和压缩机排量。

3）叶片式压缩机

叶片式压缩机结构如图 6.50 所示，在作为转子的叶轮上安装若干叶片，叶轮、叶片和机体、端盖形成几个密闭的空间，端盖上设有进气孔、排气孔。为了防止制冷剂从高压管路回流到压缩机，还设有排气阀。

叶轮旋转时，叶片和机体、端盖形成各个密闭空间的容积不断变化，容积增大时空间会和进气孔连通，吸入制冷剂；容积减小时空间会和排气孔连通，压力升高后打开排气阀排出制冷剂。

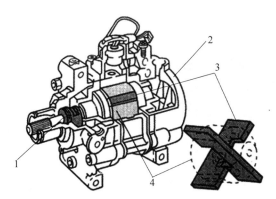

图 6.50　叶片式压缩机结构

1—轴；2—端盖；3—叶片；4—叶轮

4）曲柄连杆式压缩机

曲柄连杆式压缩机结构如图 6.51 所示，包括轴、连杆、活塞、进气阀、排气阀、阀体等。

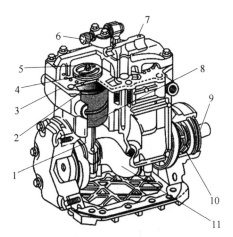

图 6.51　曲柄连杆式压缩机结构

1—连杆；2—进气阀；3—阀体；4—排气阀；5—限位片；6—进气检修阀；
7—排气检修阀；8—活塞；9—密封盘；10—油阀；11—轴

轴旋转时，通过曲柄连杆带动活塞往复运动，吸入和排出制冷剂。活塞下行时进气阀打开，制冷剂进入气缸；活塞上行时，压缩制冷剂，排气阀打开后制冷剂排出。

5) 涡旋式压缩机

涡旋式压缩机结构如图 6.52 所示，关键部件是涡旋动子和涡旋定子，涡旋定子安装在机体上，涡旋动子一端通过轴承偏心安装在轴上，排气口位于涡旋定子的中心部位，进气口位于涡旋定子的边缘，涡旋动子、涡旋定子借助机体和端盖形成月牙形密闭空间。

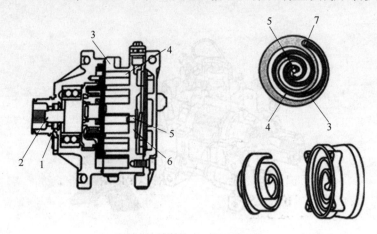

图 6.52　涡旋式压缩机结构

1—密封圈；2—轴；3—涡旋定子；4—涡旋动子；5—排气口；6—排气阀；7—吸气口

压缩机轴旋转时，通过轴承使涡旋动子一端做圆周运动（半径为轴承与轴的偏心距），使涡旋动子相对于涡旋定子运动，使月牙形密闭空间的容积和位置都在发生变化，和外部进气口相通时月牙形密闭空间的容积最大、吸入制冷剂，和中部排气口相通时月牙形密闭空间的容积最小、压缩排出制冷剂。

2. 冷凝器和蒸发器

冷凝器和蒸发器是制冷系统的两个热交换器，都由管路和传热片组成，但安装位置和具体结构不同。

1) 冷凝器

冷凝器的作用是对压缩机排出的高温高压制冷剂蒸汽进行冷却，使之凝结成高温高压的液体。制冷剂蒸汽放出的热量由周围空气带走，排到大气中。

轿车的冷凝器一般安装在发动机冷却系统散热器之前，利用发动机冷却风扇吹来的新鲜空气和行驶中迎面吹来的空气流进行冷却。

对于一些大、中型客车和一些面包车，则把冷凝器安装在车厢两侧或车厢后侧和车厢的顶部。当冷凝器远离发动机散热器时，在冷凝器旁都必须安装辅助冷却风扇进行强制风冷，加速冷却。

汽车空调系统冷凝器的结构形式主要有管片式、管带式和平流式三种。

（1）管片式冷凝器。

管片式冷凝器由铜质或铝质圆管套上散热片组成，其结构如图 6.53 所示。片与管组装后，经膨胀和收缩处理，使散热片与散热管紧密接触，以保证热传递的顺畅，并与其他附件组合成为冷凝器总成。这种冷凝器结构比较简单，加工方便，但散热效果较差。管片式冷凝器一般用在大、中型客车的制冷装置上。

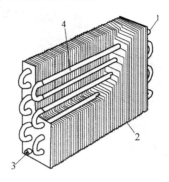

图6.53　管片式冷凝器结构

1—进口；2—散热片；3—出口；4—制冷剂散热管

（2）管带式冷凝器。

管带式冷凝器由多孔扁管与蛇形散热带（波纹散热片）焊接而成，其结构如图6.54所示。管带式冷凝器的传热效率比管片式冷凝器高15%～20%，但它的制造工艺复杂，焊接难度大，且材料要求高，一般用在小型汽车的制冷装置上。

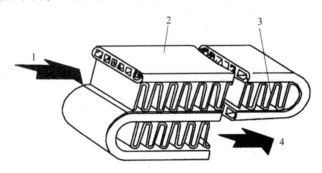

图6.54　管带式冷凝器结构

1—气态制冷剂；2—异型扁管；3—波纹散热片；4—液态制冷剂

（3）平流式冷凝器。

平流式冷凝器外观结构如图6.55所示。

平流式冷凝器制冷剂由管接头进入圆柱形集管，再分流进入铝制内肋扁管，平行地流到对面的集管，最后通过跨接管回到管接头座。扁管之间嵌有散热翅片。这种冷凝器具有制冷剂侧的压力小、传热系数高、质量小、结构紧凑和制冷剂充注量少等特点。平流式冷凝器适合与采用R134a为制冷剂的制冷系统配套使用。

与管带式冷凝器相比，在制冷剂相同的情况下，平流式冷凝器的制冷剂侧压力降只是管带式的20%，而换热性能提高约75%。

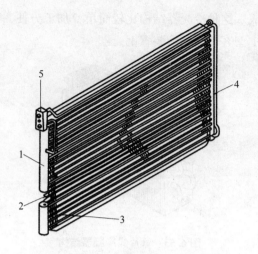

图 6.55 平流式冷凝器外观结构

1—圆柱形集管；2—铝制内肋扁管；3—波形散热翅片；4—跨接管；5—管接头

2）蒸发器

蒸发器（Evaporator）是汽车空调制冷系统中的另一个热交换器，其作用与冷凝器相反，是将经过节流降压后的液态制冷剂在蒸发器内沸腾汽化，吸收蒸发器表面周围空气的热量而使之降温，风机再将冷风吹到车室内，达到降温的目的。

汽车空调蒸发器有管片式、管带式和层叠式三种结构类型。

（1）管片式蒸发器。

管片式蒸发器由铜质或铝质圆管套上铝翅片组成，经胀管工艺使铝翅片与圆管紧密相接触，如图 6.56 所示。该种蒸发器结构较简单、加工方便，但其换热效率较差。

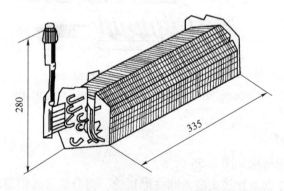

图 6.56 管片式蒸发器结构

（2）管带式蒸发器。

如图 6.57 所示，管带式蒸发器由多孔扁管与蛇形散热铝带焊接而成，工艺比管片式复杂，需采用双面复合铝材（表面覆一层 0.02~0.09 mm 厚的焊药）及多孔扁管材料。这种蒸发器换热效率可比管片式提高 10%左右。

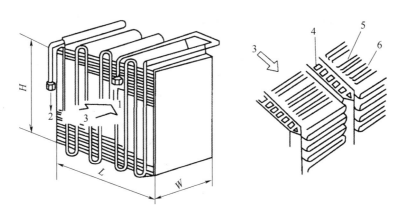

图6.57 管带式蒸发器结构

1—进口；2—出口；3—空气；4—管子；5—翅片；6—散热口

（3）层叠式蒸发器。

如图6.58所示，层叠式蒸发器由两片冲成复杂形状的铝板叠在一起组成制冷剂通道，每两片通道之间夹有蛇形散热铝带。这种蒸发器也需要双面复合铝材，且焊接要求高，因此，加工难度最大。但其换热效率最高，结构最紧凑。采用新型制冷剂R134a的汽车空调多采用这种层叠式蒸发器。

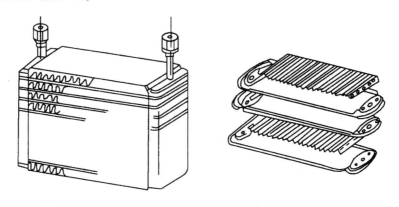

图6.58 层叠式蒸发器结构

3. 膨胀阀和节流孔管

膨胀阀和节流孔管都安装在蒸发器入口处，用来将高温高压的液态制冷剂节流后喷入蒸发器，但二者适用的循环系统类型不同，结构也不同。

1）膨胀阀

膨胀阀有三种结构形式：外平衡式膨胀阀、内平衡式膨胀阀和H形膨胀阀。

外平衡式膨胀阀结构如图6.59所示，阀的顶部有一个膜片室，膜片室端部一侧通过毛细管接感温包、内部充满气态制冷剂，感温包安装在蒸发器出口处，感受蒸发器出口处温度，膜片室下方通过平衡管与蒸发器出口相通，感受蒸发器出口压力；阀的中部有一个针阀，控制制冷剂的流量，针阀开度大小由膜片位置决定。

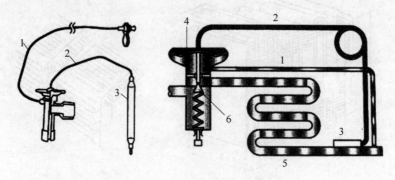

图 6.59　外平衡式膨胀阀
1—平衡管；2—毛细管；3—感温包；4—膜片；5—蒸发器；6—针阀

　　膨胀阀可以根据制冷负荷大小、压缩机转速高低等自动调节制冷剂流量，确保在各种工况下蒸发器出口处制冷剂全部为气态。膨胀阀针阀弹簧刚度和初始位置确定后，膜片位置就取决于膜片室两侧的压力差，蒸发器出口温度升高或蒸发器出口压力降低，膜片室两侧的压力差就增大，针阀开度增大，制冷剂流量增大，制冷能力就增强。制冷负荷减小时，蒸发器出口温度低，感温包内部压力减小，膜片室上方压力减小（或者压缩机转速变化使蒸发器出口压力增大，膜片室下方压力增大），针阀开度减小，制冷剂流量减小，制冷负荷（或压缩机转速）和制冷剂流量适应时，针阀开度稳定，维持一定的制冷强度。当蒸发器出口压力超过一定值时，膨胀阀关闭。

　　内平衡式膨胀阀结构如图 6.60 所示，其结构与外平衡式膨胀阀基本相同，只是省掉了平衡管，膜片室下方直接与蒸发器入口相通，感受蒸发器内部压力。其工作原理和工作过程与外平衡式膨胀阀相同。

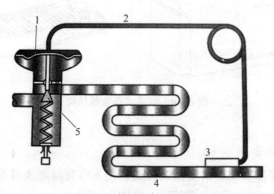

图 6.60　内平衡式膨胀阀结构
1—膜片；2—毛细管；3—感温包；4—蒸发器；5—针阀

　　H 形膨胀阀结构如图 6.61 所示，通过直接连接蒸发器出口和入口，增加了热敏杆来感受蒸发器出口温度，并传热控制膜片室内气态制冷剂的压力、针阀开度，调节制冷剂流量适应制冷负荷和压缩机转速等变化。H 形膨胀阀省掉了感温包及毛细管，结构简单，工作可靠，应用越来越广。

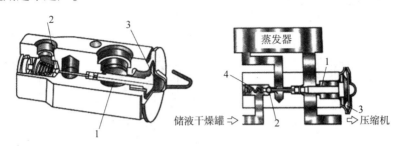

图 6.61　H 形膨胀阀结构

1—热敏杆；2—针阀；3—膜片；4—弹簧

2）节流孔管

节流孔管与膨胀阀的基本作用相同，结构如图 6.62 所示，安装在冷凝器与蒸发器之间。节流孔管的节流孔径固定，没有调节制冷剂流量的功能，但是没有运动件，结构简单、工作可靠，在许多车上获得应用。

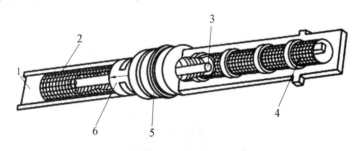

图 6.62　节流孔管

1—蒸发器；2—制冷剂雾化滤网；3—节流孔；4—制冷剂杂质滤网；5—密封圈；6—制冷剂流向

4. 储液干燥器和集液器

储液干燥器（Receiver Drier）用于膨胀阀式制冷循环系统，串联在冷凝器与膨胀阀之间的管路上，使从冷凝器中出来的高压制冷剂液体经过滤、干燥后流向膨胀阀。在制冷系统中，它起到储液、干燥和过滤液态制冷剂的作用。储液干燥器内有滤网和干燥剂（R134a 制冷剂使用沸石作为干燥剂），上方有进、出口，中间为用来检查制冷剂是否充足的视液镜，其结构如图 6.63 所示。有些储液干燥器上装有检修阀，便于安装压力表和加注制冷剂。有些储液干燥器上装有压力开关，可以根据制冷循环系统压力控制压缩机或冷凝器风扇运转。还有些储液干燥器上装有易熔塞，以便在制冷循环系统压力、温度过高时，放出制冷剂，保护系统重要部件。

集液器用于节流孔管式制冷循环系统，安装在蒸发器出口与压缩机之间，对蒸发器来的制冷剂进行气液分离，使液态制冷剂沉积在底部，保证只有上方的气态制冷剂输送到压缩机。集液器结构如图 6.64 所示。

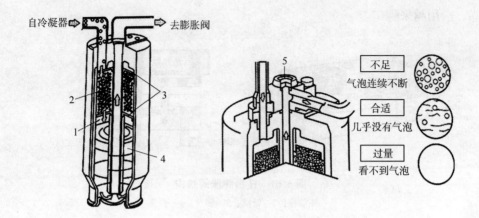

图 6.63　储液干燥器结构

1—气态制冷剂；2—干燥剂；3—滤网；4—液态制冷剂；5—视液镜

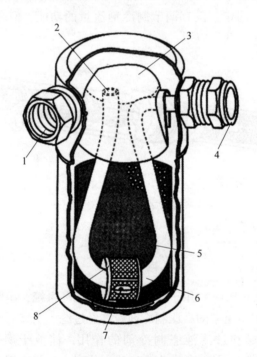

图 6.64　集液器结构

1—蒸发器；2—气态制冷剂入口；3—盖；4—去压缩机；5—干燥剂；6—制冷剂输出管；7—制冷剂孔；8—滤网

6.4.5　空调电子控制系统

1. 空调电子控制系统的作用

为了充分发挥空调循环部分的性能，保证空调系统可靠运行，空调系统增设了电子控制系统，以实现温度调节、气流速度（简称风速）调节、空气循环方式调节、出风口调节和冷凝器风扇转速控制。

2. 空调电子控制系统的组成

按调节方式不同，空调系统有手动和自动之分，对应的电子控制系统组成也不相同。

手动空调的调节通过控制面板上的拨杆、旋钮或相应按键实现，如图 6.65 所示。其电子控制系统主要包括各种控制开关、执行装置和传感器。控制开关包括空调制冷开关、温控开关、鼓风机开关、空气循环方式开关等；执行装置包括空调电磁离合器、鼓风机、新鲜空气电磁阀、冷却风扇继电器等；传感器包括冷却风扇温控开关、环境温控开关、高压开关、低压开关等。图 6.66 所示为手动空调电子控制系统组成和电路实例。

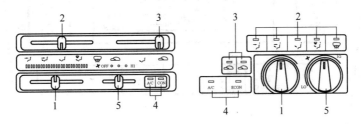

图 6.65　空调控制面板

1—温度选择；2—出风口位置选择；3—空气循环方式选择；4—A/C 开关；5—风速选择

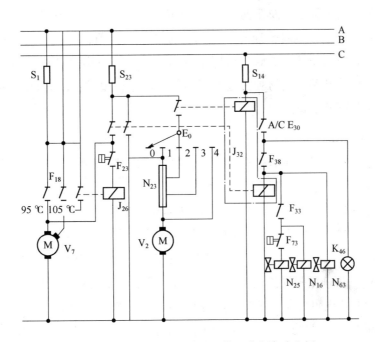

图 6.66　手动空调电子控制系统组成和电路实例

S$_1$—冷却风扇熔断器；S$_{14}$—空调熔断器；S$_{23}$—鼓风机熔断器；K$_{46}$—空调指示灯；J$_{32}$—空调继电器；

J$_{26}$—冷却风扇继电器；E$_{30}$—空调制冷开关；E$_0$—鼓风机开关；F$_{73}$—低压开关；F$_{23}$—高压开关；

F$_{18}$—冷却风扇电动机温控开关；F$_{33}$—温控开关；F$_{38}$—环境温控开关；V$_7$—冷却风扇电动机；V$_2$—鼓风机；

N$_{25}$—空调电磁离合器；N$_{16}$—怠速电磁阀；N$_{63}$—新鲜空气电磁阀；N$_{23}$—调速电阻

自动空调电子控制系统除了包括控制开关、执行装置和传感器外，还增加了控制单元和显示器，显示器可以显示鼓风机转速、出风口位置、运行模式、车外温度等信息，如图 6.67 所示。

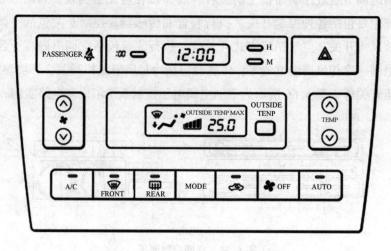

图 6.67　自动空调控制和显示实例

控制单元根据传感器信息及乘员指令来确定车内空气温度、气流速度、空气循环方式、出风口位置和冷凝器风扇转速等参数的目标值和实际值，必要时通过控制电磁离合器、鼓风机电压、空气循环电磁阀、风门电动机、冷凝器风扇电动机等执行装置进行调节。其还增加了模式开关，供驾驶员选择不同的空调运行模式，图 6.68 所示为自动空调送风系统及有关传感器电路。

3. 控制原理

电子控制系统具体组成和形式有差异，但控制原理基本相同，下面以图 6.66 所示空调系统为例，介绍空调电子控制系统的工作原理。

电磁离合器（N_{25}）用来控制空调压缩机和驱动皮带轮之间的连接，只有电磁离合器通电时，皮带轮才带动压缩机运转。电磁离合器由空调制冷开关（A/C 开关，E_{30}）、温控开关（F_{33}）、环境温控开关（F_{38}）、低压开关（F_{73}）等串联控制。

鼓风机（V_2）用来增强气流速度。为了调控速度，该机由单掷五位开关（E_0）控制，与鼓风机串联的调速电阻（N_{23}）使其有 4 种不同转速。鼓风机开关（E_0）电源来自 A 路电源，经过熔断器 S_{23}，并受空调继电器（J_{32}）控制，开关位于 1 挡时，N_{23} 的全部电阻都串入鼓风机电路，鼓风机转速最低；4 挡时，未串联电阻、鼓风机转速最高。为了便于散热，调速电阻（N_{23}）位于鼓风机风箱内。

空调制冷开关（E_{30}）位于仪表板操作面板上，用来控制制冷系统的工作。

温控开关（F_{33}）位于蒸发器冷风进口，可以进行人工设定，一般在低于 0 ℃时，F_{33} 断开；高于 2 ℃时，F_{33}接通，防止蒸发器结霜，保证制冷系统正常工作。

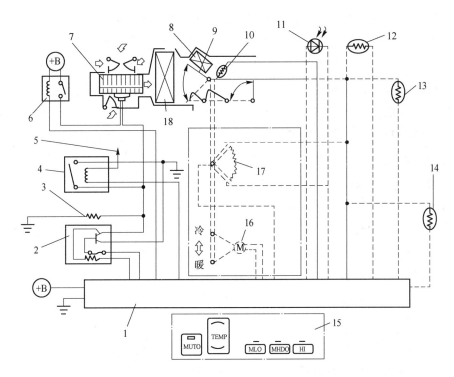

图 6.68　自动空调送风系统及有关传感器电路

1—空调 ECU；2—功率管；3—鼓风机电阻；4—超高继电器；5—蓄电池；6—采暖继电器；7—鼓风机；8—采暖换热器；

9—冷暖风门；10—冷却液温度传感器；11—日照传感器；12—室温传感器；13—车外温度传感器；

14—蒸发器出口温度传感器；15—控制仪表板；16—伺服电动机；17—位置传感器；18—蒸发器

低压开关（F_{73}）和高压开关（F_{23}）位于干燥过滤器上，为了保证压缩机及制冷系统正常工作而设置。

许多车辆还在电磁离合器的电路（或控制电路）中串联一个常闭的高压开关，当系统压力超过规定值时，高压开关断开，切断电路，保护压缩机。

1）暖风和通风控制

点火开关接通、减荷继电器工作后，C 路电源接通。如果只接通鼓风机开关（或当环境温度低于 10 ℃时接通空调开关），由于新鲜空气电磁阀（N_{63}）断开，新鲜空气可以进入车厢，通过控制各风门的开闭，就可以实现暖风和强制通风控制。

2）制冷过程控制

当环境温度高于 10℃时，环境温控开关（F_{38}）闭合。需要制冷时接通空调制冷开关（E_{30}）来关闭新鲜空气通风口，鼓风机电路和冷凝器风扇电动机电路接通运转，车内空气进入内循环，加强发动机冷却水的散热；并接通怠速电磁阀，提高发动机的怠速转速，同时控制系统根据设定温度通过空调压缩机的运转和停止，控制制冷循环的进行。具体过程如下：

空调制冷开关（E₃₀）接通后，电流从电源正极经过减荷继电器触点、熔断器（S₁₄）到空调制冷开关（E₃₀），而后分三路，一路经空调指示灯（K₄₆）构成回路，指示灯（K₄₆）亮表示空调 A/C 开关接通；第二路经新鲜空气电磁阀（N₆₃）构成回路，使该阀动作以接通新鲜空气翻板真空促动器的真空通路，使鼓风机控制循环风强制通过蒸发器总成的空气通道以降低空气温度、去除水分；第三路经环境温控开关（F₃₈）后又分为两路：一路到蒸发器温控开关（F₃₃），给电磁离合器（N₂₅）和控制怠速自调装置的电磁真空转换阀（N₁₆）供电，当蒸发器温度高于调定温度时，蒸发器温控开关（F₃₃）接通，电磁离合器电路接通吸合，压缩机才能运转制冷，同时电磁真空转换阀动作而使发动机以较高的怠速转速运转以有足够的功率驱动压缩机工作；如果蒸发器温度低于调定温度，温控开关（F₃₃）断开，压缩机停止转动，同时电磁真空转换阀断电，怠速自动调节装置不起作用。经环境温控开关（F₃₈）后的另一条电路是经空调继电器（J₃₂）构成回路，使其两对触点吸合，其中一对触点用于控制冷凝器冷却风扇电动机及其继电器，高压开关（F₂₃）和继电器串联，当制冷系统高压侧压力低于 1.5 MPa 时，高压开关（F₂₃）触点断开，冷却风扇低速运转，当制冷系统高压侧压力高于 1.5 MPa 时，高压开关（F₂₃）触点接通，继电器通电，触点闭合，冷却风扇高速运转以加强冷凝效果；另一对触点用于控制鼓风机（V₂），该触点在接通空调制冷开关（E₃₀）时，立即闭合，这时即使没有接通鼓风机电路，鼓风机（V₂）也将从该触点获得电流而低速旋转，以免接通空调制冷开关后忘记接通鼓风机电路使蒸发器表面不能获得强制通风而造成结冰现象。因此，在接通空调制冷开关（E₃₀）之前应先接通鼓风机开关（E₀）。

低压开关（F₇₃）串联在蒸发器温控开关（F₃₃）和电磁离合器（N₂₅）之间，当制冷系统严重缺乏制冷剂而使系统压力低于时，F₇₃的触点断开，避免压缩机空转。

环境温控开关（F₃₈）的作用是在环境温度低于设定值（如 10 ℃）时，切断压缩机电磁离合器的电路。

自动空调系统的基本工作原理：空调 ECU 根据设定的温度信号以及车内温度传感器（一般安放在能感受到车内平均温度的地方）、日照传感器（放在仪表板前能感受到太阳辐射的地方）、车外温度传感器（一般放在新风进口等能感受车外气温的地方）、发动机冷却液温度传感器、蒸发器出口温度传感器发出的各种信号，通过运算、对比、判断，确定调节冷暖风门开度、鼓风机转速、空气循环方式、采暖换热器水阀开关、压缩机状态和需要执行的操作，从而实现对车内温度、风速和空气循环方式的自动控制。

图 6.68 中采暖继电器用来控制鼓风机，只要空调开关接通，该继电器就工作，使鼓风机运转。鼓风机的转速由空调器控制 ECU 根据人为设定和各传感器的信号通过功率管、鼓风机电阻和超高继电器进行调整。如果选择"LO"挡位，则功率管截止、超高继电器不工作，鼓风机电阻与鼓风机串联，鼓风机电流最小、转速最低；如果选择"HI"挡位，则超高继电器工作，将鼓风机电阻和功率管短路，鼓风机电流最大、转速最高；如果选择"MED"挡

位，则超高继电器不工作，功率管处于放大状态、鼓风机电阻与鼓风机串联，空调器系统 ECU 根据各传感器的信号通过功率管的放大状态来实现对鼓风机转速的连续控制。

6.4.6　汽车空调系统常见故障诊断与排除

空调系统常见故障有风量不足或无风、系统不制冷、制冷效果差、系统噪声太大等。此时，可以用万用表、压力表进行检测。

1. 空调系统风量不足或无风

1）故障现象

接通点火开关，将鼓风机开关置所有挡位或某一挡位时，出风口不出风或出风量过小。

2）故障原因

（1）熔断器断路。

（2）鼓风机开关继电器接触不良或损坏。

（3）鼓风机损坏或调速电阻断路。

（4）连接线路断路或接触不良。

（5）通风管道不畅或风门不能打开等。

3）故障诊断与排除

当鼓风机开关置于任何挡位，出风口均不出风时，应首先检查熔断器是否断路，若熔断器断路，则应核对熔断器的容量是否符合要求，检查线路及鼓风机电动机电枢绕组是否搭铁，查明原因并修复或更换。若熔断器良好，则应检查鼓风机开关电源线上的电压：电压为零时，应检查空调继电器的线圈是否断路、触点能否闭合及连接线路是否断路；电压正常时，应检查鼓风机开关是否损坏，鼓风机搭铁是否良好。上述检查均正常，则应检修鼓风机电动机。

如果鼓风机电动机仅在某一挡位不能转动，则应检查鼓风机开关该挡位的触点是否导通，该挡至分挡电阻间的连接导线及分挡电阻是否断路，并视情况予以修复。

如果鼓风机开关置于任何挡位时，鼓风机电动机转动缓慢，各出风口风量均较少，一般是鼓风机电动机损坏或鼓风机开关及连接导线接触不良。此时，应检查连接导线各插接件是否松动，鼓风机电动机搭铁是否良好，鼓风机开关各接触点接触是否良好。最后对鼓风机电动机进行检修。

如果鼓风机电动机运转正常，但个别出风口无风或风量过小，则应检查该风口出风管道中有无异物堵塞，风门能否打开，各连接管道是否密封，并视情况予以修复。

2. 系统不制冷

1）故障现象

接通制冷开关 A/C 与鼓风机开关 5 min 后，出风口无冷风吹出。

2）故障原因

（1）电磁离合器线圈或线路断路。

（2）压缩机损坏。

（3）控制线路中温控开关、低压开关等损坏。

（4）系统内制冷剂泄漏。

（5）储液干燥器或膨胀阀堵塞。

3）故障诊断与排除

起动发动机正常运转，接通制冷开关，检查电磁离合器能否吸合。

若电磁离合器吸合，而压缩机不转，则应检查离合器线圈的电阻值。若电阻小于规定值，则说明线圈匝间短路，应更换线圈；则若电阻符合规定值，则说明压缩机内部卡死，应检修或更换压缩机；如果压缩机运转正常，则应检查储液干燥器或膨胀阀是否堵塞。

若电磁离合器不吸合，则应检查低压开关处电源线上的电压：若电压为零，则分别检查温控开关及线路连接是否正常；若电压正常，则可短接低压开关。此时，若电磁离合器仍不吸合，则应检查电磁离合器线圈或连接线路是否断路，电磁离合器若能吸合，则应检查系统内制冷剂是否适量、测试压缩机工作是否正常。

3. 制冷效果差

1）故障现象

接通制冷开关 A/C 和鼓风机开关 5 min 后，出风口有冷风，但温度偏高而无凉爽感，车内温度下降缓慢。

2）故障原因

（1）系统内制冷剂量不足。

（2）储液干燥器、膨胀阀滤网、蒸发器等不畅或堵塞。

（3）膨胀阀感温包失效。

（4）冷凝器或蒸发器表面过分脏污，影响热交换。

（5）压缩机皮带、离合器打滑或压缩机内部工作不良。

（6）鼓风机开关接触电阻过大或鼓风机功率不足。

3）故障诊断与排除

（1）检查压缩机皮带是否损坏、打滑，皮带损坏应予更换，皮带过松应予以调整。

（2）起动发动机后，接通制冷开关，若听到刺耳的金属摩擦声，一般是电磁离合器打滑，应检修电磁离合器。如无明显异常响声，则可用手触摸系统管路和各部件，根据温度进行判断。

正常情况下，高压端管路温度为 55~65 ℃，手感热而不烫手；低压端管路为低温状态，其部件及连接管路有水露。

如果高压端有烫手感觉，则应检查冷凝器表面是否清洁，冷却风扇转动是否缓慢，风扇护罩是否损坏，如果无异常，则可能是制冷剂过多。

如果高压端手感热度不够，则可能是制冷剂量不足或压缩机工作不良。

如果在储液干燥器上出现霜冻或水露，则说明干燥器破碎堵住制冷剂流通进口管道，此时应检修。

膨胀阀工作正常时，其进口连接处是热的，但出口连接处是凉的，有水露。若膨胀阀出口处有霜冻现象，则说明膨胀阀的阀口可能被堵塞，须马上处理。低压管手感冰凉、有水露，但不应有霜冻。若出现霜冻，则可能是膨胀阀的感温包内传感液体漏光，需更换新件。

经上述直观检查，若不能准确判断故障所在，则可借助歧管压力表总成检测系统高、低压侧的压力值，并将其作为判断故障的依据，见表 6.2。

表 6.2 空调系统压力对应故障原因及解决方法

压力表读数（10 kPa）		故障原因	解决方法
低压侧	高压侧		
10	80	系统内缺少制冷剂	检漏、抽空、补充制冷剂
30~50	200~350	系统内制冷剂过量、冷凝器散热不良	放卸制冷剂；检查冷凝器
0~69	300	储液干燥器堵塞	更换储液干燥器
15~30	200	储液干燥器饱和	更换储液干燥器
0	130	膨胀阀只闭不开	更换膨胀阀
45	230	膨胀阀只开不闭	更换膨胀阀

4. 系统噪声太大

1）故障现象

空调系统工作时，发出异常的响声或出现明显的振动。

2）故障原因

（1）压缩机皮带松紧度调整不当。

（2）电磁离合器间隙调整不当或摩擦片不平、沾有油污。

（3）压缩机皮带轮或张紧轮轴承损坏。

（4）压缩机内部部件磨损严重、配合松旷。

（5）制冷剂过量引起高压管振动、压缩机敲击。

（6）鼓风机有故障。

3）故障诊断与排除

如果无论制冷系统是否工作，系统都有噪声，那么一般是鼓风机有故障或压缩机固定螺栓松动或皮带轮、张紧轮轴承损坏。此时，首先检查鼓风机工作是否正常，再检查紧固压缩机固定螺栓，最后检修皮带轮轴承和鼓风机电动机。

若接通制冷开关响声出现，则可先检查压缩机皮带是否松弛，并视情况予以调整或更换。若皮带工作正常，则可直观检查制冷系统制冷剂量是否合适。

上述检查正常，应检查电磁线圈安装是否正常、皮带轮是否倾斜，若无异常，则应检修或更换电磁离合器和压缩机。

对于自动空调系统，有故障自诊断功能时，应首先进行按规定的方法进行自诊断，参考故障码进行检修，故障排除后消除故障码。

本章小结

汽车舒适与安全系统可为驾乘人员提供舒适性控制，保障车辆行驶安全。本章具体介绍了风窗刮水清洗设备、电动车窗、中控门锁、安全气囊、轮胎压力监测系统、汽车空调等舒适与安全系统的作用、组成、基本工作原理、常见故障诊断与排除方法等。通过本章的学习，学生可以熟悉汽车舒适与安全系统的结构组成和工作原理，掌握基本的检修技能。

习　题

1. 电动刮水器一般设有几个挡位，分别在什么情况下使用？

2. 简述三刷式刮水器电动机的变速原理。

3. 电动刮水器、电动座椅、中控门锁的控制电路有什么共同之处？各自的特点是什么？

4. 简述安全气囊的工作原理。

5. 简述汽车轮胎压力监测系统的工作原理。

6. 汽车空调制冷系统是怎样工作的？

7. 空调压缩机进气阀与排气阀的硬度有什么不同？为什么？

8. 感温包的作用是什么？说出作用原理。

9. 汽车空调系统控制电路具有哪些控制功能？

10. 现代汽车空调控制系统还有哪些不完善的地方？还需要哪些改进？可以提出自己的建议。

参考文献

王慧君，于明进，吴芷红. 汽车电气设备 [M]. 北京：人民交通出版社，2014.

凌永成，李淑英. 汽车电气设备 [M]. 北京：北京大学出版社，2010.

吴芷红，胡福祥. 汽车电气设备 [M]. 北京：中国水利水电出版社，2010.

章后思维导图

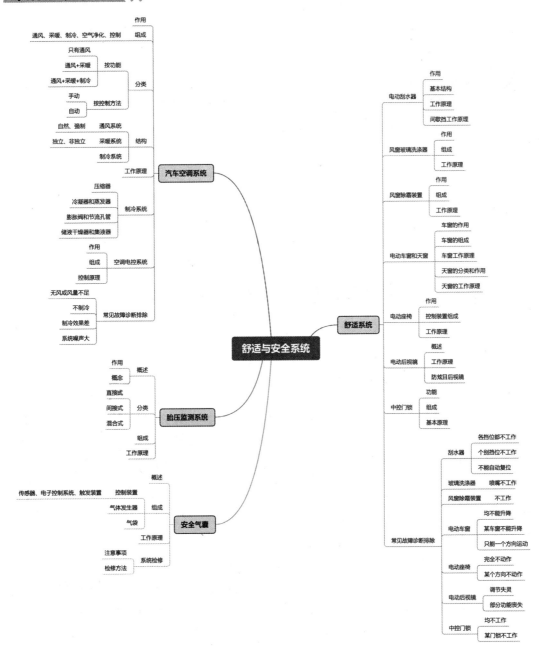

第7章
汽车总电路

7.1 汽车总电路的组成及特点

7.1.1 汽车总电路的组成

汽车总电路是指由汽车电源和用电设备通过导线、控制开关、电路保护装置等，按照各电气系统的工作特性和彼此之间的内在联系连接起来构成的综合性网络，具体包括汽车电源系统、起动系统、点火系统、照明系统、信号系统、仪表系统、辅助电气系统等。

汽车电路和一般电路一样，也是由电源、负载（用电设备）、导线、开关、保护装置等组成的，但有其自身的特点和规律。熟悉汽车的全车电路，了解汽车电气间的内在联系，为正确使用汽车电气设备并迅速地分析与排除电气故障提供了方便。

1. 连接导线

汽车电气设备的连接导线（Electric Wire）一般由铜质多丝软线外包绝缘层构成，有低压导线和高压导线两大类。低压导线中又有普通导线、起动电缆和蓄电池搭铁电缆之分；高压导线又有铜芯线和阻尼线之分。

1）低压导线

低压导线是传输低电压和小电流的导线，绝缘层较薄。导线线芯一般采用多股铜线拧成，特点是电阻小、柔软、电线头易于压接或焊接；绝缘层的作用是防止导线短路或搭铁和防腐蚀，一般采用耐高温、耐腐蚀的聚氯乙烯（PVC）材料。单股铜导线线芯较硬，一般用于不需要柔软性的电路。在汽车上也有少量用到银、金、铝、黄铜薄板等导电材料作为线芯的。有些传感器或电子控制装置的信号线采用了有屏蔽层的屏蔽导线，以防外界的电磁干扰。

选择低压导线的规格时，应注意线芯截面积必须满足在要求长度的条件下能传输负载正常工作的电流，且导线要有足够的机械强度和耐受可能的热辐射。低压导线的截面积主要是根据用电设备的工作电流大小来选择的。但是，对于功率很小的电器，为保证连接导线的机械强度，连接导线的截面积最小不得低于 0.5 mm²。汽车用低压导线的规格与允许载流量见表 7.1。

表 7.1　低压导线的允许载流量

导线标称截面积/mm²	0.5	0.8	1.0	1.5	2.5	3.0	4.0	6.0	10	16
允许载流量/A	—	—	11	14	20	22	25	35	50	70

连接蓄电池与起动机之间的电缆线和蓄电池搭铁线，每 100 A 电流所产生的电压降一般不超过 0.1~0.15 V，因此该导线截面积要足够大。蓄电池的搭铁线一般是铜丝编织而成的扁形软铜线。12 V 电系主要电路导线截面积的推荐值见表 7.2。

表 7.2　12 V 电系主要电路导线截面积的推荐值

电路名称	标称截面积/mm²
尾灯、顶灯、指示灯、牌照灯、刮水器电动机、电钟	0.5
转向灯、制动灯、停车灯、分电器	0.8
前照灯近光、电喇叭（3 A 以下）	1.0
前照灯远光、电喇叭（3 A 以上）	1.5
其他 5 A 以上的电路	1.5~4.0
电热塞	4~6
电源线	4~25
起动电路	16~95

随着汽车电器数量的增多，导线数量也不断增加，为了便于安装、维修，不同用电设备和同一元件不同接线柱上的低压导线常用不同的颜色加以区分。一般截面积在 4 mm² 以上的采用单色，在 4 mm² 以下的采用双色。我国汽车用低压导线的主色、代号和用途见表 7.3。

表 7.3　国产车各电系统低压导线的主色及代号

序号	系统名称	主色	颜色代号
1	电源系统	红	R
2	起动、点火系统	白	W
3	雾灯	蓝	Bl
4	灯光、信号系统	绿	G
5	车身内部照明系统	黄	Y
6	仪表、报警系统、喇叭系统	棕	Br

序号	系统名称	主色	颜色代号
7	收音机、电钟、点烟器等辅助系统	紫	V
8	各种辅助电动机及电气操纵系统	灰	Gr
9	搭铁线	黑	B

汽车电路图中导线上一般都标有表示截面积和颜色的符号。符号由两部分组成：第一部分是数字，表示导线的截面积（mm）；第二部分是英文字母，表示导线的主色和辅助色（即呈轴向条纹状或螺旋状的颜色）。例如，1.5RB 表示截面积为 1.5 mm^2、带有黑色条纹的红色低压导线；又如，1.5RW 表示截面积为 1.5 mm^2、带有白色条纹的红色低压导线。

为了使汽车上繁多的低压导线整齐美观、不凌乱，接线安装方便以及保护绝缘层，将同方向的低压导线用塑料带或用棉纱编织带包扎成束，称为线束，如图 7.1 所示。

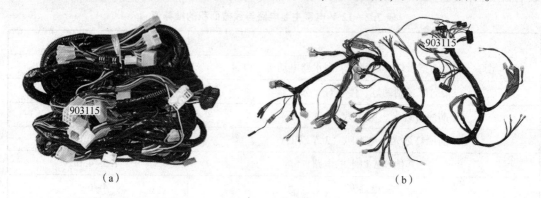

图 7.1　汽车线束

（a）用塑料带包扎的线束；（b）用棉纱编织带包扎的线束

为了提高接线速度，减少接线错误，越来越多的汽车在低压电路中采用插接器（图 7.2）。插接器的作用是将线路中导线与导线、导线与电器元件迅速、安全可靠地连接一起，并要求连接牢固，接触电阻小，插接、拆卸方便，耐振动。

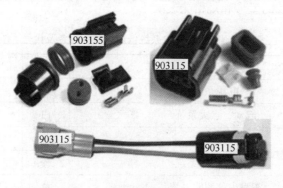

图 7.2　插接器

插接器由插头和插座两部分组成，按使用场合的实际需要，其形状不同、脚数多少不等，颜色也有区别。为了防止插接器集中的地方接线错误，往往在此处使用不同规格的插接装置。图7.3所示为几种不同结构形式的插接装置。

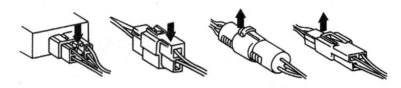

图7.3　插接装置的结构形式及解锁示意

2）高压导线

高压导线是传输高电压的导线。目前，在汽车上使用两种高压导线，一种是汽油发动机汽车点火系统所用的点火高压导线，另一种是HID汽车氙气灯专用高压导线。

（1）点火高压导线。

在汽车点火线圈至火花塞之间的电路使用的点火高压导线用来传送高电压，其工作电压一般在15 kV以上，但通过的电流强度很小（毫安级），因此高压导线的绝缘包层很厚，耐压性能好，但线芯截面积很小。

高压导线有铜芯线和阻尼线等几种。带阻尼的高压导线可抑制和衰减点火系统产生的高频电磁波，降低对无线电设备及电控装置的干扰。因此，高压阻尼点火线在汽车点火系统中已广泛使用。常用的高压阻尼点火线有金属阻丝式和塑料芯导线式。

金属阻丝式又有金属阻丝线芯式和金属阻丝线绕电阻式两种。金属阻丝线芯式是由金属电阻丝绕在绝缘线束上，外包绝缘体制成阻尼线；金属阻丝线绕电阻式是由电阻丝绕在耐高温的绝缘体上制成电阻，再与不同型式的绝缘套构成。

塑料芯导线式是用塑料和橡胶制成直径为2 mm的电阻线芯，在其外面紧紧地编织着玻璃纤维，外面再包上高压PVC塑料或橡胶等绝缘体，这种结构型式，制造过程易于自动化，成本低且可制成高阻值线芯，应用越来越广泛。

不同车型采用的阻尼高压导线的阻值不相同，在检修或更换高压导线时要注意测量。

国产车高压点火线的型号和规格见表7.4。

表7.4　国产车高压点火线的型号和规格

型号	名称	线芯结构		标称外径/mm
		根数	单线直径/mm	
QGV	铜芯聚氯乙烯绝缘高压点火线	7	0.39	7.0±0.3
QGXV	铜芯橡皮绝缘聚氯乙烯护套高压点火线			
QGX	铜芯橡皮绝缘氯丁橡胶护套高压点火线			
QG	全塑料高压阻尼点火线	1	2.3	

注：QG全塑料高压阻尼点火线线芯由聚氯乙烯塑料加炭黑及其他辅料混炼塑料后经注塑成型。

（2）HID 汽车氙气灯专用线。

HID 汽车氙气灯专用电线（图 7.4）采用硅橡胶绝缘（绝缘电阻为 200 GΩ），高压导线标称截面积：0.59 mm²，外护套采用 TPE 材料。汽车氙气灯专用线非常柔软，工作环境温度范围很宽（为−60~105 ℃），可耐 23 kV 高电压。

图 7.4　汽车氙气灯专用线

（a）实物图；（b）横断面结构

1—镀锡铜导体；2—硅橡胶绝缘；3—TFE 护套

2. 电路控制装置

电路控制装置一般指开关和继电器。

1）开关

为了方便、有效地控制各用电设备的工作，汽车电路中安装了许多开关（Switch）。开关的作用是在汽车电路中控制电源与各用电设备之间的电路接通或切断，从而控制用电设备的工作或停止。有些开关只控制一种用电设备，功能单一，结构和接线比较简单；有些开关则控制多种用电设备，功能多，结构和接线比较复杂，如点火开关、灯光开关及组合开关等。

按结构形式不同，其可分为按键式、旋转式、推拉式、闸刀式、顶杆式、扳柄式、翘板式、组合式等；按控制方式不同，其可分为机械开关、电磁开关、温控开关、压力开关（气压、液压）、光控开关、感应开关等；按挡位不同，其可分为单挡式、多挡式；按复位方式不同，其可分为自动复位式、非自动复位式；按开关原始状态不同，其可分为常开式开关（在原设定位置即不工作时为断开状态）、常闭式开关（在原设定位置即不工作时为闭合状态）。

图 7.5 所示为几种不同结构形式的汽车电路开关。

开关结构形式繁多，应根据不同的用途，不同的工作性能，承载电流的能力、设计需要等相关要求进行合理的选择。随着汽车设计理念的更新，汽车操控将更加方便实用。下面介绍几种典型开关的工作情况。

（1）点火开关。

点火开关是一个复合开关，需用钥匙对其进行操纵。一般都具有自动复位的起动挡位并配有钥匙以备停车时锁住，因此又称为钥匙开关。

点火开关除控制点火电路外，通常还控制仪表电路、发电机励磁电路、起动继电器电

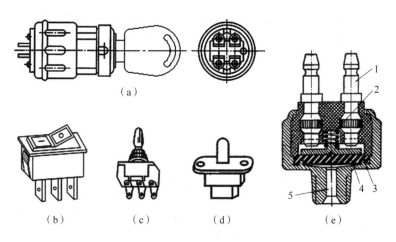

图 7.5　不同结构形式的开关

(a) 钥匙控制旋转式；(b) 翘板式；(c) 扳柄式；(d) 顶杆式；(e) 压力式

1—接线柱；2—弹簧；3—连接桥；4—膜片；5—接头

路及一些辅助电器电路等，一般都具有可以自动复位的起动挡并配有钥匙以备停车时锁止方向盘。

　　点火开关常用的有三接线柱式和四接线柱式。三接线柱式点火开关具有 0、Ⅰ、Ⅱ 挡位，"0" 挡位是断开位置，钥匙可以自由插入或拔出；顺时针旋转至 "Ⅰ" 挡位时，点火电路、发电机励磁电路、仪表电路、部分辅助电器电路接通；继续旋转至 "Ⅱ" 挡位时，起动电路接通，同时切断与起动无关的辅助电器电路，以提高起动性能，"Ⅱ" 挡具有自动复位功能，即钥匙至 "Ⅱ" 挡，起动后松开手，钥匙将自动弹回 "Ⅰ" 挡位置。三接线柱式点火开关的接线柱连接和工作挡位关系如表 7.5 所示。

表 7.5　三接线柱式点火开关的接线柱连接和工作挡位关系

接线柱 挡位	1 电源（BAT）	2 点火（IG）	3 起动（ST）	用途
0	○			空位
Ⅰ	○——○	○		点火
Ⅱ	○——○	○		起动（具有自动回位）

　　四接线柱式的点火开关多设一挡——即 "Ⅲ" 挡，"Ⅲ" 挡接通收音机电路和其他辅助电器电路。四接线柱式点火开关的挡位及各接线柱之间的通断关系如表 7.6 所示。其中，1 号（BAT，取 Battery 的字头）为电源接线柱，与蓄电池正极和发电机电枢接线柱相连；2 号（IG，取 Ignition 的字头）为点火接线柱，连接点火电路、仪表电路及发电机励磁电路等；3 号（ACC，取 Accessory 的字头）为辅助电器接线柱，连接收放机、点烟器等辅助电器；4 号（ST，取 Start 的字头）为起动接线柱，连接起动电路。

　　为了提高点火开关的工作性能，有些点火开关具有 4 个以上的接线柱，设置减荷继电器控制接线柱或有多个电源接线柱等。

表 7.6　四接线柱式点火开关的挡位及各接线柱之间的通断关系

接线柱 挡位	1 电源（BAT）	2 点火（IG）	3 辅助电器（ACC）	4 起动（ST）	用途
Ⅲ	○		○		收音机
0	○				空位
Ⅰ	○	○	○		点火
Ⅱ	○	○		○	起动（具有自动回位）

（2）组合开关。

组合开关是将各种不同功能的电气开关组装在一个组合体内的多功能开关。组合开关一般安装在汽车的转向柱上，能够对前照灯、远近变光、转向灯、示廓灯、尾灯、刮水器、洗涤喷水器等电器进行单独控制，如图 7.6 所示。由于操作灵活、使用方便，目前已被广泛应用。

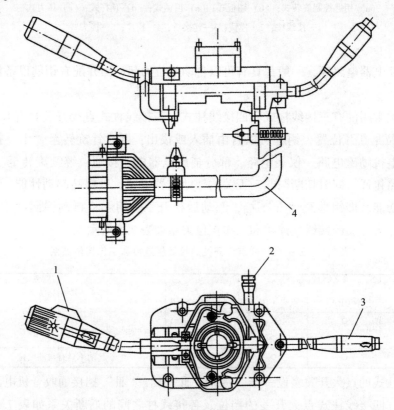

图 7.6　组合开关的结构

1—转向、变光、灯光开关；2—危险警示灯开关；3—刮水器、洗涤开关；4—组合开关线束

（3）无钥匙进入系统 PKE（Passive Keyless Enter）。

无钥匙进入系统 PKE 采用了先进的 RFID 无线射频识别技术，通过车主随身携带的智能钥匙（智能卡）里面的芯片来感应自动开关门锁和完成其他功能。

当驾驶员携带智能钥匙靠近车体一定距离时，门锁会自动开启并解除防盗；当离开车体时，门锁会自动上锁并进入防盗状态。一般装备有无钥匙进入系统的车辆，车门把手上有感应按钮，也有钥匙孔，以防智能钥匙没电或损坏时，驾驶员仍可用普通方式开启车门。当驾驶员进入车内时，车内的检测系统会马上识别其智能卡信息，经过确认后车内的电脑才会进入工作状态，此时只需轻轻按动车内的起动按钮（或旋钮），就可以正常起动车辆了。也就是说，无论驾驶员在车内还是车外，都可以保证系统正确识别驾驶员。

当驾驶员未升车窗离开车辆时，车门会自动上锁进入防盗状态，并将车窗自动升起；当驾驶员匆忙离开车辆、车门未完全关闭时，智能钥匙的感应系统会发出报警，提醒及时关好门；若行窃者非法进入车内，没有智能钥匙与车辆匹配，也无法起动车辆，只有智能钥匙进入车内后，报警系统自动解除，电路油路才能恢复导通模式；若驾驶员进入车内未关好门起动车辆，系统也会发出警示信号，5 s 钟后若仍未关好门则会自动断开油路和电路；另外，智能钥匙还具有遥控上锁、遥控开锁、遥控寻车、制动落锁熄火、开锁等功能。

不同车辆的智能钥匙所具备的功能不尽相同，但总的来说无钥匙进入系统确实为车主最大限度地提供了便利和安全。

2）继电器

汽车上的继电器分为专用继电器和普通继电器。专用继电器在开关接通后能自动控制电路通断转换，以实现特定功能，如闪光继电器、刮水间歇继电器等，工作时能自动控制电路通断转换。普通继电器在开关接通后使电路始终处于接通或断开状态，以减小开关的负荷，保护开关，进而实现以小（电流）控大（电流），以弱控强。常用的继电器有前照灯继电器、喇叭继电器、起动继电器、预热继电器、卸荷继电器等。

普通汽车继电器按外形分为圆形、方形和长方形三种；按引脚数目分为三脚、四脚、五脚等，如图 7.7 所示。

按触点不工作时的状态不同，汽车继电器可分为以下三类：

（1）继电器平时（常态下）触点是断开的，继电器动作后触点才接通，称为动合型继电器；

（2）继电器平时（常态下）触点是闭合的，继电器动作后触点断开，称为动断型继电器；

（3）继电器平时（常态下）动断触点接通，动合触点断开，如果继电器线圈通电，则变成相反状态。这类继电器亦称开闭混合型继电器。

为方便使用和接线，在继电器的外壳上都有简明扼要的接线图，如图7.7 和图7.8 所示。

继电器标称电压有 12 V 和 24 V 两种，线圈电阻一般分别为 65～85 Ω 和 200～300 Ω。不同标称电压和电流的继电器不能换用。继电器更换时标称电压和电流应与原车的相同。

图 7.7　普通汽车继电器的外形

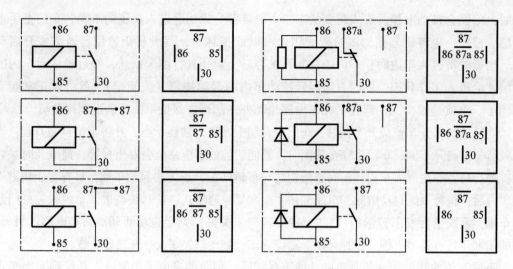

图 7.8　继电器接线图及接脚

3. 电路保护装置

电路保护装置的作用是防止电路中导线或电器元件因过载而损坏。

电路保护装置（即保险装置）串接于被保护电路的电源与用电设备之间，当电路中由于搭铁短路等故障或电器元件过载而引起过电流时，会将电路自动断开，以保护该电路系统不被损坏。汽车上常用的保护装置有易熔线、熔断器和电路断电器三种。

1）易熔线

易熔线是一种截面积一定、可长时间通过额定电流的铜或合金导线，外表包裹耐热性好的绝缘层。易熔线主要用于电路过载保护，一辆汽车可设有一根或几根易熔线，常接在被保护电路的起始端，当所保护的电路较长时间过载时，易熔线首先熔断，以确保电路和用电设备免遭损坏。易熔线的绝缘护套有棕、绿、红、黑等不同颜色，以表示其不同规格，见表 7.7。

表 7.7　易熔线的规格

标称容量/A	截面积/mm²	额定电流/A	5 s 熔断电流/A	颜色
20	0.3	13	150	棕
40	0.5	20	200	绿
60	0.85	25	250	红
80	1.25	33	300	黑

易熔线比常见导线柔软，长度一般为 50~200 mm，主要用于保护电源电路和大电流电路，因此通常接在蓄电池正极端或集中安装在中央接线盒内，如图 7.9 所示。易熔线不得捆扎在线束内，也不得被车内其他部件包裹。

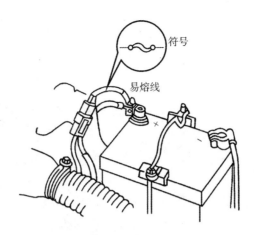

图 7.9 接在蓄电池正极端的易熔线

2）熔断器

熔断器是最普通的电路保护装置，常见的结构形式如图 7.10 所示。熔断器的熔断丝或熔片采用锌、锡、铅、铜等金属的合金材料制成，主要用于局部电路的保护。当电路中过载电流超过熔断丝的额定电流值时，熔断丝即在数秒内熔断，自动切断电路进行保护。为了方便检查和更换，汽车上常将各电路熔断器集中安装在一个熔断器盒内，熔断器标识和规格通常贴在熔断器盒盖上。表 7.8 所示为各种熔断器额定电流的规格。

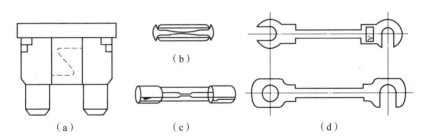

图 7.10 熔断器的结构形式

（a）插片式；（b）瓷芯式；（c）玻璃管式；（d）平板式

表 7.8 各种熔断器额定电流的规格

熔断器型式	额定电流/A									
玻璃管式	2	3	5	7.5	10	15	20	25	30	40
瓷芯式			5	8	16	20	25			
插片式	2（无色） 3（紫） 5（棕） 7.5（褐） 10（红） 15（浅黄） 25（白） 30（绿）									
平板式（厚度/mm）	20（0.2） 45（0.4） 60（0.6） 80（0.8）									

为便于检查和更换熔断器，常将汽车上各电路的熔断器集中安装在一起，形成熔断器盒。同时，在熔断器盒盖上注明各熔断器的名称、额定电流和位置，并且用不同的颜色来区别熔断器的容量，如图 7.11 所示。

图 7.11　熔断器盒

也有许多汽车上采用大容量的熔断器替代易熔线，它是将电气系统划分成几组电路，每组电路用一个大容量熔断器进行保护，这样替代一根易熔线可能需要多个大容量熔断器，但优点是当出现电路故障造成一个熔断器熔断时，影响到正常工作的电气设备范围较小，同时，诊断故障也相对简便。

易熔线和熔断器是可换元件，要求易于安装和更换。需要更换时，必须选用相同规格的易熔线和熔断器，不能用超过制造厂规定额定值的熔断丝或其他电阻线等代替。

3）电路断电器

电路断电器是一种复位后可以重复使用的电路保护装置，主要用于平时工作容易过载的电路保护，其结构形式主要有以下两种：

（1）手动复位电路断电器。

手动复位电路断电器，如图 7.12 所示。双金属片是由两种不同热膨胀系数的金属材料制成，当电路过载时，双金属片受热发生弯曲变形，使触点断开，以保护电路。故障排除后，若要重新接通电路，需要手揿按钮克服弹簧力使其复位。

（2）自动复位电路断电器。

自动复位电路断电器，如图 7.13 所示。当电路出现过载时，双金属片上流过大电流受热变形使触点断开，而后双金属片上电流消失使之冷却自动复位，触点又会闭合，如此反复，直到过载消除为止。这种结构在国产车灯光线路中有所应用，国外则常用于刮水器

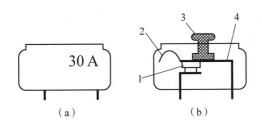

图 7.12　手动复位电路断电器

（a）外形；（b）内部结构

1—触点；2—弹簧；3—复位按钮；4—双金属臂

电动机和门窗玻璃升降电动机电路中，假如电动机工作受阻，电路中电流就会增大，该电路断电器将起到保护作用，直至故障解除，方能正常工作。

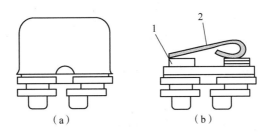

图 7.13　自动复位电路断电器

（a）外形；（b）内部结构

1—触点；2—双金属臂

4. 中央接线盒

随着汽车电气设备数量的逐渐增多，各种继电器和保险装置也越来越多，为方便装配和使用中排除故障，许多汽车将各种继电器和熔断器等集中安装在一起，成为一个中央接线盒，接线盒一面安装继电器和熔断器，另一面插接线束。图 7.14 和图 7.15 所示为桑塔纳轿车中央接线盒的布局图。

7.1.2　汽车总电路的特点

对于不同车型，其电气设备的组成、电路复杂程度有较大差异。但总体上，汽车总电路都具有以下接线特点。

（1）单线制。

（2）用电设备均为并联连接。

（3）导线长短应符合接线要求，不能过长或过短。

（4）汽车若有电流表，其接线应符合使电流表显示蓄电池的充放电情况。

（5）负载电流太大和电流摆动较大的用电设备在蓄电池放电时不经过电流表（如起

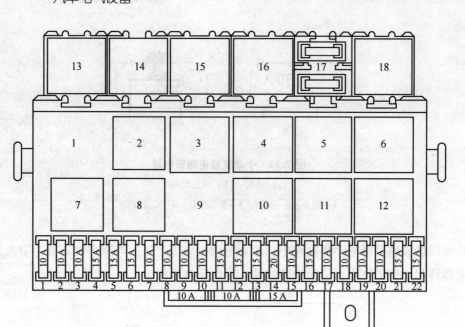

图 7.14   桑塔纳轿车中央接线盒的正面结构

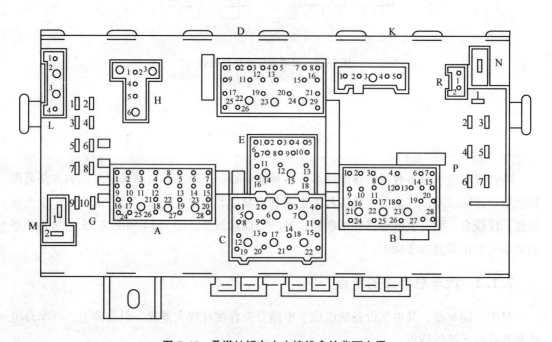

图 7.15   桑塔纳轿车中央接线盒的背面布置

动机、电喇叭)。

（6）汽车均装有保险装置，以防短路而烧坏电缆和用电设备。

（7）电源的搭铁极性与汽车上半导体元件的搭铁极性相一致。

7.2　汽车总电路图

熟悉汽车电路，了解电气设备相互之间的联系，有利于正确使用电气设备并有助于迅速分析和排除电气故障。

7.2.1　汽车电路的表达方法

汽车电器日益增多，汽车电路也日趋复杂，为了方便读图与交流，汽车电路的表达方法应趋于简单化、规范化、集成化。目前，使用比较广泛的汽车电路表达方法有线路图、电路原理图、线束图。

1. 线路图

线路图是将汽车上各电气设备及配电装置用外形简图表达，按照在车上的实际位置进行排列，用线条将其一一连接起来所构成的汽车电路图。图 7.16 所示为东风 EQ1090 型汽车的线路图。

线路图的优点是表达较为直观，便于循线跟踪查找导线的分支和节点，便于指导线束布线；缺点是线路密集，特别是随着用电设备的日益增多，给读图带来较大难度，不便于进行电路分析。

2. 电路原理图

电路原理图主要以表达电路原理和电气设备的相互连接关系为主，它是将汽车上各电气设备用规定的图形符号表示，按电路原理将每个系统分别进行合理的连接，然后将每个系统横向排列起来所形成的电路图。图 7.17 所示为东风 EQ1090 型汽车的电路原理图。

这种图形，简明、清晰，对电路分析十分方便。电路原理图有整车电路原理图和子系统电路原理图。

3. 线束图

线束是根据电气设备在汽车上的安装位置，合理地对线路进行布局，将同方向的导线包扎在一起，在相应的电气元件附近引出接线头而制成的。线束有利于保护导线，并且使线路布局整齐。线束图是对线束的一种表达方式，图 7.18 所示为东风 EQ1090 型汽车线束结构图，也有制造厂给出了线束安装定位图和布置图，其表达更为直观。线束图给线路安装和接线提供了极大的方便，线路安装时，可按线束图及其图中标记将线束布好并用线卡固定，然后将导线或插接器连接到相应的电器接线柱或插接器上，便完成了全车线路的装接。

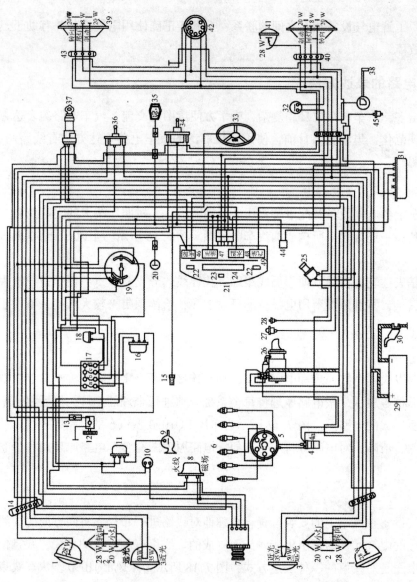

图 7.16　东风 EQ1090 型汽车的线路图

1—前侧灯;2—组合前灯;3—前照灯;4—点火线圈;4a—附加电阻线;5—分电器;6—火花塞;7—发电机;8—发电机调节器;9—喇叭;10—工作灯插座;11—喇叭继电器;12—暖风电动机;13—接线管;14—五线接线板;15—水温传感器;16—灯光继电器;17—熔断器盒;17a～17d—熔断器;18—闪光器;19—车灯开关;20—发动机罩下灯;21—仪表盘;22—左右转向指示灯;23—低油压警告表;24—车速里程表;25—变光开关;26—起动机;27—油压表传感器;28—低油压报警开关;29—蓄电池;30—电源总开关;31—起动复合继电器;32—左右转动灯开关;33—喇叭按钮;34—后照灯和暖风电动机手开关;35—驾驶室顶灯;36—转向灯开关;37—点火开关;38—燃油表传感器;39—组合后灯;40—四线接线板;41—后照灯;42—挂车插座;43—三线接线柱;44—低气压报警开关;45—低气压报警器;46—电流表;47—油压表;48—水温表;49—燃油表

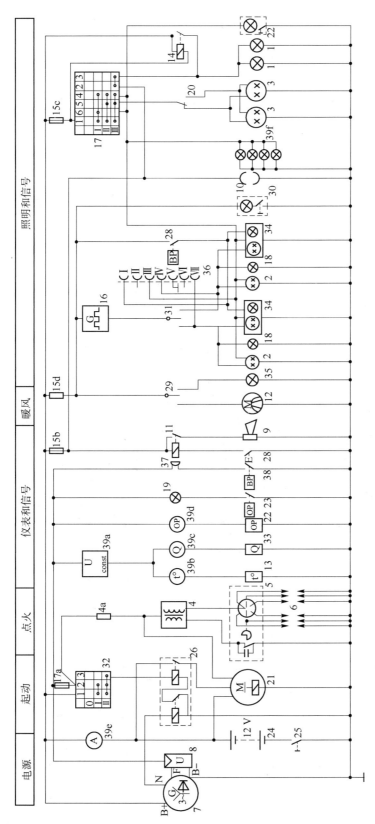

图7.17 东风 EQ1090 型汽车的电路原理图

1—前侧灯；2—组合前灯；3—前照灯；4—点火线圈；4a—点火线圈；5—分电器；6—火花塞；7—发电机；8—发电机调节器；9—喇叭；10—工作灯插座；11—喇叭继电器；12—暖风电动机；13—水温传感器；14—灯光继电器；15a～15d—熔断器；16—闪光器；17—车灯开关；18—左右转向指示灯；19—低油压警告灯；20—变光开关；21—起动机；22—油压表传感器；23—低油压报警开关；24—蓄电池；25—电源总开关；26—起动复合继电器；27—制动灯开关；28—喇叭按钮；29—后照灯和暖风电动机开关；30—驾驶室顶灯；31—转向灯开关；32—点火开关；33—燃油表传感器；34—组合后灯；35—后照灯；36—挂车插座；37—低气压报警蜂鸣器；38—低气压报警开关；39a—稳压器；39b—水温表；39c—燃油表；39d—液压表；39e—电流表；39f—仪表灯

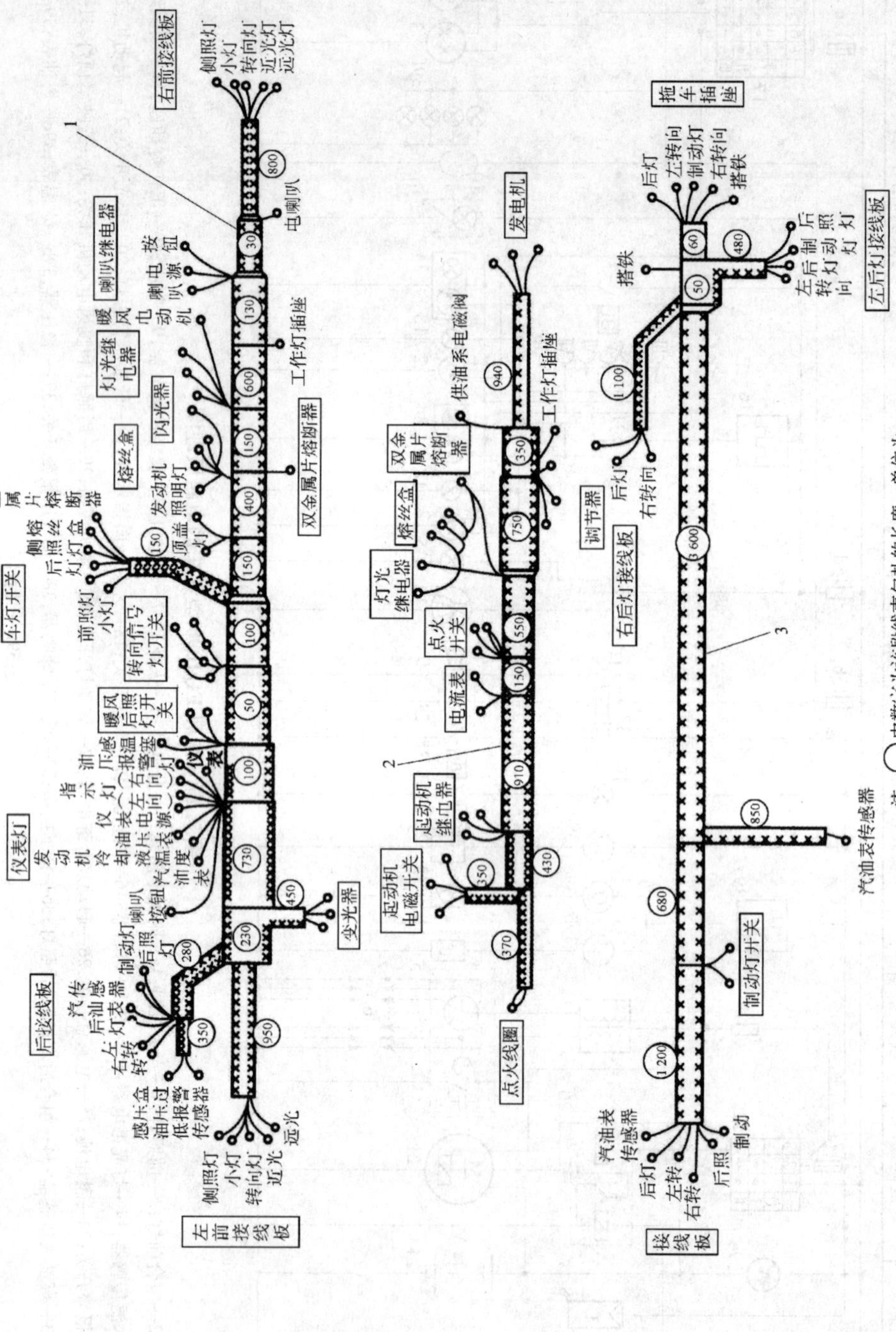

图 7.18 东风 EQ1090 型汽车线束车结构图

1—驾驶室线束;2—电源、点火、起动线束;3—车架线束

注：◯内数字为该段线束包扎的长度，单位为mm。

7.2.2　汽车电路的识图方法

由于各国汽车电路图的绘制方法、符号标注、文字标注、技术标准不同，各汽车生产厂家对于汽车电路图的画法有很大差异，甚至同一国家不同公司汽车电路图的表示方法也存在较大的差异，这就给读图带来许多麻烦。因此，掌握汽车电路图识读的基本方法显得十分重要。

1. 认真阅读图注

认真阅读图注，了解电路图的名称、技术规范，明确图形符号的含义，建立元器件和图形符号间一一对应的关系，这样才能快速、准确地识图。

2. 掌握回路的原则

在电学中，回路是一个最基本、最重要，但也是最简单的概念，任何一个完整的电路都由电源、用电设备、开关、导线等组成。一个用电器要想正常工作，总要得到电能。对直流电路而言，电流总是要从电源的正极出发，通过导线，经熔断器、开关到达用电器，再经过导线（搭铁）回到同一电源的负极。在这一过程中，只要有一个环节出现错误，此电路就不会有效。

例如，在汽车电路中，发电机和蓄电池都是电源，在寻找回路时，不能混为一谈。不能从一个电源出发，经过若干个用电设备后回到另一个电源上，这种做法不会构成一个真正的通路，也不会产生电流。所以必须强调，回路是从一个电源正极出发，经过用电器，回到同一个电源的负极。

3. 熟悉开关作用

开关是控制电路通断的关键，电路中主要的开关往往汇集许多导线，如点火开关、车灯总开关，读图时应注意与开关有关的问题。

（1）在开关的许多接线柱中，应注意哪些是接直流电源的，哪些是接用电器的，接线柱旁是否有接线符号，这些符号是否常见。

（2）开关共有几个挡位？在每个挡位中，哪些接线柱通电？哪些断电？

（3）蓄电池或发电机的电流是通过什么路径达到这个开关的？中间是否经过别的开关和熔断器？这个开关是手动的还是电控的？

（4）各个开关分别控制哪个用电器？被控用电器的作用和功能是什么？

（5）在被控的用电器中，哪些电器处于常通？哪些电路处于短暂接通？哪些应先接通？哪些应后接通？哪些应单独工作？哪些应同时工作？哪些电器允许同时接通？

4. 汽车电路图的一般规律

（1）电源部分（发电机和蓄电池并联供电）到各用电设备的熔断器、开关的导线是电器设备的公共火线，在电路原理图中一般画在电路图的上部。

（2）标准画法的电路图，开关的触点位于零位或静态，即开关处于断开状态或继电器线圈处于不通电状态，晶体管、晶闸管等具有开关特性的元件的导通与截止视具体情况而定。

（3）汽车电路是单线制，各电器相互关联，继电器和开关串联在电路中。

（4）大部分用电设备都经过熔断器，受熔断器的保护。

（5）把整车电路按功能及工作原理划分为成若干独立的电路系统，这样可解决整车电路庞大复杂、分析起来困难的问题。现代汽车整车电路一般都按各个电路系统来绘制，如电源系统、起动系统、点呼吸、照明系统和信号系统等，这些单元电路都有它们自身的特点，抓住特点把各个单元电路的结构、原理吃透了，理解整车电路也就容易了。

5. 识图的一般方法

（1）先看全图，把一个个单独的系统框出来。一般来讲，各电气系统的电源和电源总开关是公共的，任何一个系统都应该是一个完整的电路，都应遵循回路原则。

（2）分析各系统的工作过程和相互间的联系。在分析某个电路系统之前，要清楚该电气系统所包含各部件的功能、作用和技术参数等。在分析过程中应特别注意开关、继电器触点的工作状态，大多数电气系统都是通过开关、继电器不同的工作状态来改变回路从而实现不同功能的。

（3）通过对典型电路的分析，达到触类旁通。许多车型的汽车电路原理图的很多部分都是类似的或相近的，可以通过一个具体的例子，举一反三、对照比较、触类旁通，来掌握汽车电路的一些共同规律，再以这些共性为指导，了解其他型号汽车的电路原理，又可以发现更多的共性以及各种车厢之间的差异。汽车电器的通用性和专业化生产使同一国家汽车的整车电路形式大致相同，如掌握了某种车型电路的特点，就可以大致了解相应车厢或汽车电路的特点。因此，抓住几个典型电路，掌握各系统的接线特点和原则，对于了解其他车型的电路大有好处。

7.2.3　汽车网络技术的应用

随着汽车工业的发展和人们生活水平的提高，对汽车性能的要求也越来越高，汽车上的电器和电子装置越来越多，采用传感器和微机控制单元的数量也有很大增加，这使得汽车各方面的性能日趋完善。与此同时，汽车的电器配线和各种信号配线也越来越多，如果采用传统的布线方式，则会使配线增多，材料成本高，线束直径增大，占据空间增大，汽车自重增加，汽车配线设计和布线变得十分复杂，系统可靠性下降，排查故障困难。

另外，电子控制单元的引入，要求大量的数据信息能够在不同的子系统中共享，汽车综合控制系统中大量的控制信号也需要实时交换，以提高信号的利用率。因此，开发适应于汽车环境的网络技术，组建汽车内部的通信网络，是解决上述问题的手段之一。

1. 总线式信息传输方式（网络技术）及其特点

总线式信息传输方式是利用计算机数据总线将汽车上的各个不同控制功能的电子系统连接起来构成网络，数据总线上传递的信号可以被多个系统共享，数据通过不同的编码信号来表示不同的开关动作，信号解码后，根据指令接通或断开对应的用电设备，从而最大限度地提高系统整体效率，充分利用有限资源。这样，就能将过去的一线一用的专线制改为一线多用制。

与传统导线线束式信息传输方式相比，汽车总线式信息传输方式有以下优点：

（1）一根总线上传输的信号可以被多个设备系统共享，从而很大限度地提高了系统整体效率，减少了线束的数量和线束的体积，简化了整车线束，提高了整车电气线路的可靠性，因而也减少了整体造价和线束重量。

（2）由于采用了通用传感器（如发动机及自动变速器共用传感器），因此消除了冗余的传感器，达到了数据共享的目的。

（3）改善了系统的灵活性，即通过系统的软件可以实现系统功能的变化和系统的升级。

（4）提高了维修性。网络结构将各个子系统连接起来以达到数据共享，使各个子系统之间协调工作，同时为诊断提供通用的接口，可利用多功能测试仪对系统进行测试、诊断，大大方便了维修人员对电子系统的维护和故障检修，提高了电子系统的可维修性。

2. CAN 总线

CAN 总线的全称为 Controller Area Network，即控制器局域网，是由研发和生产汽车电子产品著称的德国 BOSCH 公司在 20 世纪 80 年代初为解决现代汽车中众多的控制器与测试仪器之间的数据交换而开发的一种串行数据通信总线。它是一种多主总线，每个节点机均可成为主机，其节点机之间也可进行通信。通信介质可以是双绞线、同轴电缆或光导纤维，通信速率可达 1 Mb/s，距离可达 10 km。CAN 总线系统的一个最大特点是废除了传统的站地址编码，而以对通信数据块进行编码来代替，使网络内的节点个数在理论上不受限制。其采用了许多新技术及独特的设计，具有较强的纠错能力，支持差分收发，适合高干扰环境，因而具有突出的可靠性和较远的传输距离。另外，CAN 总线还具有实时性、灵活性和开放性等特点，因此在汽车上得到广泛应用。奔驰、宝马、大众、保时捷、劳斯莱斯等世界著名的汽车公司都采用了 CAN 总线技术。目前，CAN 总线技术已成为汽车领域应用最广泛的现场总线之一。1993 年，CAN 成为国际标准：ISO 11898（高速应用）和 ISO 11519（低速应用），为控制器局域网的标准化和规范化奠定了基础。

目前，汽车上的 CAN 总线网络连接方式主要采用两条 CAN，一条用于驱动系统的高速 CAN，速率在 500 kb/s 以上；另一条用于车身系统的低速 CAN，速率在 500 kb/s 以下。这两条独立的总线之间通过"网关"实现在各个 CAN 之间的数据交换和资源共享。

7.3　汽车电路故障的检查

7.3.1　电路故障检查方法

1）直观法

直观法是凭检修人员的直观感觉来检查和判断故障的一种方法。通过人体感觉器官，即听、摸、嗅、看的手段对汽车电器元件的完好状况、电路及其连接状况、开关及保险装置是否正常等外观现象进行检查，及时判断故障部位并进行排除。有时凭检修人员的经验可以排除一些较复杂的电路故障。

2）搭铁试火法

搭铁试火法一般不发动车，是利用蓄电池作为电源，经需要检查的导线或用电设备后引出的线头碰试汽车的车架或与之相连接的金属部件，来判断需要检查的导线或用电设备是否连接正常。若碰试部位有火花则说明线路连接良好，若无火花则说明断路故障，若火花相对较弱则说明线路接触不良。应注意的是，搭铁试火法不能在汽车电子线路中应用，因为忽通忽断的大电流会使电路中的线圈产生感应电动势，有损坏电子元件的可能。

3）试灯法

试灯法是用汽车上的小功率灯泡作为试灯，一端搭铁，另一端依次触及需要检查的线路各接线柱，来诊断故障的一种方法。依然利用蓄电池作为电源，若触及时试灯亮，则说明触及处至蓄电池正极之间无断路；否则，说明该段线路之间有断路处，试灯触及搭铁点时应该不亮。此方法适合于检查带有电子元件的电气装置所构成的电路，但要慎重用试灯法检查微机控制的电路。

若线路中有短路或搭铁故障，烧断了熔断丝，也可利用试灯跨接于烧断的熔断丝之间，然后，依次拆除用电设备的搭铁至熔断丝之间的各连接器，直到灯灭为止，找出故障部位。如果一只熔断器同时保护几支电路，则可一次断开一条支路，直至灯灭，故障即在灯灭时断开的那一支电路中。

4）替换法

替换法是一种通过换件对比（即用完好的电器元件替换怀疑有故障的电器元件）来判断故障的一种方法。此方法主要用于一些不能拆检的整体式电器元件，但前提是替换元件与被替换元件应具有相同的规格型号，电路中故障较少，且已确定无使替换元件再次损坏的可能。

5）短路法

短路法是用一根导线跨接某一怀疑有故障的部位（包括搭铁是否良好）或电器元件，暂时取消该部位或电器元件的作用，来判断故障的一种方法。若该部位或电器元件被短接后，故障现象消除，则说明该部位或电器元件有故障。但短接的部位或电器元件不工作又会引起其他故障时，应加以注意。另外，检查故障时不能直接将跨接线连接蓄电池的正负极。

6）断路法

断路法是对需要检查的电路依次断开，判断故障的一种方法。此方法适应于电路中有搭铁短路故障的情况，电路搭铁通常是指电流在到达预定负载部件之前就返回到搭铁的情况。如接通某一用电设备时，电路中会显示放电电流较大或熔断器烧断，这说明有搭铁短路故障。此时，可用依次断路法进行故障检查，若断开某一部位后故障消除，则说明故障位置在断开部位之后（从电源正极开始依此类推），若故障依然存在则说明故障位置在断开部位之前。检查故障时，可将一试灯跨接在熔断的熔断丝之间协助检查（参见试灯检查法）。

7）仪表检查法

仪表检查法是利用仪表对电器和电路进行检查判断故障的一种方法。第一可用万用表直接测量读取被测电器及电路的电阻、电流和电压值，但前提是必须了解该电器元件的正常参数和正常使用条件下有关参数的变化规律。第二是借助于车载仪表（电流表、燃油表、水温表、机油压力表）的指示情况综合考虑来判断查找电路故障，这种检查方法除电流表外，其他仪表只能进行单项故障判断。

8）示波器检查法

示波器检查法是利用汽车专用示波器对汽车电器工作波形进行检测和显示，与正常波形相对比，分析故障原因，以此诊断故障。

9）故障码读取法

汽车上采用ECU控制系统时，一般都设计有自诊断功能，当出现故障时，ECU中故障检测系统会将故障以代码的形式通过仪表盘上的故障警告灯显示，或通过专用的故障接口读出。然后，根据故障代码所提示的线索来查找故障。

以上是检查电路故障的常见方法，由于各车电路有自己的特点，因此具体情况还要具体分析，只要把电路图读懂，结合故障现象，借助于专用工具，便可顺利地排除故障。特别要指出的是，判断一个故障的方法并不是唯一的。

7.3.2　电路检查注意事项

（1）点火开关接通时，不要拆除电子装置的电源线。

（2）拆卸和安装电子装置的接插件或更换配件重新接线时，应先关闭电器开关和拆下蓄电池搭铁线，待线路接好后检查无误再接好蓄电池搭铁线。

（3）拆卸蓄电池时应先拆下负极接线，装蓄电池时应最后连接负极接线。拆装蓄电池时应断开点火开关和其他电器开关，注意蓄电池极性不要接反。

（4）只要接通了蓄电池，就不要随意去碰发电动机正极端子，因为该端子始终存在蓄电池的电压。

（5）拆装连接器时，要先解除闭锁，不要硬拉硬拽，插接时要保证连接牢固。

（6）熔断器烧断后，要及时查明原因，大多数情况下是电路中有短路现象造成的，查找故障时，应对共用该熔断器的所有电路都进行检查，查找并排除故障后，确保无故障时，务必更换同样规格的熔断器，并保证接触良好。

（7）应注意电子装置的防水，如果电子装置进水，则应立即熄火并拆下蓄电池搭铁线，不能反复起动发动机，以避免烧坏电子元件。

（8）严禁使用搭铁试火法检查由电子元件组成的电器总成。

（9）查找排除故障时，不要随意改动原车线束。

（10）检查电脑和传感器时，应采用内阻较大的数字式仪表检测，以保证被测装置的安全。

（11）自诊断系统排查故障时，按维修手册中的要求和步骤进行。

本章小结

汽车总电路是将电源、起动系统、点火系统、照明、仪表以及辅助装置等，按照它们各自的工作特性以及相互的内在联系，通过开关、导线、熔断丝等连接起来，构成一个整体。汽车电路图是汽车制造和维修过程中的工程语言，是利用图形符号和文字符号表示汽车电路的构成、连接关系和工作原理，而不考虑其实际安装位置的一种简图。随着汽车电子和新技术的快速发展，汽车电路图已成为汽车维修人员必备的基本资料，快速、准确地识别各种电路图，是快速、准确地判断汽车故障点和排除故障的关键。

习　题

1. 汽车总电路的作用是什么？

2. 汽车电路的表达方法有哪几种？

3. 如何选择汽车保险的规格、形式？有哪些注意事项？

4. 汽车导线的选择有什么要求？

5. 简述汽车钥匙开关的用途及发展现状。

6. 如何实现汽车电路的简单化、规范化、集成化、轻量化？

参考文献

王慧君，于明进，吴芷红. 汽车电气设备［M］. 北京：人民交通出版社，2014.

吴芷红，胡福祥. 汽车电气设备［M］. 2 版. 北京：中国水利水电出版社，2015.

杨亚萍，张永辉. 汽车电器与电控技术［M］. 北京：清华大学出版社，2019.

边焕鹤. 汽车电器与电子技术［M］. 北京：人民交通出版社，2009.

舒华，赵劲松. 汽车电器与电控技术［M］. 2 版. 北京：机械工业出版社，2019.

于明进，于光明. 汽车电气设备构造与维修［M］. 北京：高等教育出版社，2005.

凌永成，李淑英. 汽车电气设备［M］. 北京：北京大学出版社，2010.

刘文国，张士江，郭法宽. 汽车电气设备构造与维修［M］. 北京：电子工业出版社，2009.

黄勤龙，罗早发. 汽车电器设备构造与维修［M］. 北京：航空工业出版社，2015.

章后思维导图

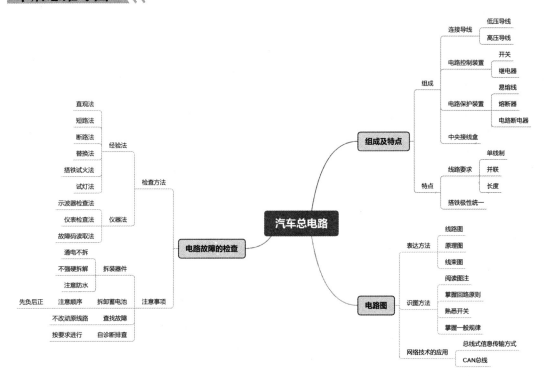